The Prix de Rome in Architecture

a retrospective

edited by Marco Polo

Le Prix de Rome en architecture

une rétrospective

sous la direction de Marco Polo

COACH HOUSE BOOKS – TORONTO

first edition

This publication was funded in part by the Assistance for the Promotion of Architecture program at the Canada Council for the Arts and by Ryerson University. The publisher would also like to thank, for their support, the Block Grant programs of the Canada Council for the Arts and the Ontario Arts Council. We also appreciate the support of the Government of Canada through the Book Publishing Industry Development Program (BPIDP).

Canada Council for the Arts | Conseil des Arts du Canada | Ontario Arts Council | Conseil des Arts de l'Ontario | Canada | Ryerson University

Library and Archives Canada Cataloguing in Publication

The Prix de Rome in architecture : a retrospective / edited by Marco Polo = Le Prix de Rome en architecture : une rétrospective / sous la direction de Marco Polo.

Text in English and French.
Includes bibliographical references.
ISBN-13: 978-1-55245-179-3
ISBN-10: 1-55245-179-8

1. Prix de Rome in Architecture (Canada) 2. Architecture--Canada--20th century. 3. Architecture--Canada--21st century. 4. Architecture--Canada--Awards. I. Polo, Marco (Marco L.) II. Title: Prix de Rome en architecture.

NA2345.C3P74 2006 720'.97109049 C2006-906452-0E

première édition

Cette publication a été fondée en part par le programme d'Aide à la présentation de l'architecture du Conseil des Arts du Canada et par Ryerson University. Coach House Books tient aussi à remercier le programme de subvention globale du Conseil des Arts du Canada et le Conseil des Arts de l'Ontario. Nous reconnaisons aussi l'aide financière du Governement de Canada par l'entremise du Programme d'aide au développement de l'industrie de l'édition (PADIÉ) pour nos activités d'édition.

Catalogage avant publication de Bibliothèque et Archives Canada

The Prix de Rome in architecture : a retrospective / edited by Marco Polo = Le Prix de Rome en architecture : une rétrospective / sous la direction de Marco Polo.

Texte en anglais et en français.
Comprend des références bibliographiques.
ISBN-13: 978-1-55245-179-3
ISBN-10: 1-55245-179-8

1. Prix de Rome en architecture (Canada) 2. Architecture--Canada--20e siècle. 3. Architecture--Canada--21e siècle. 4. Architecture--Canada--Prix et récompenses. I. Polo, Marco (Marco L.) II. Titre: Prix de Rome en architecture.

NA2345.C3P74 2006 720'.97109049 C2006-906452-0E

CONTENTS

Foreword

The appearance of this volume produces very mixed feelings in me. The publication of nearly twenty years' worth of speculative projects produced in the studio at Piazza Sant'Apollonia by some of the best design talents in the country is certainly a cause for celebration. At the same time, this book marks the close of the first phase in the history of the Canada Council Prix de Rome. Having been a student of Rome for many years, I believe profoundly in the capacity of the city to educate, a point proven conclusively over the last half-millennium.

In the first days of the Prix de Rome I was involved, not directly in its establishment, but 'on the ground,' assisting the inaugural winner, John Shnier, in setting up the apartment in Trastevere. Three of my present academic colleagues at Waterloo Architecture Cambridge – Dereck Revington, Philip Beesley and John McMinn – are former Rome laureates who joined the faculty after their sojourn. Each of them would attest to the importance of the Prix de Rome in the development of their careers. In this and many other ways, the relationship between the Prix de Rome and Waterloo's Rome Program, which has maintained an annual Rome studio since 1979, has been intense and inspiring for all parties. Consequently, it is with some regret that I watch the transformation of the prize and the end of the residency in Rome.

At the same time, there is no doubt that Rome's role and status in the culture of architecture has changed over the last quarter-century. The Prix de Rome was established at the end of a period in which the past and the city were primary references in the debate on contemporary architecture, and no city had a better claim to the past. Robert Venturi, Charles Moore, Colin Rowe, Christian Norberg-Schulz and Aldo Rossi used the image and idea of Rome both in their critique of modernism and, at least theoretically, in the construction of an alternative to modernism. And the city gave its all – from the viscera of its ruins to the heavenly San Carlino, from Ovid's *Metamorphoses* to Fellini and Cinecittà. The images are intense and contradictory, the milieu completely diachronic. Nothing was modern. Everything was modern.

Unlike most other European capitals, there had not been a major cultural project in Rome since World War II. To be an architect in Rome in the 1980s was to stand outside the mainstream of modern culture. That was exactly the strength of the position, its critical moment.

Préface

La parution du présent ouvrage éveille chez moi des sentiments contradictoires. Devant la publication des projets théoriques produits, sur une vingtaine d'années, dans le studio de la piazza Sant'Apollonia par des architectes parmi les plus talentueux au pays, il y a certainement lieu de se réjouir. En même temps, ce livre marque la fin de la première phase de l'histoire du Prix de Rome du Conseil des Arts du Canada. Ayant été un étudiant de Rome pendant plusieurs années, je crois profondément au potentiel éducatif de cette ville, point prouvé de façon concluante au cours des cinq cents dernières années.

Aux premiers jours du Prix de Rome, j'ai participé non pas directement à son instauration, mais en travaillant « sur le terrain » où j'ai aidé le tout premier lauréat, John Shnier, à installer l'appartement dans le quartier Trastevere. Trois de mes collègues universitaires à Waterloo Architecture Cambridge – Dereck Revington, Philip Beesley et John McMinn – sont d'anciens lauréats du Prix de Rome qui ont rejoint notre faculté après leurs séjours. Chacun d'entre eux pourrait témoigner de l'importance du Prix de Rome dans le développement de sa carrière. Ainsi et autrement, la relation entre le Prix de Rome et le programme de Waterloo, qui maintient un studio annuel à Rome depuis 1979, a été intense et inspirante pour toutes les parties concernées. Conséquemment, c'est avec un certain regret que j'observe la transformation du Prix et la fin de la résidence romaine.

En même temps, il est certain que le rôle et le statut de Rome dans la culture architecturale ont changé au cours des vingt-cinq dernières années. Le Prix de Rome a été établi à la fin d'une période durant laquelle le passé et la ville étaient des références de premier plan dans le débat sur l'architecture contemporaine, et aucune autre ville ne pouvait mieux revendiquer ses droits sur le passé. Robert Venturi, Charles Moore, Colin Rowe, Christian Norberg-Schulz et Aldo Rossi ont utilisé l'image et l'idée de Rome à la fois dans leur critique du modernisme et, du moins théoriquement, dans la construction d'une alternative au modernisme. Et la ville a donné son maximum : des viscères de ses ruines à la céleste San Carlino, des *Métamorphoses* d'Ovide à Fellini et la Cinecittà. Les images sont intenses et contradictoires, le milieu complètement diachronique. Rien n'était moderne. Tout était moderne.

Contrairement à la plupart des autres capitales européennes, il n'y avait pas eu de grand projet culturel à Rome depuis la Deuxième Guerre mondiale. C'était précisément la force de sa position, son moment critique.

ERIC HALDENBY

The argument can easily be made, in the light of global culture and the exploding cities of Asia, Africa and South America, that Rome has lost its historic hold on architectural authority. It is too heavy, too old and too European. It lacks the explicit spark of contemporary cultural production. If this is the basis of the decision to redefine the Prix de Rome, I cannot help but point out the irony in the fact that this comes at exactly the time that contemporary architecture makes its appearance in the historic centre of Rome in the form of the Ara Pacis Museum by Richard Meier, as well as projects by Renzo Piano, Rem Koolhaas, Zaha Hadid, ABDR and Massimiliano Fuksas. The city is in the process of redefining itself yet again. Perhaps the Canada Council Prix de Rome left town just in time – that is, at the moment Rome becomes an explicitly contemporary city. Time, as always, will tell.

Eric Haldenby is the Director of Waterloo Architecture Cambridge and founder of the University of Waterloo School of Architecture's Rome Program.

On peut facilement soutenir, à la lumière de la culture mondiale et des villes éclatées d'Asie, d'Afrique et d'Amérique du Sud, que Rome a perdu son emprise historique sur l'autorité architecturale. Elle est trop lourde, trop vieille, trop européenne. Elle n'a pas l'étincelle précise de la production culturelle contemporaine. Si ceci a servi de base à la décision de redéfinir le Prix de Rome, je ne puis m'empêcher de souligner l'ironie du fait que cette décision arrive au moment même où l'architecture contemporaine fait son entrée dans le centre historique de Rome avec le Musée de l'Ara Pacis de Richard Meier, de même qu'avec des projets de Renzo Piano, Rem Koolhaas, Zaha Hadid, ABDR et Massimiliano Fuksas. La ville est en train de se redéfinir elle-même à nouveau. Le Prix de Rome du Conseil des Arts du Canada a peut-être quitté la ville juste à temps, soit au moment où Rome devient une ville explicitement contemporaine. Le temps, comme toujours, nous le dira.

Eric Haldenby est directeur de Waterloo Architecture Cambridge et fondateur du programme de Rome de l'école d'architecture de la University of Waterloo.

Figure 1. Giovanni Battista Piranesi, Veduta del Tempio di Cibele a Piazza della Bocca della Verità, c. 1760

The Prix de Rome – Three Centuries in the Eternal City

'Rome is the damnation of the half-educated. To send architectural students to Rome is to cripple them for life. The Grand Prix de Rome and the Villa Medici are the cancer of French architecture.'

– Le Corbusier, *Towards a New Architecture*, 1923

Introduction

When Le Corbusier was writing *Towards a New Architecture* in the early 1920s, he must have known that the persistent tradition of students migrating to Rome for architectural stimulus would continue well beyond his lifetime. Students of architecture had travelled to the city for hundreds of years, and at least since the rediscovery of Vitruvius's *De Architectura* during the early Renaissance, countless architects had begun their careers by comparing found monuments to the design tenets in Vitruvius's book, or by producing imaginary reconstructions based on the detailed study of the same ruins. From the days of Alberti, Cesariano, Filarete and Piranesi, who wrote their own manuals and produced compendia on classical architecture, the will to document, through detailed sketches and drawings, in order to *learn* classical architecture, had prevailed (figures 1 and 2). This architectural practice has since been steadily encouraged, and in fact celebrated, with the Prix de Rome, in its various forms, being the best evidence of the disciplinary tradition. France, England, the United States and, much more recently, Canada, among others, have had different Rome prize programs, but at their core, all have had the goal of encouraging winners to spend time in the Eternal City, presumably to absorb the architectural oxygen that permeates the Roman landscape and to use the city as a base for travel to classical sites.

The prize tradition dates at least back to early-eighteenth-century France, when Jean-Baptiste Colbert persuaded the French Academy to begin sending architecture students to Rome. He certainly could not have imagined that over 300 years later, a steady stream of keen architectural *pensionnaires* would continue to make their way to the École Française de Rome to undertake the study of classical monuments. Much later, during the late nineteenth century, the British architectural curriculum included a Rome scholarship as the most important of its tiered award system, making the case that students required direct exposure to classical monuments in order to understand the roots of Western architecture and to learn, first-hand, the techniques of the masters; by the early 1910s, an

Le Prix de Rome – Trois siècles dans la Ville éternelle

« Rome est la perdition de ceux qui savent pas beaucoup. Mettre dans Rome des étudiants architectes, c'est les mourtrir pour la vie. Le Grand Prix de Rome et la Villa Médicis sont le cancer de l'architecture française. »

– Le Corbusier, *Vers une architecture*, 1923

Introduction

Au moment où il écrivait *Vers une architecture* au début des années 1920, Le Corbusier a bien du se douter que la tradition d'envoyer des étudiants à Rome pour développer leur pensée architecturale lui survivrait. Depuis des siècles, des étudiants en architecture s'y rendaient et, au moins depuis la redécouverte du traité de Vitruve, *De architectura*, d'innombrables architectes avaient entamé leurs carrières en faisant la comparaison entre des monuments trouvés et les principes avancés dans l'ouvrage de Vitruve, ou en produisant des reconstructions imaginaires à partir d'études fouillées de ces mêmes ruines. Depuis l'époque d'Alberti, de Cesariano, de Filarète et de Piranesi, qui avaient écrit leurs propres manuels et produit des abrégés d'architecture classique, régnait la volonté de produire des documents, par le croquis et le dessin détaillé, de manière à *apprendre* l'architecture classique (figures 1 et 2). Cette pratique architecturale a depuis été encouragée et, en fait, célébrée, le Prix de Rome s'avérant, dans ses diverses formes, la meilleure preuve de cette tradition disciplinaire. La France, l'Angleterre, les États-Unis et, beaucoup plus récemment, le Canada, entre autres, ont mis sur pied divers programmes de Prix de Rome, mais leur objectif principal a été d'encourager les lauréats à séjourner dans la Ville éternelle, vraisemblablement pour y respirer l'oxygène architectural, omniprésent dans le paysage romain et pour se servir de la ville comme base pour rayonner vers des sites classiques.

La tradition du Prix remonte au XVIIIe siècle en France, quand Jean-Baptiste Colbert persuada l'Académie française de commencer à envoyer des étudiants en architecture à Rome. Il n'aurait certainement pas pu s'imaginer que plus de trois cents ans plus tard, un flux régulier de « pensionnaires » architecturaux enthousiastes continueraient à se rendre à l'École française de Rome pour entreprendre l'étude des monuments classiques. Beaucoup plus tard, vers la fin du XIXe siècle, les programmes britanniques d'études en architecture faisaient de la bourse d'études à Rome la plus importante dans son système à plusieurs niveaux, arguant que les étudiants devaient être directement exposés aux monuments classiques pour pouvoir comprendre les origines de l'architecture occidentale et pour apprendre sur place les techniques des maîtres ; dès le début des

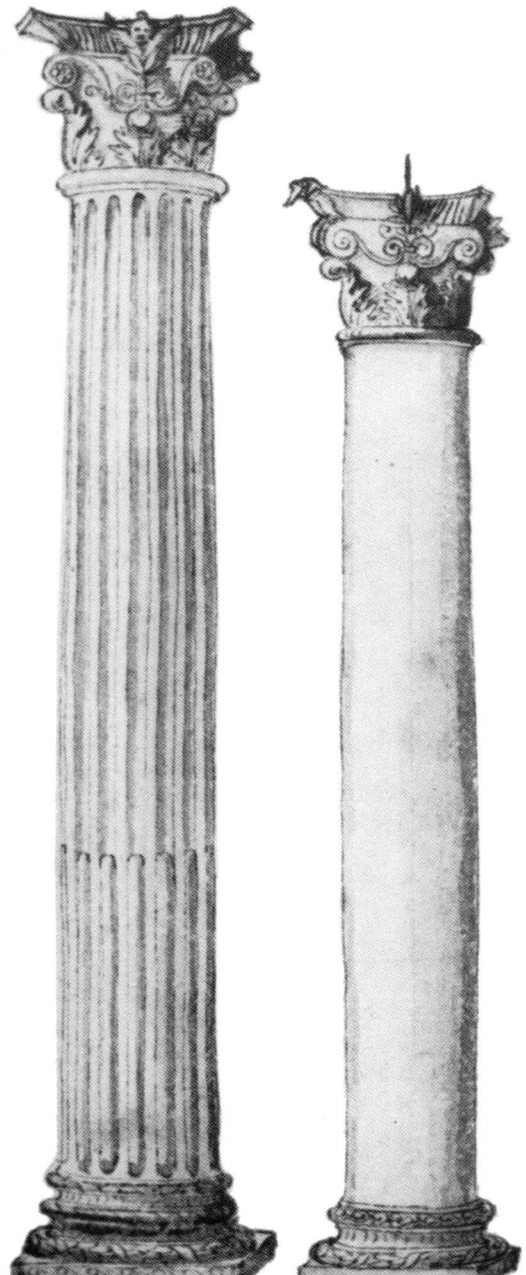

Figure 2. Filarete (Antonio di Piero Averlino), Column Studies   Études des colonnes, 1465

annual cohort of scholarship winners, hosted by the Faculty of Architecture of the British School at Rome, made its way to the city to study classical architectural design. Just over a hundred years ago, the American School of Architecture instituted a Rome Fellowship for advanced architectural students, and eventually the American Academy in Rome developed its own Rome Prize. The American Academy's prize has become one of the most prestigious, with such renowned architects as Louis Kahn receiving it early in their careers. Other countries[1] and institutions awarded Rome prizes, but no doubt the French, British and American programs have been the most important and influential. In Canada, the notion of instituting a Prix de Rome is much more recent, with the Canada Council for the Arts formalizing its competition in 1987.

The awarding of the Rome prize for architectural study by different countries is not an academic fluke; it is perpetuated on the one hand by tradition – albeit an invented one – and on the other hand, by the will to promote a certain classical ethos within the architectural community, despite the diametrically opposed views of classical and Modern thought that emerged in the twentieth century. Perhaps one way to better understand the persistence of the tradition is to review the prize's history to find hints of an underlying *raison d'être*.

The French Academy's Prix de Rome

Without a doubt, the idea of providing a prize to promising architecture students originated with the French Academy.[2] From the Academy, in 1663, Louis XIV selected a committee of members to collect classical legends, inscriptions and other items, putting in motion a process that would culminate in a set of academies that would govern much of French intelligentsia for at least the next 300 years. Other academies – the Academy of Science (founded in 1663); the Academy of Painting and Sculpture, later replaced by the Academy of Fine Arts (founded in 1671); the Academy of Literature (created in 1701); and the Academy of Moral and Political Sciences (instituted in 1795) – all had as fundamental tenets the promotion of classical ideals. Linked to all of these was the Royal Academy of Architecture, founded by Colbert and Jacques-François Blondel in 1671. Its membership included painters, sculptors, engravers, composers and, of course, architects. The same academy sent promising students to Rome to prepare architectural drawings based on measured surveys, and reconstruction drawings based on their interpretations of the same surveys and ruins. A rule was established from the onset, insisting that each *pensionnaire* at the school in Rome

années 1910, une cohorte annuelle de boursiers, accueillie par la Faculty of Architecture de la British School à Rome se dirigeait vers la ville pour y étudier le dessin architectural classique. Il y a à peine plus d'un siècle, l'American School of Architecture instituait une bourse de Rome pour étudiants avancés en architecture et, finalement, l'American Academy à Rome élaborait son propre Prix de Rome. Le prix de l'American Academy est devenu l'un des plus prestigieux, et des architectes renommés, Louis Kahn par exemple, l'ont accepté en début de carrière. D'autres pays et institutions[1] remettaient des Prix de Rome, mais il ne fait aucun doute que les programmes français, britanniques et américains ont été les plus importants et influents. Au Canada, l'idée d'instituer un Prix de Rome est beaucoup plus récente et c'est le Conseil des Arts du Canada qui a officialisé le concours en 1987.

La remise, par différents pays, du Prix de Rome pour poursuivre des études architecturales n'est pas un hasard académique ; d'une part elle est perpétuée par la tradition, même s'il s'agit d'une tradition inventée, et d'autre part par la volonté de promouvoir une certaine éthique classique au sein de la communauté architecturale, malgré les points de vue diamétralement opposés des pensées classique et moderne qui ont émergé au XXe siècle. Une manière de mieux comprendre la persistance de cette tradition serait de revoir l'histoire du Prix pour découvrir des indices quant à sa profonde raison d'être.

Le Prix de Rome de l'Académie Française

L'idée de décerner un prix aux étudiants en architecture les plus prometteurs provient de l'Académie française.[2] En 1663, Louis XIV a composé un comité, sélectionné parmi les membres de l'Académie, pour collectionner légendes classiques, inscriptions et autres items, enclenchant ainsi un processus dont le point culminant serait un ensemble d'académies régissant la majeure partie de l'intelligentsia française au moins pour les 300 prochaines années. D'autres académies – l'Académie des sciences (fondée en 1663), l'Académie de la peinture et de la sculpture, par la suite remplacée par l'Académie des beaux-arts (fondée en 1671), l'Académie des inscriptions et belles-lettres (créée en 1701) et l'Académie des sciences morales et politiques (instituée en 1795) – avaient toutes pour doctrines fondamentales la promotion des idéaux classiques. Associée à celles-ci, il y avait l'Académie d'architecture, fondée par Colbert et Jacques-François Blondel en 1671. Ses membres étaient peintres, sculpteurs, graveurs, compositeurs et, bien sûr, architectes. La même académie envoyait des étudiants prometteurs à Rome pour y faire des dessins architecturaux à partir de levés, et des dessins de reconstruction à partir de leurs interprétations de ces mêmes levés et ruines. Dès le départ, on établit le règlement selon

prepare drawings of monument studies while in the city, then full sets of reconstruction drawings were sent back from France upon the students' return home (figures 3 and 4).[3]

In 1720, the same academy established an architecture prize that included a prolonged stay in Rome. Later, in 1815–16, the Fine Arts branch of the Institut de France was expanded and transformed into a new Academy of Fine Arts, and it too established a set of architecture prizes. Among its roles, the Academy was mandated to administer both the École des Beaux-Arts in Paris and the Académie Nationale de France à Rome; the study of classical architecture and the institutionalization of Rome prizes thus became a principal component of the French architectural education curriculum. During the mid-nineteenth century, the Academy of Fine Arts and the Académie Nationale facilitated encounters and exchanges between Prix de Rome students and notable individuals who happened to be travelling in the vicinity, such as Louis Le Roy, on his way from Paris to Greece, and Jacques-Germain Soufflot, travelling between the south of France and Paestum. Le Roy and Soufflot, both architects and archaeologists, stimulated the Rome Program, supporting and encouraging the survey/sketch reconstruction curriculum.

However, the popularity and success of the French prize would not remain unchallenged. By the mid-nineteenth century, the Academy of Fine Arts' relatively conservative influence had been tested through the conflict between classical art and newer trends in the art world that the Academy actively resisted: the conflicting ideals between the Academy's policies and the avant-garde was marked by the rejection of the collective ideals of the independents (and later the Impressionists) and academists. But it was the revolt against official art that resulted in the Academy's loss of its pedagogical influence over French schools, first with the Beaux-Arts school losing control over the curriculum in 1819, and much later, in 1959, the Academy in Rome relinquishing its autonomy.

Yet, in spite of the loss of influence, the Academy maintained considerable sway in French cultural life, mostly through its support of pluralism in expression of the arts, its promotion of tradition in art and its encouragement of the artistic crafts. It evolved into a training academy for the architects required by the post–World War I and II bureaucracies. These goals were accomplished through various means, including weekly public meetings, periodic conferences, regular consultation with public education bodies and, of course, the continuation of the Prix de Rome competition.[4] More recently, the Academy of Fine Arts has

lequel chaque pensionnaire à l'École de Rome devait exécuter des études de monuments pendant son séjour dans la ville ; puis, de retour en France, l'étudiant expédiait des ensembles complets de dessins de reconstruction (figures 3 et 4).[3]

En 1720, la même Académie établit un prix en architecture comportant un séjour prolongé à Rome. Plus tard, en 1815–1816, la section des beaux-arts de l'Institut de France a été agrandie et transformée en Académie des beaux-arts, laquelle a crée à son tour un ensemble de prix en architecture. Par ses rôles, l'Académie avait pour mandat de gérer à la fois l'École des beaux-arts à Paris et l'Académie nationale de France à Rome ; l'étude de l'architecture classique et l'institutionnalisation des Prix de Rome devint ainsi des composantes principales du programme de formation architecturale en France. Pendant le XIXe siècle, l'Académie des beaux-arts et l'Académie nationale ont favorisé les rencontres et les échanges entre les étudiants du Prix de Rome et les personnes éminentes de passage dans les environs, par exemple Louis Le Roy en route pour Paris, de retour de Grèce, et Jacques-Germain Soufflot, se déplaçant entre le Sud de la France et Paestum. Le Roy et Soufflot, tous deux architectes et archéologues, ont stimulé le programme de Rome, supportant et encourageant la tradition des relevés et dessins de reconstruction.

Cependant, la popularité et la réussite du prix français ne demeura pas sans opposition. Au XIXe siècle, l'influence relativement conservatrice de l'Académie des beaux-arts avait été mise à l'épreuve dans le conflit opposant l'art classique et certains courants plus nouveaux dans le monde de l'art auxquels résistait farouchement l'Académie : les idéaux conflictuels entre les politiques de l'Académie et l'avant-garde ont été marqués par le rejet par les académiciens des idéaux collectifs prônés par les indépendants (et plus tard par les impressionnistes). Mais c'est la révolte contre l'art officiel qui a entraîné la perte d'influence pédagogique de l'Académie dans les écoles françaises, d'abord avec l'École des beaux-arts qui a perdu le contrôle des programmes en 1819 puis, beaucoup plus tard, en 1959, quand l'Académie à Rome a renoncé à son autonomie.

Pourtant, malgré sa perte d'influence, l'Académie a maintenu son emprise sur la vie culturelle française, surtout par le biais de son support au pluralisme dans l'expression des arts, de sa promotion de la tradition en art et de son encouragement des métiers d'art. Elle est devenue une académie offrant aux architectes la formation requise pour répondre aux besoins de l'appareil bureaucratique après les Première et Deuxieme Guerres mondiales. Ces objectifs ont été atteints par différents moyens, dont des rencontres publiques hebdomadaires, des conférences périodiques, des consultations sur une base régulière avec les organismes d'éducation publique et, bien sûr, la poursuite du concours du Prix de Rome.[4] Plus récemment, l'Académie des beaux-arts a

Figure 3. H. J. Bénard, Restoration of the Villa Madama Restauration et achèvement de la Villa Madama, 1871

Figure 4. F. Boitte, Elevation of the base of the Column of Trajan Élévation de la base de la Colonne trajane, 1862

extended its reach to world heritage bodies through consultation and patronage, all the while continuing to prepare architects for public service. All of these goals are buttressed and reinforced through architecture prizes. The current French Gold Medal in Architecture, for example, has been awarded to such distinguished architects as Alvar Aalto, Tadao Ando and I. M. Pei.

The British Scholarship

In Britain, an architectural prize was established as a result of pressure for change in the way architects were educated. When Sir Banister Fletcher began questioning architectural teaching methodology at King's College in London in the 1890s, changes were made in the British Architectural Association's curriculum and a scholarship was established to promote a renewed emphasis on classicism. John Nash had travelled to Rome, and his influence on British architectural education was ever-present. And while students of architecture had been required to generate reproductions of the classical orders at least since the 1890s by the Royal Institute of British Architects, one of the main changes to the new curriculum was a renewed focus on drawing techniques, the surveying of existing monuments and the reconstruction of ruinous ones. Clearly influenced by the French program, this would help establish a Rome scholarship supporting students willing to maintain classical tenets in their design work. As late as 1909, Sir Arthur William Blomfield, arguably the most influential architectural educator in Britain at the time, was advocating a system to parallel the French Beaux-Arts program, whereby the best students would be eligible for study at a yet-to-be-established British Academy in Rome. This would facilitate travel to Rome by the top university-trained architects, clearly distinguishing them from apprenticed architects.

Just prior to the establishment of the Rome Scholarship, Lord Esher persuaded the leaders of the British School at Rome, with the support of the British ambassador to Italy, Sir Rennell Rodd, to accept a group of architecture students to participate in the school's activities. Soon afterwards, in 1912, the Rome Scholarship was formally established as the cornerstone of a new approach to British architectural education, based largely on classical design methodology, planning and draftsmanship, further reinforcing a classical design tradition. As part of the requirements, British students in Rome were instructed to prepare reconstruction drawings relying on the imaginative interpretations of ruins, as well as direct contact with site archaeologists. H. C. Bradshaw's Praeneste drawings are a good example of the invented landscapes that permeated student work.

étendu son champ d'action à des organismes voués au patrimoine mondial, par la consultation et le parrainage, tout en continuant à préparer les architectes pour le service public. Tous ces objectifs sont étayés et renforcés par les prix d'architecture. Par exemple, l'actuelle Médaille d'Or de l'Académie d'architecture de France continue d'être remise à des architectes aussi distingués qu'Alvar Aalto, Tadao Ando et I. M. Pei.

La Bourse d'études britannique

En Grande-Bretagne, un prix en architecture a été établi à la suite de pressions réclamant que la méthode de formation des architectes soit changée. Lorsque Sir Banister Fletcher commença à mettre en cause les méthodes d'enseignement de l'architecture au King's College de Londres dans les année 1890, des changements ont été apportés au programme de la British Architectural Association et une bourse d'études a été établie en vue d'identifier l'intérêt pour le classicisme. John Nash avait séjourné à Rome, et son influence sur la formation britannique était omniprésente. Même si le Royal Institute of British Architects exigeait de ses étudiants qu'ils créent, au moins depuis les années 1890, des reproductions des ordres classiques, l'un des principaux changements apportés au programme consistait en une concentration renouvelée sur les techniques de dessin, le levé de monuments existants et la reconstruction de ceux qui étaient devenus des ruines. Visiblement influencé par le programme français, celui-ci contribuerait à l'établissement d'une bourse d'études britannique à Rome pour venir en aide aux étudiants désireux de maintenir des principes classiques dans leur travail de conception. Aussi tard qu'en 1909, Sir Arthur William Blomfield, sans doute l'éducateur en architecture le plus influent en Grande-Bretagne à l'époque, prônait un système se rapprochant du programme des beaux-arts français, lequel permettrait aux meilleurs étudiants d'être admissibles à des études dans une British Academy à Rome qui n'était pas encore instituée. Ce système faciliterait le séjour à Rome des meilleurs architectes formés à l'université et les distinguerait clairement des architectes apprentis.

Tout juste avant l'établissement de la bourse d'études de Rome, Lord Esher persuada les directeurs de la British School à Rome, avec le soutien de l'ambassadeur britannique en Italie, Sir Rennell Rodd, d'accepter qu'un groupe d'étudiants en architecture participe aux activités de l'école. Peu après, en 1912, la Rome Scholarship a été formellement établie en tant que base d'une nouvelle approche de la formation britannique en architecture, s'appuyant en grande partie sur des méthodes de conception, de planification et de dessin classiques, renforçant ainsi davantage une tradition classique. L'une des exigences voulait que les étudiants britanniques à Rome préparent des dessins de reconstruction en s'inspirant d'interprétations inventives des ruines, de même qu'en

Generating imaginative interpretations having little to do with reality, however, didn't advance an education that was supposed to be about building real architecture.

Another difficulty with promoting often unrealistic design solutions was that the same strategy countered new ideas in architecture back home, advocating a gaze away from the new Modern ideal: while the strategy focused on draftsmanship, technical precision and classical reconstructions, its stated intent was to discourage 'modern tendencies'; this, in many ways, weakened support for the program.[5] This is not insignificant: the twentieth-century Modern movement and its ideals were beginning to impose an approach to design that would reject many of the tradition-based architectural education precepts. And as the French had in the early 1910s, British architectural academics were missing the early cues for adapting to the new movement.

It is worth returning to Le Corbusier's introductory quote. His words are not exclusively representative of French thought; they are representative of what the Congrès International d'Architecture Moderne and the Modern movement advocated throughout the West. In Britain, as in France and elsewhere, the push for a new, forward way of looking at design translated into a stance against the classical tradition. The tension resulting from the will to maintain traditional architectural training based on classicism and the new thrust for functionality and efficiency in Modern architecture is exemplified in a design executed by a British Rome Scholar, Amyas Connell. His House at Amersham (figures 5 and 6),[6] planned for Bernard Ashmole, the British School's director (1925–28), was published in *Architect and Building News* in 1930.[7] The house was clearly not a design in the traditional classical style. It had sleek lines, clean landscaping, smooth finishes and a machine-like feel. Its plan and elevations seem anti-classical, yet it was designed for the director of the British School at Rome.

With the house design by Connell, the debate between classical and Modern views intensified in British academia. Blomfield spoke against any departure from classical architecture, arguing that a student educated in the classical tradition would be better prepared to meet the new challenges of the design profession. Connell and Ashmole, on the other hand, focused on the links between the classical and Modern ideals. The debate continued beyond these individuals, and, perhaps due to World War I, no significant change occurred in the way the prize was awarded, and the Rome Scholarship persisted. Beaux-Arts training and the formalizing of a new Rome Scholarship prize were introduced after World

entrant directement en contact avec des archéologues. Les dessins de Praeneste effectués par H. C. Bradshaw sont un bon exemple des paysages imaginés qui abondent alors dans les travaux d'étudiants. La création d'interprétations inventives n'ayant toutefois peu à voir avec la réalité, n'ont rien apporté à une formation vouée à la construction d'une réelle architecture.

La promotion de solutions architecturales souvent irréalistes comportait une autre difficulté, puisque c'était la même stratégie qui s'opposait aux nouvelles idées architecturales en Grande-Bretagne, et qui préconisait de s'écarter du nouvel idéal moderne. Ainsi, bien que la stratégie portait sur le dessin, la précision technique et les reconstructions classiques, son intention avouée était de décourager les « tendances modernes », ce qui a eu pour conséquence d'affaiblir le soutien au programme.[5] Cet aspect n'est pas négligeable : le mouvement moderne du XXe siècle et ses idéaux commencaient à imposer une approche qui allait rejeter plusieurs principes d'enseignement en architecture basés sur la tradition classique. Et, comme les français au début des années 1910, les universitaires britanniques en architecture n'avaient pas lu les premiers indices qui leur auraient permis de s'adapter au nouveau mouvement.

Retournons au commentaire de Le Corbusier en exergue. Ses mots ne sont pas uniquement représentatifs de la pensée française ; ils représentent ce que le Congrès international de l'architecture moderne et le mouvement moderne préconisaient en Occident. En Grande-Bretagne, comme en France et ailleurs, l'élan vers une nouvelle manière, tournée vers l'avenir, de concevoir l'architecture, se traduit par une position contre la tradition classique. La tension entre la volonté de conserver une formation traditionnelle en architecture et la nouvelle impulsion vers la fonctionnalité et l'efficacité en architecture moderne est illustrée dans un dessin exécuté par un boursier britannique à Rome, Amyas Connell. House at Amersham (figures 5 et 6),[6] une maison destinée à Bernard Ashmole, directeur de la British School (1925–1928), a été publiée dans *Architect and Building News* en 1930.[7] La maison n'est pas, de toute évidence, un dessin exécuté dans le style classique traditionnel. Elle a une allure maniériste : lignes pures, aménagements paysagers élégants et quelque chose qui rappelle une machine. Son plan et ses élévations semblent anti-classiques, et pourtant elle a été conçue pour le directeur de la British School à Rome.

Avec la maison de Connell, le débat entre les points de vue classique et moderne s'est intensifié dans le monde universitaire britannique. Blomfield s'est prononcé contre toute entorse à l'architecture classique, argumentant qu'un étudiant formé dans la tradition classique sera mieux préparé à rencontrer les nouveaux défis posés à la profession d'architecte. Connell et Ashmole, par ailleurs, s'intéressaient aux liens entre les idéaux

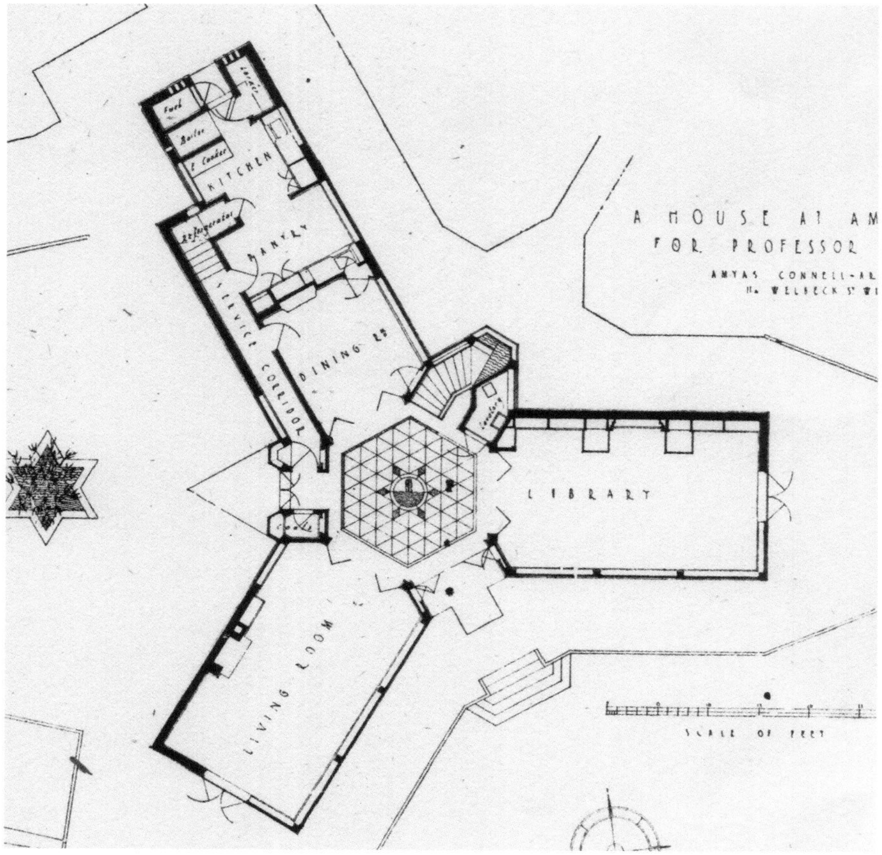

Figure 5. Amyas Connell, House at Amersham   Maison à Amersham – Plan, 1930

Figure 6. Amyas Connell, House at Amersham – Perspective   Maison à Amersham – Perspective, 1930

War I, probably to resist modernist change. But by the late 1930s, it became more difficult to hold a critical mass of students interested in classical architecture at major English universities, and the focus on apprenticed students further intensified the division between academically trained and office-trained architects.

The British Rome Scholarship program and its associated classical architectural curriculum were long perceived as vital in the training of architects. However, the same architects needed to be equipped for new requirements. Architects trained in classical architectural design were not only inadequately experienced for the new design problems, they were also ill-prepared for the new positions required by the post-war bureaucracy. The British Rome Scholarship and curriculum did not reinvent itself or find relevancy in the later twentieth century. By contrast, France's eventually did, offering better opportunities within its post–World War II bureaucracies for its classically trained architects.

The American Rome Prize

The American Rome Prize had its beginnings in 1894, with the establishment of the American School of Architecture in Rome.[8] After the American Civil War, the gaze toward other countries in establishing a national style and architectural identity had led American educators to Rome. Architectural programs were established at the main American universities, with a key (classical) component of sending students to Rome. The American Renaissance ensued, and the classical style, particularly as influenced by the Italian Renaissance, was adopted by the architectural education establishment. Some firms – McKim, Mead and White, for example – had already adopted the classical style for use at home, yet before the establishment of formal programs, there had seemed to be no clear national style.

The American School in Rome was to serve as a final step in the training of the most promising American student architects. Initially, its main purpose was to accommodate recipients of travel scholarships in architecture from Harvard University, the Massachusetts Institute of Technology, Columbia University, Cornell University, the University of Minnesota and the University of Pennsylvania. The prizes were awarded by the schools, and the American School of Architecture in Rome received the scholarship winners in rented accommodations (until 1914, after which they stayed at the newly constructed American Academy, designed by McKim, Mead and White), offering a base from which they could explore the city's monuments and ruins, as well as any surrounding sites that might attract

classiques et modernes. Le débat s'est poursuivi au-delà de ces personnes et, peut-être en raison de la Première Guerre mondiale, peu de changements importants ont survenu dans la manière dont le prix est décerné, et la Rome Scholarship se poursuivi. Une formation en beaux-arts et l'officialisation d'une nouvelle Rome Scholarship ont été introduites après la Première Guerre mondiale, probablement pour résister au changement moderniste. Mais, à la fin des années 1930, il est devenu plus difficile de maintenir une masse critique d'étudiants intéressés par l'architecture classique dans les grandes universités anglaises, et la priorité accordée aux étudiants placés en apprentissage a intensifié la division entre les architectes ayant une formation académique et ceux formés dans un cabinet.

Le programme de la British Rome Scholarship et ceux en architecture classique qui lui étaient associés ont longtemps été perçus comme jouant un rôle crucial dans la formation des architectes. Ces mêmes architectes devaient cependant disposer d'outils pour répondre aux exigences modernes. Ceux qui avaient reçu une formation en architecture classique non seulement manquaient d'expérience pour faire face aux nouveaux problèmes de conception qui se posaient, mais ils étaient aussi mal préparés pour les nouvelles positions requises par l'appareil bureaucratique de l'après-guerre. La British Rome Scholarship et son programme ne se sont pas réinventés et n'ont pas trouvé de résonance à la fin du XXe siècle. En revanche, la France a éventuellement réussi à le faire, offrant de meilleures ouvertures à ses architectes ayant une formation classique au sein de son appareil bureaucratique après la Deuxième Guerre mondiale.

Le Prix de Rome américain

La Rome Prize américaine est commencé en 1894, avec la création de l'American School of Architecture à Rome.[8] Après la guerre de Sécession, la volonté d'établir un style national et une identité architecturale avait entraîné les éducateurs américains vers d'autres horizons, notamment à Rome. Des programmes en architecture ont été créés dans les principales universités américaines, dont une composante clé (classique) prévoyait l'envoi d'étudiants à Rome. La Renaissance américaine suivit et le style classique, en grande partie influencé par la Renaissance italienne, a été adopté par l'establishment de l'enseignement en architecture. Certains bureaux – McKim, Mead et White, par exemple – avaient déjà adopté le style classique pour les résidences mais, avant la création de programmes formels, il ne semblait pas y avoir eu de style national précis.

L'American School à Rome devait servir d'étape finale dans la formation des architectes étudiants les plus prometteurs aux États-Unis. Au départ, son objectif principal était d'accueillir les lauréats de bourses des voyage en architecture de Harvard

their attention. After its first year of operation, the school developed its own 'special prize of the value of fifteen hundred dollars offered by some of the promoters of the enterprise, to be competed for this year by graduates of architectural schools.'[9] The scholarship recipients were expected to arrive equipped with the skills to carry out three main activities: surveying, sketching and preparing reconstruction drawings.

Obviously, Rome's architecture formed the primary subject of study for the scholarship recipients. In addition to completing surveys and studies of individual monuments, some of the students undertook some archaeological excavations. Most of these excavations remain unpublished and can only be described as in-depth clearing for surveying purposes.[10] By their second year in Rome, the scholarship fellows were required to prepare reconstruction drawings based on the surveys they carried out during the preceding year. Clearly, the intent of the program was to follow in the Beaux-Arts tradition and in this regard, the competition for the scholarship was also much like that of the French system – each candidate had to prepare solutions to individual design problems within specified time limits. The French system allowed three trials; the American system permitted two. Otherwise, the competition was essentially identical.

Until World War I, the scholarship prize program was successful, enabling a steady stream of students to travel to Rome and study classical architecture. And for part of the war years, the American Academy persisted, as did the prize. However, the number of fellows decreased as a result of the war effort. Later, as with the French and the British, the debate between classicists and modernists was felt within the Academy. 'Change was in the air,' write Lucia Valentine and Alan Valentine, 'a profound change in the arts which was to carry the Academy along its course, supplanting McKim's era of devotion to tradition, continuity, and good taste.... Gradually, it was dissipated by more popular criteria, and finally replaced by untrammeled self-expression.... In the early twenties the fellows were acutely aware of the new stirrings. But they had been trained in the past ... [and] they faced both ways at once and could not move wholeheartedly in either direction.'[11]

As with France and Britain, the technical expertise required by new architects in the U.S. had changed: the idea of permanent architecture as manifested in classical design no longer existed; the wars had proven that. Design tenets now required consideration for temporal criteria, new building purposes and materials, new inventions and very different bureaucratic machinery. This was a new world and the Academy and prize evolved. By the end of the twentieth

University, du Massachusetts Institute of Technology, de Columbia University, de Cornell University, de la University of Minnesota et de la University of Pennsylvania. Les prix étaient décernés par les écoles et l'American School of Architecture à Rome accueillît les boursiers dans des logements loués, offrant une base à partir de laquelle ils pouvaient explorer les monuments et les ruines de la ville (jusqu'à 1914, après qu'ils sont restés à la nouvelle American Academy conçue par McKim, Mead et White), de même que n'importe quel autre site dans les environs susceptible de les intéresser. Après sa première année d'activité, l'école a élaboré « un prix spécial d'une valeur de quinze cents dollars, offert par certains promoteurs de l'initiative, pour lequel concourront cette année les diplômés des écoles d'architecture ».[9] Les boursiers devaient se présenter avec les compétences nécessaires à l'exécution de trois tâches principales : faire des levés, réaliser des esquisses et préparer des dessins de reconstruction.

De toute évidence, l'architecture de Rome constituait le principal sujet d'étude des boursiers. En plus de réaliser des levés et des études de monuments individuels, certains étudiants ont entreprenu des excavations archéologiques. La plupart de celles-ci demeurent inédites et ne peuvent être décrites que comme un dégagement en profondeur pour des fins de levé.[10] À leur deuxième année de séjour à Rome, les boursiers devaient préparer des dessins de reconstruction à partir des levés réalisés au cours de l'année précédente. Le programme visait manifestement à suivre la tradition des beaux-arts et, à cet égard, le concours pour l'obtention de la bourse était très proche de celui du système français, chaque candidat devant préparer des solutions à des problèmes de conception précis dans un cadre temporel défini. Le système français permettait trois essais ; le système américain, deux. Autrement, le concours était essentiellement le même.

Jusqu'à la Première Guerre mondiale, le programme de bourses connaissait du succès, permettant à un flux régulier d'étudiants de se rendre à Rome pour y étudier l'architecture classique. Et pendant une partie des années de guerre, l'American Academy s'est maintenu, tout comme le prix. Cependant, le nombre de boursiers diminua en raison de l'effort de guerre. Plus tard, comme ce fut le cas pour les Français et les Anglais, le débat entre classiques et modernistes s'est fait sentir à l'American Academy. « Il y avait du changement dans l'air, écrivent Lucia Valentine et Alan Valentine, un changement profond dans les arts qui allait entraîner l'académie avec elle, supplantant l'époque de McKim, vouée à la tradition, à la continuité et au bon goût. [...] Peu à peu, elle fut dilapidée par des critères plus populaires et finalement remplacée par une libre expression débridée. [...] Au début des années 1920, les boursiers étaient pleinement conscients des nouveaux frémissements. Mais ils avaient été formés au passé [...] fai-

Figure 7. P. Bril, Roman Landscape paysage romain, c. 1620

Figure 8. E. du Pérac, Arch of Severus arche de Sevère, 1580

Figure 9. Giovanni Battista Piranesi, Theatre of Marcellus théâtre de Marcellus, c. 1760

century, individuality was encouraged and prize applicants were no longer required to submit portfolios including classical intentions as primary material. Further, the work to be undertaken while at the Academy had fewer boundaries (if any), encouraging individuality and creativity. The classical tradition of today's American Rome Prize is related to cultural geography and not necessarily to form.

Conclusion: A Canadian Rome Prize?

The Rome prize *project*, whether it be French, British, American or otherwise, evolved directly out of a tradition born in the Renaissance, as the architects we are now so familiar with – Alberti and others – travelled and lived among classical ruins, seeking to understand the wonder of classical architecture. Each looked to texts such as Vitruvius's and turned to measured surveys and minute drawings to establish an imaginary set of classical reconstructions. Libraries are filled with examples of evocative and convincing classical landscapes produced by countless classically trained architects (figures 7 and 8). The Beaux-Arts method as established by Colbert in the seventeenth century followed the methodology closely: surveying, drawing and reconstruction.

The methodology established a practice within which classical architecture was interpreted in Rome, often re-imagined elsewhere and then presented again back in Rome. The result was that the grandiose reconstructions imagined by the students further amplified the 'grandeur of Rome' within the architectural community. Reconstruction drawings of the theatre of Marcellus, for instance, studied as far back as the fifteenth century, influenced ordered columnar arrangements that can still be seen in present-day interpretations (figure 9). Out of the same tradition evolved the Rome prizes and scholarships that had as their main objective the facilitation of stays in Rome by promising young architects-in-training. The training the architects received perpetuated a style and design method that, until the early twentieth century, remained for the most part unquestioned. However, once the World Wars shocked Europe and eventually America, the world of architectural design was altered indelibly. Classicism was no longer needed to market oneself as an architect, and the style did not readily render itself to new materials, needs, inventions or ideas. France and Britain did not dramatically change their prize programs, continuing to focus on classical tenets; the American Academy, however, adapted to the times and altered its prize program, encouraging a wider interpretation of architecture

sant face aux deux côtés en même temps et ne pouvant s'engager entièrement dans aucune direction ».[11]

Comme en France et en Grande-Bretagne, l'expertise technique requise par les nouveaux architectes aux États-Unis avait changé : l'idée d'architecture permanente telle que manifestée dans la tradition classique n'existait plus ; les guerres l'avaient prouvé. Les principes architecturaux appellaient maintenant à une prise en compte des critères temporaux, des nouvelles fonctions des bâtiments, des nouveaux matériaux, des nouvelles inventions et d'appareils bureaucratiques fort différents. Il s'agissait d'un nouveau monde, et l'académie et le prix évolurent. À la fin du XXe siècle, l'individualité était encouragée et les participants au concours ne devaient plus soumettre des portfolios dont le projet classique était la matière première. De plus, le travail à accomplir pendant le séjour à l'académie ne comportait que peu (ou pas) de limites, favorisant l'individualité et la créativité. La tradition classique du Prix de Rome american était reliée à la géographie culturelle et non pas, nécessairement, à la forme.

Conclusion : un Prix de Rome canadien?

Qu'il soit français, britannique, américain ou autre, le *projet* du Prix de Rome s'est développé directement à partir d'une tradition qui remonte à la Renaissance, quand des architectes comme Alberti, entre autres, qui nous sont aujourd'hui si familiers, se rendaient sur le site de ruines classiques et y vivaient, cherchant à comprendre les merveilles de l'architecture classique. Ils lisaient tous des textes comme ceux de Vitruve et se tournaient vers le levé et le dessin minutieux pour établir un ensemble imaginaire de reconstructions classiques. Les bibliothèques regorgent d'exemples de paysages classiques évocateurs et convaincants produits par d'innombrables architectes ayant reçu une formation classique (figures 7 et 8). La méthode des beaux-arts, telle qu'établie par Colbert au XVIIe siècle, suivait attentivement cette méthodologie : levé, dessin et reconstruction.

Cette méthodologie établit une pratique dans laquelle l'architecture classique est interprétée à Rome, souvent réinventée ailleurs puis présentée à nouveau à Rome. Il en est résulté que ces reconstructions grandioses imaginées par des étudiants ont contribué à accroître l'idée de « grandeur romaine » dans la communauté architecturale. Par exemple, les dessins de reconstruction du théâtre de Marcellus, objet d'étude dès le XVe siècle, ont influencé les dispositions de colonnes que l'on peut encore voir dans les interprétations actuelles (figure 9). De la même tradition sont nés les prix et les bourses de Rome dont l'objectif principal était de faciliter le séjour à Rome de jeunes architectes prometteurs encore en formation. La formation donnée aux architectes perpétuait un style

and enabling prize recipients to experiment well beyond the realm of classical architecture.

In a similar vein, the Canada Council for the Arts instituted its Prix de Rome in 1987. As we shall see in the next essay, the Council aimed to promote personal explorations within the broadly defined realm of architecture, providing a venue for in-depth study for promising architects. The prize did not impose historical study, nor did it direct winners to focus on classical tenets. While it seemed to focus on providing an opportunity for architects to pursue the same type of research that the American Academy had come to expect of its prize recipients, it did not arise out of a long-term institutional process. And as Val Rynnimeri suggests, it was 'probably intended to give the prizewinner an opportunity to stay behind when the tour bus leaves and try to come to terms with the authentic and unique cultural work rather than the transitory and ephemeral.'[12] Historically, recipients of the long-established French or American prizes returned from Rome to establish successful careers, a phenomenon that became one of the lasting legacies of the Prix de Rome. Due to the Canadian program's comparatively brief run of seventeen years, relatively few individuals were able to benefit directly from the sojourn in Rome. Many of the winners, however, returned to make significant contributions to architectural practice and education, extending the lessons of Rome to the wider Canadian architectural culture.

Daniel M. Millette, Ph.D., teaches history of architecture in the School of Architecture and Landscape Architecture at the University of British Columbia.

et une méthode qui, en grande partie, n'ont jamais été remis en cause avant le début du XXe siècle. Une fois que les Guerres mondiales aient frappé l'Europe et finalement l'Amérique, le monde de l'architecture était cependant irrévocablement changé. Le classicisme n'était plus nécessaire pour se faire valoir comme architecte et le style ne se prêtait pas vraiment aux nouveaux matériaux, besoins, inventions et idées. La France et la Grande-Bretagne ne changaient pas radicalement leurs programmes de prix, continuant à se concentrer sur les principes classiques ; l'American Academy s'adapta toutefois au temps et modifia son programme de prix, favorisant une interprétation élargie de l'architecture et permettant aux lauréats d'expérimenter bien au delà du domaine de l'architecture classique.

C'est dans la même veine que le Conseil des Arts du Canada a institué son Prix de Rome en 1987. Comme nous le verrons dans le prochain essai, le Conseil visa à promouvoir l'exploration personnelle dans un domaine architectural librement défini, fournissant un lieu d'accueil où les architectes prometteurs pouvaient faire des études en profondeur. Le Prix n'imposa pas d'études historiques et il n'orienta pas les lauréats vers des principes classiques. Bien qu'il semblait viser à offrir la chance aux architectes de poursuivre le même type de recherche que l'American Academy en est venue à s'attendre de ses lauréats, le Prix canadien ne découla pas d'un processus institutionnel à long terme. Et, comme le suggère Val Rynnimeri, « il visait probablement à donner au lauréat la chance de rester sur place quand le car touristique s'en va et de comprendre le travail culturel authentique et unique plutôt que le transitoire et l'éphémère ».[12] Historiquement, les lauréats des prix français, anglais et américains, depuis longtemps établis, revenaient de Rome pour entamer des carrières fructueuses, phénomène qui est devenu l'un des héritages durables du Prix de Rome. Étant donné l'existence comparativement courte du programme canadien, relativement peu de personnes ont pu profiter directement d'un séjour à Rome. Plusieurs des lauréats en sont revenus pour apporter une contribution importante à la pratique et à la formation architecturales, prolongeant l'expérience romaine jusque dans la culture architecturale canadienne en général.

Daniel M. Millette, Ph.D., enseigne l'histoire d'architecture à la School of Architecture and Landscape Architecture de la University of British Columbia.

The Prix de Rome – Three Centuries in the Eternal City

Notes

1 Russia, for example, had its own Rome prize competition for students of advanced standing. Spain and Germany later established their academies, complete with prize programs as well.
2 For a commentary on the French Academy's traditions, see Peter Collins, 'Architectural Criteria & French Traditions,' *Journal of Architectural Education (1947–1974)*, Vol. 21, No. 1/2. August–December, 1966. pp. 1–5.
3 See Françoise Choay, *The Invention of the Historic Monument* (Cambridge: Cambridge University Press, 2001).
4 See Peter Collins, Architectural Criteria and the French Traditions, in *Journal of Architectural Education*, Volume 21, Number 1/2, August–December, 1966, p. 15.
5 See Louise Campbell, 'A Call to Order: The Rome Prize and Early Twentieth-Century British Architecture,' *Architectural History*, Vol. 32, 1989, pp. 131–51.
6 Amyas Connell was a Rome Scholar during 1926.
7 *Architect and Building News*, January 3, 1930.
8 For historical accounts of the American Academy in Rome, see Lucia Valentine and Alan Valentine, *The American Academy in Rome 1894–1969* (Charlottesville: University Press of Virginia, 1973), and Fikret K. Yegül, *Gentlemen of Instinct and Breeding: Architecture at the American Academy in Rome 1894–1940* (New York and Oxford: Oxford University Press, 1991).
9 See 'American School of Architecture in Rome' in *The American Journal of Archaeology and the History of Fine Arts*, Vol. 9, No. 4, October–December 1894, pp. 546–47.
10 While the excavations remain unpublished, some descriptions of the finds were included as part of the annually published *Memoirs of the American Academy in Rome.*
11 Valentine and Valentine, p. 80.
12 Val Rynnemeri, 'New Rules for Prix de Rome,' *Canadian Architect*, Vol. 35, No. 1, January 1990, p. 17.

Le Prix de Rome – Trois siècles dans la Ville éternelle

Notes

1 La Russie, par exemple, avait son propre concours pour le Prix de Rome pour étudiants avancés. L'Espagne et l'Allemagne ont établi plus tard leurs académies, incluant également des programmes de prix.
2 Pour un commentaire sur les traditions de l'Académie française, voir Peter Collins, « Architectural Criteria & French Traditions », *Journal of Architectural Education (1947–1974)*, vol. 21, n°s 1/2 (août–décembre 1966), p. 1-5.
3 Voir Françoise Choay, *The Invention of the Historic Monument*, Cambridge, Cambridge University Press, 2001.
4 Voir Peter Collins, « Architectural Criteria and the French Traditions », *op. cit.*, p. 15.
5 Voir Louise Campbell, « A Call to Order: The Rome Prize and Early Twentieth-Century British Architecture », *Architectural History*, vol. 32 (1989), p. 131-151.
6 Amyas Connell a été boursier à Rome en 1926.
7 *Architect and Building News*, 3 janvier 1930.
8 Pour un historique de l'American Academy à Rome, voir Lucia Valentine et Alan Valentine, *The American Academy in Rome 1894–1969*, Charlottesville, University Press of Virginia, 1973, et Fikret K. Yegül, *Gentlemen of Instinct and Breeding: Architecture at the American Academy in Rome 1894–1940*, New York et Oxford, Oxford University Press, 1991.
9 Voir « American School of Architecture in Rome », *The American Journal of Archaeology and the History of Fine Arts*, vol. 9, n° 4 (octobre-décembre 1894), p. 546-457.
10 Bien que les excavations demeurent inédites, certaines descriptions des artefacts ont été incluses dans la publication annuelle intitulée *Memoirs of the American Academy in Rome.*
11 Valentine et Valentine, *op. cit.*, p. 80.
12 Val Rynnemeri, « New Rules for Prix de Rome », *Canadian Architect*, vol. 35, n° 1 (janvier 1990), p. 17.

Rome, Interrupted

On February 27, 1987, the Canada Council for the Arts announced the establishment of the Prix de Rome in Architecture 'to recognize an architect in the early stages of his/her development whose work testifies to exceptional skill and creativity.'[1] The prize included a year's sojourn in Rome, complete with a $20,000 stipend (increased to $34,000 in 1997) and a studio in the Palazzo Cardelli, where the winner was to 'pursue personal in-depth research in architecture.'[2]

At the public award ceremony for the Rome prize in 1987, jury chair Douglas Shadbolt speculated as to what that research might entail. Suggesting that the initial prize would 'have an important impact on later competitions for the Prix de Rome in Architecture,' Shadbolt noted that the jury sought 'to achieve a consensus early on about our interpretation of the criteria as announced. The sponsor is the Canada Council for the Arts, so we have taken it as a directive that our focus is on the art of architecture. This is particularly appropriate at this time as the architectural world is in the midst of a great debate on that very subject, as evidenced by the products of the architectural schools, the journals and other literature on the subject, and by the resurgence of superb drawing and rendering exhibitions, and the appearance of conceptual art works based on spatial and architectonic elements now showing at major galleries in Europe, the USA and Canada.'[3]

This statement reflects the jury's desire to situate the Prix de Rome in the cultural context from which it emerged, as well as a prescient understanding of the type of work the prize was likely to engender. The 1970s and 1980s had been turbulent times for architecture. The orthodoxies of modernism that defined architectural culture throughout the post-war boom were called into question, along with the utopian ideals and faith in technology that Modern architecture was understood to represent. Publications such as Peter Blake's *Form Follows Fiasco: Why Modern Architecture Hasn't Worked*[4] and Charles Jencks' *The Language of Post-Modern Architecture*[5] set the stage for a broad critique of modernism and a fundamental reconsideration of its tenets, from its emphasis on technology and instrumentalism to its strictures against historical and formal references.

Set in a larger context, this renewed concern for the theoretical, humanistic and cultural dimensions of architecture coincided with the first economic recession since World War II. Faced with scant opportunities to build, many architects turned to academic and theoretical pursuits, ranging from the hermetic formal investigations of the New York Five (Peter Eisenman, Michael Graves, Charles

Rome, interrompue

Le 27 février 1987, le Conseil des Arts du Canada annonça l'instauration du Prix de Rome en architecture afin de « récompenser un(e) architecte en début de carrière dont le travail témoigne d'une compétence et d'une créativité exceptionnelles ».[1] Le prix consistait d'un séjour d'un an à Rome et d'une bourse de 20 000 $ (augmentée à 34 000 $ en 1997) et d'un appartement-studio dans le Palazzo Cardelli afin de permettre au lauréat de « poursuivre des recherches personnelles approfondies en architecture ».[2]

Lors de la remise officielle du Prix de Rome en 1987, le président du jury, Douglas Shadbolt, a avancé plusieurs hypothèses sur les implications de ces recherches. Suggérant que le prix initial « aurait un impact significatif sur les futurs concours pour le Prix de Rome en architecture », Shadbolt a souligné que le jury s'était efforcé d' « arriver d'emblée à un consensus au sujet de notre interprétation des critères tels qu'ils avaient été annoncés. Le Prix étant décerné par le Conseil des Arts du Canada, nous avons pris pour principe de nous centrer sur l'art de l'architecture. Ce choix se révèle particulièrement opportun dans cette époque où le monde de l'architecture se retrouve au cœur d'un débat important sur cette question : les productions des écoles d'architecture, les revues et autres écrits sur le sujet, de même que la recrudescence de magnifiques expositions de dessins et de rendus d'architecture le montrent ; en témoigne également la dimension spatiale et architectonique des œuvres d'art conceptuelles présentées aujourd'hui dans d'importantes galeries en Europe, aux États-Unis et au Canada ».[3]

Cette déclaration reflète le désir du jury de situer le Prix de Rome dans son contexte culturel originaire, et fait preuve de prescience dans la compréhension du genre de travail que le prix allait engendrer. L'architecture a connu des périodes de turbulence durant les années 1970 et 1980. Les orthodoxies du modernisme qui ont défini la culture architecturale durant le boom de l'après-guerre ont été remises en cause en même temps que les idéaux utopiques et la foi en la technologie que l'architecture moderne était supposée représenter. Des publications telles que *Form Follows Fiasco: Why Modern Architecture Hasn't Worked*[4] de Peter Blake et *The Language of Post-Modern Architecture*[5] de Charles Jencks ont fourni des bases à la critique en profondeur du modernisme et à la reconsideration approfondie de ses principes, de l'emphase sur la technologie et l'instrumentalisme jusqu'à la critique des références historiques et formelles.

Replacée dans un contexte plus large, cette nouvelle préoccupation avec les dimensions théoriques, humanistes et culturelles de l'architecture a coïncidé avec la première récession économique depuis la Deuxième Guerre mondiale. Face aux maigres perspectives de travail s'offrant à eux, de nombreux architectes se sont tournés

Gwathmey, John Hejduk and Richard Meier)[6] to the radical populism of Robert Venturi, Denise Scott Brown and Steven Izenour's *Learning from Las Vegas*.[7] Alongside the intellectual and economic forces that propelled this renewed theoretical activity, the political upheavals of 1968 and their aftermath contributed to a further rupture between mainstream architectural practice and the critical and academic community.

Building on the critique of architectural education and practice articulated by the Strike Committee of the École des Beaux-Arts in its 'Motion of May 15' (1968),[8] many critical writings of the 1970s and '80s bemoaned the futility of the Modern movement's social utopianism in the face of capitalism's ability to subsume architecture into commodity culture. This served to further alienate a profession struggling to survive the first recessionary cycle since the end of World War II from an academy increasingly inspired by Marxist critiques. Frustrated by the limitations of architectural practice as an agent of social and political change, young architects turned to polemical design propositions that sought to articulate a critique of mainstream practice, establishing a culture of critical projects that treated architecture less as a practical discipline than as a vehicle for the intellectual investigation of larger cultural, social or political themes. As a result, drawings, publications and installations, rather than built work, quickly became the primary locus of architectural experimentation.

The increasingly important role of architectural drawings – or paper architecture – is captured in Graham Owen's assessment of Daniel Libeskind's *Micromegas* series, in which he argues that the architect 'releases the architectural and graphic conventions that are his raw material from their quotidian role of representation. As former tools of documentation that have come to exist for themselves, they ... have left the architectural object behind, and become objects in their own right.'[9] The enhanced status of drawings as independent artifacts and not mere representations was cemented with the 1978 establishment of the Max Protetch Gallery in New York, which encouraged an appreciation – and a market – for architectural drawings, helping to recast architecture as an artistic rather than a pragmatic discipline.

In Canada as elsewhere, the emerging culture of paper architecture influenced young architects and artists who were, in the first instance, increasingly drawn to the culture of exhibitions and installations and, in the second, to working with spatial and architectonic elements and themes. This is apparent in the 1986 exhibition *The Interpretation of Architecture*, jointly curated by architect Alan

vers des recherches académiques et théoriques où se retrouvaient aussi bien les investigations formelles des architectes du New York Five (Peter Eisenman, Michael Graves, Charles Gwathmey, John Hejduk et Richard Meier)[6] que le populisme radical de Robert Venturi, Denise Scott Brown et Steven Izenour dans *Learning from Las Vegas*.[7] En même temps que s'exprimaient les forces intellectuelles et économiques à la source de ces nouvelles recherches théoriques, la rupture entre la pratique architecturale dominante et la recherche universitaire s'est aggravée suite aux bouleversements politiques de 1968 et à leurs séquelles.

S'appuyant sur la critique de la pratique et de la formation en architecture formulée par le Comité de grève de l'École des Beaux-Arts dans sa « Motion du 15 mai » (1968),[8] les essais critiques des années 1970 et 1980 ont été nombreux à fustiger la futilité de l'utopisme social du mouvement moderne face à la capacité du capitalisme à penser l'architecture comme une marchandise. Cette situation a continué à agrandir le fossé entre une profession luttant pour survivre la première vague de récession depuis la Seconde Guerre mondiale et une communauté universitaire de plus en plus inspirée par la critique marxiste. Frustrés par l'incapacité de la pratique architecturale à contribuer à la transformation sociale et politique, de jeunes architectes ont proposé de nouveaux projets de nature polémique qui tentaient d'articuler une critique de la pratique dominante, instaurant une culture de projets critiques dans laquelle l'architecture était moins une discipline pratique qu'un véhicule pour l'investigation intellectuelle de thèmes plus larges liés à la culture, la société et la politique. C'est pourquoi leur premier site d'expérimentation a pris forme à travers de dessins, de publications et d'installations, au lieu qu'à travers de réalisations.

Graham Owen résume bien le rôle croissant des dessins d'architecture – ou de l'architecture sur papier – en affirmant à propos de la série *Micromegas* de Daniel Libeskind que l'architecte « libère les conventions architecturales et graphiques qui forment son matériel brut de leur rôle quotidien de représentation. Auparavant des outils documentaires, ils en sont venus à exister pour eux-mêmes, ils ... ont laissé derrière eux l'objet architectural pour devenir des objets autonomes ».[9] L'accession des dessins au statut d'objets indépendants et non pas seulement de simples représentations, s'est développée en 1978 avec l'arrivée à New York de la gallerie Max Protetch, qui a encouragé le public à apprécier et à acquérir des dessins d'architecture, contribuant ainsi à repositionner l'architecture comme une discipline artistique plutôt que pragmatique.

Au Canada comme ailleurs, la culture naissante de l'architecture sur papier a influencé de jeunes architectes et artistes qui étaient, d'une part et surtout, de plus en plus attirés par la culture des expositions et des installations, et d'autre part, tenaillés

Tregebov and artists Janice Gurney and Andy Patton for Toronto's YYZ Gallery. Writing in the exhibition catalogue, George Baird noted that the show served to 'publicly make explicit a conversation between them [architects and artists] – which appears to have been going on for two or three years now – in respect to architecture as a form of cultural praxis.... [T]he present exhibition seeks to make explicit the possible form which an extended, literate and reciprocally generous conversation on art and architecture ... might take.'[10] Around the same time, a similar interest in the potential overlap between the two disciplines inspired *Impulse*, a Toronto-based art quarterly, to devote a two-volume special issue to the theme of 'Theoretical Architecture.'[11] With only a tenuous connection to architectural practice, the publication privileged the poetic and intellectual possibilities of theoretical projects, not as vehicles for the production of built work, but as ends in themselves.

Alongside this radical response to the perceived failings of Modern architecture, a more conservative and nostalgic movement sought to replace the utopian social program and reductive aesthetic of modernism with a neo-traditional approach to architecture. In North America, this movement played out on two fronts. By the mid-1970s, the widely publicized failures of several urban renewal schemes had eroded faith in Modern city planning, setting the stage for the emergence of New Urbanism, which embraced neo-traditional – specifically, neo-classical – urban and architectural forms. At the same time, architects frustrated by the expressive limitations of reductive modernism, in particular what they understood to be its alienation from the general public, turned to classical architecture as a source of widely legible forms and symbols. The fallen fortunes of Modern architecture and a renewed interest in historicism led some observers to muse that modernism had been an aberrant temporary interruption of the Western classical tradition,[12] a tradition firmly rooted in Rome.

In the early twentieth century, their rejection of historic architecture, including the classical tradition, led the polemicists of modernism to marginalize Rome as a centre of contemporary architectural culture. In *Towards a New Architecture*, Le Corbusier argues, 'To send architectural students to Rome is to cripple them for life. The Grand Prix de Rome and the Villa Medici are the cancer of French architecture.'[13] This sensibility surfaces again in 'Motion of May 15,' which lists among the shortcomings of the École des Beaux-Arts the fact that '[t]he ideology of the prix de Rome is still alive.'[14] However, after a half-century of neglect and animosity that led Thomas Shumacher to refer to Rome as the 'Orphan of the

par l'envie de travailler à partir d'éléments et de thèmes spatiaux et architectoniques. Cette tendance est apparue par exemple dans l'exposition *The Interpretation of Architecture*, organisée en 1986 pour la gallerie YYZ de Toronto par l'architecte Alan Tregebov et les artistes Janice Gurney et Andy Patton.

Dans le catalogue de l'exposition, George Baird a écrit que celle-ci entendait « exposer de manière explicite la conversation entre eux [architectes et artistes] – qui dure apparemment depuis deux ou trois ans – à propos de l'architecture comme une forme de pratique culturelle ... Cette exposition cherche à clarifier la forme que pourrait prendre une conversation approfondie, cultivée et empreinte de générosité réciproque entre l'art et l'architecture. »[10] À peu près à la même époque, le même intérêt pour le chevauchement possible entre les deux disciplines a incité *Impulse*, une revue d'art trimestrielle basée à Toronto, à consacrer une édition spéciale (en deux volumes) au thème de l'architecture théorique (« Theoretical Architecture »).[11] N'ayant qu'un lien très précaire avec la pratique architecturale, la revue a privilégié les possibilités poétiques et intellectuelles des projets théoriques en les présentant non pas comme véhicules de production de réalisations concrètes, mais comme des fins en soi.

Parallèlement à cette réponse radicale aux lacunes ressenties de l'architecture moderne, un mouvement plus conservateur et nostalgique a tenté de remplacer le programme social utopique et l'esthétique réductrice du modernisme par une approche néo-traditionnelle de l'architecture. En Amérique du Nord, ce mouvement s'est développé sur deux fronts. Vers le milieu des années 1970, les échecs largement publicisés de plusieurs projets de réaménagement urbain ont fortement érodé la foi en la planification urbaine moderne, encourageant l'émergence du nouvel urbanisme prônant des formes urbaines et architecturales néo-traditionnelles – ou plus exactement néoclassiques. En même temps, certains architectes frustrés par les possibilités expressives limitées du modernisme réducteur, et surtout par la façon dont ce mouvement s'était aliéné le grand public, se sont tournés vers l'architecture classique pour y puiser des formes et des symboles plus lisibles. La chute en disgrâce de l'architecture moderne et le renouveau d'intérêt pour l'historicisme ont alors poussé certains observateurs à estimer que le modernisme n'avait été que l'interruption aussi brève qu'aberrante de la tradition occidentale classique[12] dont les racines étaient solidement ancrées à Rome.

Au début du XXe siècle, les partisans du modernisme qui rejetaient l'architecture historique et la tradition classique ont eu tendance à marginaliser Rome comme centre de la culture architecturale contemporaine. Dans *Vers une architecture*, Le Corbusier va jusqu'à affirmer que « Mettre dans Rome des étudiants architectes, c'est les mourtrir pour la vie. Le Grand Prix de Rome et la Villa Médicis sont le cancer de l'architecture fran-

Modern Movement,'[15] the resurgent interest in history in general and classicism in particular brought the Eternal City back to the centre of architectural discourse. This was catalyzed in part by the 1978 exhibition *Roma Interrotta*, in which the twelve engravings that constitute Giambattista Nolli's famous 1748 plan of the city were divided among a dozen prominent architects – Carlo Aymonino, Constantino Dardi, Romaldo Giurgola, Michael Graves, Antoine Grumbach, Leon Krier, Rob Krier, Paolo Portoghesi, Aldo Rossi, Colin Rowe, Piero Sartogo, James Stirling and Robert Venturi – each of whom was invited to propose an urban intervention.

The project achieved wide notoriety following extensive coverage in a double issue of *Architectural Design*,[16] and a few years later, young Canadian architects emulated the Roman exhibition of 1978 in two similar exercises in Toronto and Vancouver. In each case, the plan of the city's downtown was divided into quadrants, each one assigned to an architect or small team to propose a theoretical intervention. The results took the form of the exhibitions *Toronto Plans* (1984) at the College Park Gallery and *Vancouver ReVisions* (1987) at the Vancouver Art Gallery. In his review of *Toronto Plans* in *Section a*, Graham Owen notes that the exhibition revealed the 'aspirations to avant-gardism prevalent among younger Toronto designers and architects at this particular moment.'[17] Owen argues that many of the exhibited projects participate in the 'institutionalization of an image, the legitimation of a myth: that of the "young designer" as a kind of cultural terrorist.'[18] This observation captures the tension between normative practice – in which most if not all of the participants in the exhibition were employed – and the transgressive ambitions represented by the proposed plans, which adopted 'the ideological stances of the less compromised arts.'[19]

Along with other exhibitions and publications of the time, such as Rem Koolhaas's *Delirious New York*[20] and Colin Rowe and Fred Koetter's *Collage City*,[21] *Roma Interrotta* and the culture of critical projects captured the imagination of a young generation of architecture graduates. Hoping to infuse the pragmatic milieu of architectural practice with the vigorous theoretical culture of the academy, young architects increasingly found their primary influences not in more senior practitioners, but in the widely published and exhibited critical projects of architects who had built little but whose theoretical work had become iconic. For a young generation of architects in the late 1970s and '80s, Peter Eisenman, Zaha Hadid, Rem Koolhaas, Daniel Libeskind and Bernard Tschumi emerged as central figures in an architectural avant-garde that placed greater currency on the

çaise.» [13] La même réaction a refait surface dans la « Motion du 15 mai » qui mentionne dans la liste des défauts reprochés à l'École des Beaux-Arts le fait que l'idéologie du Prix de Rome est toujours vivante.[14] Cependant, après un demi-siècle de négligence et d'animosité qui a fait dire à Thomas Shumacher que Rome était l' « orpheline du mouvement moderniste »,[15] le renouveau d'intérêt pour l'histoire en général et le classicisme en particulier ont ramené la Ville éternelle au centre du débat sur l'architecture. Ce renouveau est en partie le fruit de l'exposition *Roma Interrotta*, présentée en 1978 et dans laquelle douze architectes importants – Carlo Aymonino, Constantino Dardi, Romaldo Giurgola, Michael Graves, Antoine Grumbach, Leon Krier, Rob Krier, Paolo Portoghesi, Aldo Rossi, Colin Rowe, Piero Sartogo, James Stirling et Robert Venturi – ont réparti entre eux les douze gravures composant le fameux plan de la ville réalisé en 1748 par Giambattista Nolli avec l'idée de proposer pour chacune une intervention urbaine.

Grâce au double numéro que lui a consacré la revue *Architectural Design*,[16] le projet a rencontré un grand succès. Quelques années plus tard, de jeunes architectes canadiens ont reconduit l'idée de l'exposition romaine de 1978 dans deux exercices similaires à Toronto et à Vancouver. Dans les deux cas, le plan du centre-ville a été divisé en quadrants, chacun ayant été attribué à un architecte ou à un groupe d'architectes avec l'idée d'y proposer une intervention théorique. Les résultats ont donné lieu à deux expositions : *Toronto Plans* (1984) à la College Park Gallery et *Vancouver ReVisions* (1987) à la Vancouver Art Gallery. Dans l'article qu'il écrit sur *Toronto Plans* à la *Section a*, Graham Owen note que l'exposition révèle les « aspirations avant-gardistes qui circulent parmi les jeunes designers et architectes de Toronto en ce moment particulier. »[17] Selon Owen, beaucoup des projets exposés relèvent de l' « institutionnalisation d'une image, la légitimation d'un mythe : celui du ' jeune créateur ' comme un genre de terroriste culturel ».[18] Cette observation traduit bien la tension entre la pratique normative – dont tous ou presque tous les participants de l'exposition sont des représentants – et les ambitions transgressives représentées par les projets proposés qui adoptaient « les positions idéologiques des arts moins compromis ».[19]

En même temps que d'autres expositions et publications de l'époque – par exemple *Delirious New York*[20] de Rem Koolhaas et *Collage City* de Colin Rowe et Fred Koetter,[21] l'exposition *Roma Interrotta* et la culture des projets critiques ont ainsi séduit l'imagination d'une génération de jeunes architectes fraîchement diplômés. Désireux de transmettre au milieu pragmatique de la pratique architecturale un peu de la vigueur de la culture théorique académique, certains jeunes architectes ont trouvé leurs premières inspirations non pas chez les architectes plus âgés, mais dans les projets largement publicisés et exposés d'architectes qui avaient peu construit, mais dont l'œuvre théorique faisait figure

intellectual critique of normative practice underlying the work than on whether it was, or could be, built.

This is the critical and intellectual milieu in which the Canada Council for the Arts' Prix de Rome in Architecture was forged, conceived as a vehicle for young architects to explore the 'artistic ... and humanistic core of their discipline, and feed the practice of drawings and installations'[22] that had become the mainstay of the architectural avant-garde.

A number of forces contributed to the establishment of Canada's Prix de Rome. In 1979, the University of Waterloo School of Architecture established its Rome Program, in which students enrolled in their fourth year of architecture spent one semester in the school's Rome studio. While other Canadian schools of architecture also offered studies abroad in Rome, the Waterloo program established a continuous presence in a fixed location, establishing an essential academic infrastructure and Canadian presence in Rome.

The Canadian version resulted from the efforts of an ad hoc Committee to Establish a Canadian Rome Prize, assembled in August 1986 under the direction of Toronto architect Michael Kirkland, a recipient of the American Rome Prize, and comprised of prominent architectural practitioners, critics and academics,[23] along with François Lachapelle of the Canada Council for the Arts and David Kirkwood of the Canadian Mediterranean Institute. Within a few months the fledgling program was in place, with applications due May 1, 1987, the announcement of the winner scheduled for the end of June and the first residency beginning in September.

The inaugural competition attracted twenty-five submissions, from which the jury, comprised of jury chair Douglas Shadbolt, director of the School of Architecture at the University of British Columbia, and architects Barton Myers, Mario Saia and Adèle Santos, identified four finalists: Brian MacKay-Lyons of Halifax, Patricia Patkau of Vancouver, Brigitte Shim of Toronto, and John Shnier of Toronto, who was ultimately named the winner.[24]

As the first Rome laureate, Shnier used his sojourn to not only pursue his own 'personal in-depth research in architecture,' but also to establish the essential infrastructure for the program's subsequent laureates. Upon his arrival in Rome, it became apparent that the studio space provided by the Canadian Academic Centre in Italy in the Palazzo Cardelli was inadequate, consisting of 'an eight foot by eight foot room with a single fluorescent light fixture.'[25] As a result, Shnier spent much of his time in Rome searching for and establishing living and

d'icône. Pour certains jeunes architectes de la fin des années 1970 et 1980, Peter Eisenman, Zaha Hadid, Rem Koolhaas, Daniel Libeskind et Bernard Tschumi sont apparus comme les figures centrales de l'avant-garde en architecture qui accordaient plus de crédit à la critique intellectuelle de la pratique normative sous-jacente à l'oeuvre qu'à la question de savoir si celle-ci pouvait être ou avait été concrètement réalisée.

Tel est l'environnement critique et intellectuel dans lequel le Prix de Rome du Conseil des Arts du Canada a été imaginé et créé, conçu comme un outil permettant à de jeunes architectes d'explorer le « cœur artistique et humaniste de leur discipline et de nourrir la pratique des dessins et des installations »[22] qui était devenue le pilier de l'avant-garde en architecture.

Plusieurs facteurs ont contribué à la création du Prix de Rome du Canada. En 1979, l'école d'architecture de la University of Waterloo a instauré son programme romain qui consistait à envoyer des étudiants inscrits en quatrième année d'architecture pendant un semestre dans le studio que l'école possédait à Rome. Alors que d'autres écoles d'architecture canadiennes offraient également des études à Rome, le programme de la University of Waterloo impliquait un séjour continu dans un endroit fixe, posant ainsi les bases d'une infrastructure académique essentielle et de la présence canadienne à Rome.

La version canadienne est le fruit des efforts d'une commission ad hoc mise sur pied pour la création d'un Prix de Rome canadien, réunie en août 1986 sous la direction de l'architecte torontois Michael Kirkland, récipiendaire du Prix de Rome américain, et composée d'importants praticiens, critiques et experts du monde de l'architecture,[23] ainsi que de François Lachapelle du Conseil des Arts du Canada et de David Kirkwood du Canadian Mediterranean Institute. Il n'a fallu que quelques mois pour mettre en place le programme novice : l'entrée en application étant prévue pour le 1er mai 1987 et l'annonce du gagnant programmée pour la fin juin, la première résidence allait commencer en septembre.

La première compétition a suscité vingt-cinq candidatures parmi lesquelles le jury composé de Douglas Shadbolt, directeur de la l'école d'architecture à la University of British Columbia, et des architectes Barton Myers, Mario Saia et Adèle Santos, a retenu quatre finalistes : Brian MacKay-Lyons de Halifax, Patricia Patkau de Vancouver, Brigitte Shim de Toronto et John Shnier de Toronto, qui a finalement remporté le Prix.[24]

À titre de premier lauréat du Prix de Rome, Shnier a tiré profit de son séjour non seulement pour « poursuivre à fond ses propres recherches en architecture », mais aussi pour implanter l'infrastructure essentielle au bon déroulement du programme des lauréats suivants. Dès son arrivée à Rome, il est apparu que l'espace installé par le Canadian

work space appropriate to the implied prestige of the Prix de Rome. With the help of Lorenzo Pignatti, then assistant director of the University of Waterloo School of Architecture's Rome Program, he secured a combined apartment and studio in the Palazzo Pizzirani, the same building that housed the Rome programs of the University of Waterloo and New York's Pratt Institute, next to Piazza Santa Maria in Trastevere.

The apartment was leased in December, three months into Shnier's one-year tenure, and required considerable renovation – a new electrical service, new floors and kitchen appliances – to be rendered habitable.[26] Expenses associated with this work were beyond the scope of the Canada Council grant, and funds were raised with the assistance of the University of Waterloo, co-tenants in the Palazzo: Eric Haldenby, director of the School of Architecture, and Dr. Douglas Wright, president of the university, solicited donations totalling $14,000 from several prominent architects and engineers.[27] In addition, Shnier designed furniture for the apartment, including a wardrobe, a dining table and a stereo console, and the design quality of the space and furnishings earned coverage in the March 1989 issue of *Domus*.[28]

The search for and subsequent renovation of the studio apartment constituted a valuable long-term contribution to the program. According to Shnier, 'The location of the Prix de Rome [studio apartment] has, I believe, distinct advantages over the venues of the other national academies here in Rome. The most important difference is that the Canadian Prix de Rome is located in the heart of a vital Roman environment which allows direct contact to the city, avoiding the hermetic isolation which so often accompanies tenure at one of the other academies.'[29] This has been borne out by several laureates, who note that the independent nature of the Canadian apartment attracted *pensionnaires* from other countries whose own more formally structured academies imposed restrictions – such as curfews – during their time in Rome.

The Prix de Rome entered its second year with this essential infrastructure in place, but, in contrast to the twenty-five applications submitted in 1987, the 1988 competition attracted only six.[30] A short list of three was published, with the winner, Jacques Rousseau of Montreal, announced at a public reception. A more problematic decline in applications took place in 1989, when the Prix de Rome attracted only three submissions, and the jury took the controversial decision not to award the prize. Writing in the *Globe and Mail*, Adele Freedman suggested that a tense relationship between one of the applicants, Erik Marosi, and jury member

Academic Centre en Italie dans le Palazzo Cardelli était inapproprié, avec « sa surface de huit pieds par huit et son unique lampe fluorescente ».[25] Shnier a donc consacré une grande partie de son séjour à Rome à dénicher, puis aménager un espace de vie et de travail digne du prestige associé au Prix de Rome. Avec l'aide de Lorenzo Pignatti, alors directeur adjoint du programme romain de l'école d'architecture de la University of Waterloo, il a trouvé un espace composé d'un appartement et d'un atelier dans le Palazzo Pizzirani, un bâtiment qui abrite aussi les programmes romains de la University of Waterloo et du Pratt Institute à New York, à côté de la Piazza Santa Maria à Trastevere.

Pour rendre habitable l'espace loué dès le mois de décembre, soit trois mois après que le séjour d'un an de Shnier ait débuté, une rénovation complète était nécessaire : outre une nouvelle installation électrique, il fallait poser de nouveaux planchers et renouveler l'équipement de la cuisine.[26] Les frais de rénovation s'avérant bien supérieurs au montant de la subvention du Conseil des Arts du Canada, une levée de fonds a été organisée avec la collaboration de la University of Waterloo, co-locataires de l'espace : Eric Haldenby, directeur de l'école d'architecture et le Dr. Douglas Wright, président de l'université, ont sollicité l'aide de plusieurs architectes et ingénieurs importants et ont recueilli des donations pour un montant total de 14 000 $.[27] Pour compléter l'installation de l'appartement, Shnier a dessiné une armoire, une table de salle à manger et un meuble stéréo ; dans son numéro de mars 1989, *Domus* a publié un article qui témoigne du soin avec lequel Shnier a conçu l'aménagement de l'espace et son équipement.[28]

La recherche et la rénovation du studio-appartement ont représenté une contribution valable et à long terme au programme. Selon Shnier, « La situation du [studio-appartement] du Prix de Rome présente des avantages particuliers comparée à celle dont bénéficient les autres institutions académiques nationales à Rome. La différence principale réside dans le fait que le Prix de Rome canadien se trouve dans le centre vital de l'environnement romain, ce qui permet un contact direct avec la ville, loin de cette isolation hermétique qui caractérise tant de résidences offertes par diverses institutions ».[29] Cet avantage a été confirmé par plusieurs lauréats qui ont remarqué que la nature indépendante de l'appartement canadien faisait l'envie de *pensionnaires* d'autres pays à qui leurs propres institutions imposaient des règles plus strictes durant leur séjour, telles celles du couvre-feu.

Le Prix de Rome a donc entamé sa deuxième année doté d'une solide infrastructure locale mais, contrairement à la situation de 1987 où vingt-cinq candidats s'étaient présentés, le concours de 1988 n'a suscité que six candidatures.[30] Après avoir retenu trois finalistes, le jury a attribué le Prix à Jacques Rousseau de Montréal lors d'une réception officielle. Le déclin des candidatures est devenu encore plus problématique en

The Rome apartment and studio, renovated by John Shnier, 1987 L'appartement et atelier à Rome, renové par John Shnier, 1987

The Rome apartment and studio, renovated by John Shnier, 1987 L'appartement et atelier à Rome, renové par John Shnier, 1987

Peter Rose, Marosi's former employer, played a part in the competition's outcome.[31]

This was not the first such controversy to plague the Prix de Rome, serving as an inverted echo of alleged preferential treatment in the 1987 selection of John Shnier by a jury that included his former employer Barton Myers. Despite rumblings that Shnier's selection was tainted by the fact that he had spent several years working in Myers' Toronto office, correspondence documenting Myers' conduct in the jury process – he 'declared his previous relationship with Mr. Shnier to his jury colleagues and refrained from voting'[32] – indicates that impropriety had been avoided.

Freedman's allegations prompted 1989 jury chair Nan Griffiths of Carleton University's School of Architecture to invoke the Myers/Shnier and Rose/Marosi relationships in her assertion that, given the relatively small size of the Canadian architectural community, 'the statistical likelihood of a relationship occurring between juror and applicant can scarcely be avoided.'[33] However, the perception of impropriety was difficult to overcome, as evidenced by notes from subsequent consultations regarding the Prix de Rome that document several observers' concerns that the incidence of previous professional relationships between applicants and jury members undermined the credibility of the selection process.

This was one of many issues to emerge in a series of consultations with the architectural community initiated by the Canada Council in July 1989 in an attempt to revitalize the Prix de Rome program for the following year. In response, the Council received numerous letters and, on October 31, 1989, brought the comments to a working committee comprised of previous jury members Nan Griffiths and Mario Saia, 1988 laureate Jacques Rousseau and Detlef Mertins. The discussion resulted in several changes to the Prix de Rome, including a reduction of the experience requirement from five years to two in order to attract younger applicants with fewer professional responsibilities and therefore in a better position to take advantage of the year-long sojourn in Rome. The Canada Council also adopted the committee's recommendation to eliminate the public announcement ceremony, which they argued could discourage unsuccessful shortlisted candidates fearing further public humiliation from reapplying in the future, thereby reducing the pool of eligible applicants. The committee also argued that returning winners should be provided with assistance for the dissemination and diffusion of their work, raising not only the

1989, lorsque le Prix de Rome n'a attiré que trois candidats : le jury a alors pris la décision controversée de ne pas attribuer le prix. Dans *The Globe and Mail*, Adele Freedman a suggéré qu'une relation tendue entre Erik Marosi, l'un des candidats, et Peter Rose, membre du jury pour lequel Marosi avait travaillé dans le passé, expliquerait en partie l'issue du concours.[31]

Cette allégation faisait écho à une première controverse qui avait déjà pesé sur le Prix de Rome en 1987, lorsqu'on avait insinué que John Shnier avait bénéficié d'un traitement préférentiel de la part d'un jury qui incluait son employeur précédent, Barton Myers. En dépit des rumeurs suggérant que les années durant lesquelles Shnier avait travaillé à Toronto pour Myers avaient pesé dans le choix du jury, les documents faisant état de l'attitude de Myers durant les délibérations – il « a déclaré devant les membres du jury la nature de sa relation précédente avec M. Shnier et s'est abstenu de voter »[32] – indiquent que toute irrégularité a été évitée.

Suite aux allégations de Freedman en 1989, la présidente du jury, Nan Griffiths, professeure à l'école d'architecture de la Carleton University, a abordé la question de la relation entre Myers et Shnier d'une part et Rose et Marosi d'autre part en rappelant que la taille relativement réduite de la communauté des architectes canadiens rendait « la probabilité statistique d'une relation entre un membre du jury et un candidat pratiquement inévitable ».[33] Cependant, le sentiment que des irrégularités avaient été commises était loin de s'effacer, comme en témoignent plusieurs documents ultérieurs où des observateurs consultés au sujet du Prix de Rome se sont déclarés préoccupés par le fait que l'existence d'une relation professionnelle ancienne entre les candidats et les membres du jury puisse miner la crédibilité du processus de sélection.

Cette situation n'était qu'un des nombreux problèmes auxquels le Conseil des Arts du Canada a alors entrepris de s'attaquer en juillet 1989, à travers une série de consultations auprès de la communauté des architectes, en vue de revitaliser le programme du Prix de Rome pour l'année suivante. Sur base des nombreuses lettres reçues en réponse, le Conseil a réuni le 31 octobre 1989 un comité de travail composé de Nan Griffiths et Mario Saia, membres du jury précédent, de Jacques Rousseau, lauréat de 1988, et de Detlef Mertins. Suite aux discussions, il a décidé d'introduire plusieurs changements dans le Prix de Rome, entre autres en réduisant le nombre d'années d'expérience exigées de cinq à deux, afin d'attirer des candidats ayant moins de responsabilités professionnelles et étant donc en meilleure position pour tirer profit d'un séjour d'un an à Rome. En outre, Le Conseil des Arts a adopté la recommandation de supprimer la cérémonie publique du dévoilement du lauréat, le Comité ayant estimé que les candidats finalistes non retenus pouvaient la ressentir comme une humiliation publique et hésiter

profile of individual laureates but of the Prix de Rome itself, thereby attracting future applicants and ensuring a successful program; despite this recommendation, no formal program of support for returning laureates was introduced.

The revisions appeared to bring about the desired result, with eighteen applications submitted to the 1990 competition and fourteen the following year. In subsequent years, the number of applicants ranged from a low of four to a high of twelve; over the seventeen years during which the Prix de Rome was offered in its original form, it attracted a total of 166 applications, approximately ten per year on average. After 1989, no jury elected to withhold the prize.

While the nature of the recipients and their projects varied considerably over the years, most were true to Douglas Shadbolt's expressed notion that the work coming out of the Prix de Rome should focus on the art of architecture. For many of the laureates, this meant not only exploring the cultural dimension of architecture, but also experimenting with alternative media such as film, photography, sculpture, collage, cartography, installations and even writing. In addition to his efforts at securing, renovating and furnishing the studio apartment, John Shnier (1987) produced his *House for Piranesi at Villa Adriana*, which he represented in models, drawings, watercolours and monotypes, producing a minimum of one sketch per day to keep the architectural investigation on track amid the tumult of establishing the residence.

Several other laureates were similarly prolific. Hal Ingberg's (1993) Rome sojourn resulted in three distinct but interrelated projects. A series of black and white photographs documenting ambiguous landscape conditions around the city where the boundary between architecture and landscape is blurred served as inspiration for a substantial essay, 'Topographies of anomaly and indeterminacy.' These two exercises propelled a third, *la villa indeterminata*, a contemporary architectural proposition based on the anomalous conditions previously explored. Peter Yeadon (1999) also produced several projects, all contributing to a larger opus, *Karl: An Architectural Fiction*, conveyed through extensive and evocative drawings and text, provocatively translated from English into Italian and back into English. Sophie Charlebois (1990) used architectural drawings and poetic texts in her explorations of the '*non finito*' (unfinished), documenting the process of design rather than complete projects. Other projects remain more conceptual. Rome's antiquity inspired Jacques Rousseau (1988) to consider his native Montreal from an archaeological perspective, leading to his *La Mémoire Virtuelle de Montréal*, which was documented in a variety of drawing techniques.

à se représenter dans le futur, ce qui diminuerait le nombre de candidats éligibles. Par ailleurs, le comité était d'avis qu'au terme de leur séjour à Rome, les lauréats devaient recevoir de l'aide pour faire connaître et diffuser leur travail, ce qui aurait un effet positif non seulement sur le profil individuel des candidats mais aussi sur le Prix de Rome en général et, de ce fait, augmenterait le nombre de candidatures et assurerait le succès du programme. Malgré ces recommandations, aucun programme en vue d'aider les lauréats à leur retour de Rome n'a été prévu.

Les modifications introduites ont apparemment porté leurs fruits, puisque le concours de 1990 a suscité dix-huit candidatures et celui de l'année d'après, quatorze. Au cours des années suivantes, le succès du programme a été très variable, réunissant au mieux douze ou au pire quatre candidatures par an ; durant les dix-sept années de son existence dans sa forme originale, le Prix de Rome a suscité un total de 166 candidatures, soit une moyenne de 10 par an. Après 1989, le jury n'a plus jamais décidé de retirer le prix.

Même si les récipiendaires et leurs projets ont considérablement varié au fil des années, la plupart sont restés fidèles à l'idée de Douglas Shadbolt selon laquelle la production issue du Prix de Rome devait se centrer sur l'architecture comme art. Pour de nombreux lauréats, cette exigence impliquait non seulement d'approfondir la dimension culturelle de l'architecture, mais aussi de l'explorer à travers des médias aussi divers que le film, la photographie, la sculpture, le collage, la cartographie, les installations et même l'écriture. Ainsi, à côté de ses efforts pour installer, rénover et meubler le studio-appartement du Prix de Rome, John Shnier (1987) a conçu une maison pour Piranesi – intitulant le projet *House for Piranesi at Villa Adriana* – qu'il a représentée dans des maquettes, des dessins, des aquarelles et des monotypes ; il a produit au moins une esquisse par jour afin de ne pas perdre le fil de ses recherches en architecture au milieu de l'effervescence entraînée par l'aménagement de la résidence.

D'autres lauréats se sont avérés tout aussi prolifiques. Hal Ingberg (1993) a mis son séjour à profit pour réaliser trois projets distincts, mais interreliés. Une série de photographies noir et blanc montrant des paysages au caractère ambigu prise autour de la ville où la distinction entre l'architecture et le paysage se brouille lui a inspiré un essai fondamental, 'Topographies of anomaly and indeterminacy.' Ces deux exercices l'ont amené à en réaliser un troisième sous forme d'une proposition architecturale contemporaine fondée sur les conditions insolites explorées précédemment, qu'il a intitulée *la villa indeterminata*. Peter Yeadon (1999) a aussi produit plusieurs projets qui ont donné naissance à un ouvrage plus important, *Karl : Une fiction architecturale* , où des dessins évocateurs alternent avec du texte présenté sur le mode provocant de la double traduc-

While each of these laureates worked in a variety of diverse media, their projects are still legible as architectural propositions, working within the conventions of architectural representation; others chose to work in media not traditionally associated with architecture. Dereck Revington's (1991) *Narrazioni Romane* were primarily based on photo-montage, capturing his notion that 'Rome is all superimposition, simultaneous presence and multiple exposure,'[34] and Pierre Thibault (1997) used video and photography to produce *La Villa*, a juxtaposition of the built landscape of Rome and the natural landscape of Quebec. Tony Robins' (1994) study *Modalities and the Representation of Meaning*, an 'investigation into the translation of ideas across creative mediums as a strategy for developing meaningful architectural form,'[35] is explored in collage. Cinema inspired the work of both Jason King (2000) and Andrew King (2003), the latter in particular referring more to Rome's recent history – Federico Fellini and the Cinecittà studios – than to its antiquity.

In addition to variations in experimentation with media, different aspects of Rome's richly layered history elicited a variety of responses from the laureates. Some were drawn to the city's deep antiquity and its relationship to myth and ritual. John McMinn (1992) converted the studio apartment into a workshop for the production of his installation, *The Garden of Febo and Pitone*, a constructed meditation on the tension between the twin poles of classical antiquity: emergent masculine reason (Febo/Phoebus Apollo) and suppressed feminine earth energy (Pitone/Python). Philip Beesley's (1995) *Chthonian Projects* involved the construction of elaborate matrices devised as growing media for the reburial of an archaeological site of ritual significance at the Palatine Hill. Conversely, Atelier Big City (1998) were inspired by the city's more recent past, participating in a design competition for a convention centre on the partly extant site of the projected 1942 EUR exposition, initiated by Benito Mussolini to celebrate twenty years of Fascist rule but pre-empted by war. Marc Boutin's (2002) *Texture City* is a multimedia (photography, sound recordings, installation pieces) exploration of the contemporary dynamics of Rome's public spaces.

Other projects explored the great range of scale in Rome, from the domestic to the monumental. Philippe Lupien's (1996) project – which set out to examine the monumentality of the everyday – resulted in a set of cards depicting Roman sites, representing a conceptual mapping of the city and its transformation over time. The work of George Yu (2000) and Atelier in situ (2001) is based on more literal notions of mapping at a variety of scales, from Yu's photographic

tion de l'anglais à l'italien, l'italien étant ensuite retraduit en anglais. Sophie Charlebois (1990) a exploré le thème du « non-finito » à travers des dessins d'architecture et des textes poétiques, en documentant le processus de design plutôt que des projets au complet. D'autres projets sont restés plus conceptuels. Inspiré par l'Antiquité romaine, Jacques Rousseau (1988) a considéré sa ville natale de Montréal d'un point de vue archéologique : ses recherches ont abouti à la production de *La Mémoire Virtuelle de Montréal*, documentée par des dessins réalisés dans des techniques diverses.

Malgré la grande diversité des techniques utilisées, les projets de ces lauréats peuvent toujours se lire comme des propositions architecturales qui opèrent à l'intérieur des conventions de la représentation architecturale ; d'autres ont opté pour des supports traditionnellement non associés à l'architecture. En se basant sur le photomontage, Dereck Revington (1991) a traduit dans *Narrazioni Romane* l'idée que « Rome est entièrement faite de superposition, de présence simultanée et d'exposition multiple »[34] ; Pierre Thibault (1997) s'est servi de vidéo et de photographie pour réaliser *La Villa*, où il combine le paysage construit de Rome au paysage naturel du Québec. Intitulée *The Modalities and the Representation of Meaning* (Trad. : *Modalités et représentation du sens*), l'étude de Tony Robins (1994) qui entend « explorer la traduction d'idées à travers des media créatifs comme stratégie pour développer des formes architecturales signifiantes »[35] se présente sous forme d'un collage. Le travail de Jason King (2000) comme celui de Andrew King (2003) est inspiré par le cinéma, Andrew King faisant plus particulièrement référence à l'histoire récente de Rome – Federico Fellini et les studios de Cinecittà – qu'à son passé antique.

Non seulement les lauréats ont mené leurs explorations en recourant à toutes sortes de techniques, mais ils ont également démontré une grande diversité dans leurs réponses à l'histoire richement stratifiée de Rome. Plusieurs d'entre eux se sont intéressés au passé antique de la ville et à sa relation au mythe et au rituel. John McMinn (1992) n'a pas hésité à convertir le studio-appartement en atelier pour y réaliser son installation, *Le jardin de Febo et Pitone*, une construction se voulant une méditation sur la tension entre les pôles jumeaux de l'Antiquité classique, la raison masculine naissante (Febo/Phoebus Apollon) et l'énergie chtonienne féminine enrayée (Pitone/Python). Dans ses *Projets Chtoniens*, Philip Beesley (1995) a imaginé de construire des matrices sophistiquées conçues comme des supports grandissants destinés au réenfouissement d'un site d'importance rituelle au Mont Palatin. À l'inverse, Atelier Big City (1998) s'est inspiré du passé plus récent de la ville en participant à un concours de projets pour un centre de congrès sur la partie encore existante du quartier EUR, conçu à la demande de Benito Mussolini pour l'exposition de 1942 en vue de célébrer le vingtième anniversaire

documentation of domestic spaces to Annie Lebel's intimate full-scale transfers of details from significant Roman sites such as the Pantheon, to Stéphane Pratte's revisiting of the famous Nolli plan.

While these projects are clearly contemporary in their sensibilities, they also participate in the tradition of the Prix de Rome. They represent carefully observed analyses and documentation of various aspects of the Eternal City while also fitting comfortably in the discourse between art and architecture cited by Shadbolt. However, the relationship of the Canadian Prix de Rome with mainstream architectural practice has long been understood as more problematic. One of the problems associated with the original Prix de Rome throughout its duration was the difficulty encountered by some of the laureates attempting to balance their work in Rome with ongoing professional responsibilities back in Canada, as well as the challenge of returning to practice after a year abroad. In addition to these practical complications, for certain critics the Prix de Rome embodied the tension between the pragmatic nature of practice and the more theoretical orientation that typified the work of the architectural avant-garde.

Writing in the January 1990 issue of *Canadian Architect*, Val Rynnimeri addressed how he understood the Prix de Rome in the context of the cultural gap between practice and the academy: 'To a professional architect, one bound in the daily production of building and surviving as a business, the Prix de Rome in Architecture ... must seem like a rather frivolous and peripheral government expenditure on the fringe participants of architecture.'[36] Rynnimeri defended the value of the theoretical orientation of the Rome projects, arguing that 'the Rome prize should ultimately be about an ongoing contribution to the art of architecture, and not about its fashions or its profession,'[37] reflecting the schism that existed at that time between theory and practice. However, over the ensuing decade, many of the architects identified as key figures of an avant-garde peripheral to the mainstream profession transformed into successful practitioners with large institutional commissions worldwide. This can be read as emblematic of a larger shift in the discipline that occurred over the lifespan of the original Prix de Rome.

Michael Speaks, professor at the Southern California Institute of Architecture, addresses this phenomenon in his 2002 essay 'Theory was interesting ... but now we have work.'[38] Speaks' essay examines the fact that architects who had established their prominence as theorists were increasingly called on to produce built work. The philosophical concerns that fuelled earlier theoretical

du régime fasciste, mais interrompu par la guerre. Marc Boutin (2002) a présenté son exploration des dynamiques contemporaines des espaces publics romains dans une œuvre multimédia (photographie, enregistrements sonores et installation) intitulée *Texture City*.

D'autres projets ont pris pour thème la variété dans l'échelle qui, du domestique au monumental, caractérise la ville de Rome. Le projet de Philippe Lupien (1996) – centré sur la monumentalité du quotidien – a abouti à une série de cartes dépeignant des sites romains et présentant une cartographie conceptuelle de la ville et de sa transformation dans le temps. Le travail de George Yu (2000) et de Atelier in situ (2001) est fondé sur les notions plus littérales de la représentation à différentes échelles, depuis la documentation photographique des espaces domestiques de Yu et les images rapprochées de détails qu'Annie Lebel a prélevés sur des sites romains aussi significatifs que le Panthéon et transférés ensuite à l'échelle, jusqu'à la proposition de Stéphane Pratte de revisiter le fameux plan Nolli.

Bien qu'ils soient très contemporains dans leur sensibilité, ces projets contribuent à la tradition du Prix de Rome. Ils représentent l'analyse minutieuse et la documentation soigneusement établie de facettes diverses de la Ville éternelle tout en s'intégrant harmonieusement au dialogue entre l'art et l'architecture mentionné par Shadbolt. Cependant, la relation entre le Prix de Rome canadien et la pratique architecturale dominante s'est révélée de plus en plus problématique. L'un des problèmes associés au Prix de Rome original a été tout au long de son existence la difficulté que certains lauréats ont éprouvée à concilier leur travail à Rome avec leurs responsabilités professionnelles au Canada et, au terme du séjour, à reprendre leur pratique après une année d'absence. Outre ces complications pratiques, certains critiques ont également souligné la tension qui règne entre la nature pragmatique de la pratique et l'orientation plus théorique propre à la démarche avant-gardiste en architecture.

Dans un article paru dans le *Canadian Architect* de janvier 1990, Val Rynnimeri a exposé la façon dont il conçoit le Prix de Rome dans le contexte du fossé culturel entre la pratique et la théorie : « Pour un architecte professionnel, quotidiennement engagé dans ses projets de construction et contraint d'assurer la survie de son entreprise, le Prix de Rome en architecture ... doit paraître comme un programme plutôt frivole et périphérique de dépenses gouvernementales au profit d'acteurs marginaux de l'architecture ».[36] Rynnimeri a défendu la valeur de l'orientation théorique des projets de Rome en disant que « le Prix de Rome devait se soucier d'apporter une contribution sans cesse renouvelée à l'art de l'architecture et non pas de représenter ses tendances ou sa pratique professionnelle »,[37] faisant ainsi écho au schisme entre la théorie et la pratique

projects became increasingly marginalized, giving way to more pragmatic and entrepreneurial interests in architecture. By the end of the century, the dichotomy – even outright hostility – between the theory-based academy and the recession-weary profession that Rynnimeri identified in his 1990 article had all but disappeared.

It is in this context that in February 2003, following consultation with a number of practitioners, the Canada Council issued a policy paper titled 'Support to Architecture at the Canada Council for the Arts' that announced sweeping changes to its architectural grants programs. The paper outlined a series of fundamental changes to the Council's programs, including the Prix de Rome, diverting support away from the theoretical and experimental work that typified the previous two decades to fund instead the documentation, exhibition and publication of built work by professional practitioners.

While the program that replaced the original Prix de Rome retains its name, it shares little with the original. Since 2004, the Rome prize has consisted of two separate awards: the Prix de Rome for Emerging Practitioners (recent graduates from one of Canada's ten accredited schools of architecture) and the Professional Prix de Rome, available 'to a young architect or practitioner of architecture, an architecture firm or an architectural design firm that has completed its first buildings and demonstrated an exceptional artistic potential.'[39] Based on the notion that 'the link between the practices young firms are developing and the knowledge they gain from a study of the built fabric of Rome has become increasingly tenuous,'[40] in the new program 'recipients of the Prix de Rome can decide what destinations and investigations best advance their practices; they can do internships in acclaimed architecture offices world wide, and/or visit relevant buildings internationally to develop a specific line of research.'[41]

The new Prix de Rome, then, has little connection to Rome per se – historically understood as the cradle of Western architectural culture – but represents instead a response to 'multiculturalism and a global environment' in which 'the relevance of the destination [Rome] and the length of the sojourn [one year] have become questionable.'[42] In response, the new prize established a shorter sojourn and includes 'provision ... to allow for a widespread public presentation of the laureates' research, and afford a successful return to professional life.'[43]

The repositioning of the Prix de Rome reflects how the value of a year's residency in the Eternal City has once again come into question; some of the more recent laureates observe that Rome has lost currency as a centre of

visible à cette époque. Au cours de la décennie suivante cependant, de nombreux architectes identifiés comme les figures clés d'une avant-garde en marge de la pratique dominante sont devenus des praticiens florissants invités à produire dans le monde entier, un phénomène emblématique des changements qui ont marqué la discipline tout au long de la carrière du Prix de Rome original.

À propos de ce phénomène, Michael Speaks, professeur au Southern California Institute of Architecture, note dans son essai de 2002 que « la théorie était intéressante ... mais à présent nous avons du travail ».[38] Dans cet essai, il s'intéresse au fait que les architectes qui avaient acquis leur renommée comme théoriciens ont été de plus en plus sollicités pour réaliser des projets. Les préoccupations philosophiques qui alimentaient auparavant les projets théoriques sont devenues de plus en plus marginales, faisant place à la dimension plus pragmatique et entrepreneuriale de l'architecture. Vers la fin du XXe siècle, la dichotomie – voire la franche hostilité – entre l'architecture fondée sur la théorie et la profession lasse de la récession que Rynnimeri avait identifiée dans son article de 1990, avait virtuellement disparu.

C'est dans ce contexte qu'en février 2003, après avoir pris conseil auprès de plusieurs praticiens, le Conseil des Arts a produit un document de politique intitulé « Soutien du Conseil des Arts du Canada à l'architecture » qui annonçait d'importants changements dans ses programmes de subventions à l'architecture. Les modifications fondamentales des programmes du Conseil préconisées par ce document incluaient entre autres le Prix de Rome, avec l'idée non plus d'encourager le travail théorique et expérimental qui avait marqué les deux décennies précédentes, mais plutôt de subventionner la documentation, l'exposition et la publication des œuvres réalisées par des professionnels de l'architecture.

Bien que le programme instauré à la place du Prix de Rome original ait conservé la même dénomination, il présente peu de points communs avec celui-ci. Depuis 2004, le Prix de Rome consiste en deux récompenses différentes : le Prix de Rome en architecture, début de carrière (nouveaux diplômés issus de l'une des dix écoles d'architecture accréditées du Canada) et le Prix de Rome professionnel en architecture, décerné « à un jeune architecte ou praticien de l'architecture, ou à une jeune firme d'architecture ou de design architectural, ayant complété ses premiers bâtiments et faisant preuve d'un potentiel artistique exceptionnel ».[39]

Partant de l'idée que « le lien entre les pratiques développées par les jeunes firmes d'architectes et les connaissances que les lauréats acquièrent en étudiant l'environnement bâti de Rome est devenu de plus en plus ténu »,[40] le nouveau programme permet aux « récipiendaires du Prix de Rome de décider quelles destinations et quelles recher-

contemporary culture. However, they also note that due to the city's long tradition as a destination for international scholars, the presence of foreign academies provides a context where laureates from many countries congregate to create a unique subculture available only in Rome. From the beginning, when John Shnier was granted access to the French Academy's printmaking equipment in the Villa Medici, Canadian laureates have benefited from the presence of a variety of international academies. In addition, exposure to the many Rome programs of international schools of architecture afforded the Canadian laureates opportunities to participate in the pedagogy of various educational institutions; several have gone on to teach in one or more of these schools (virtually all of the laureates have long been involved in architectural education, extending the influence of their Rome experiences to a subsequent generation of students), while others continue to collaborate on research and publication projects with colleagues encountered in Rome. John Shnier fondly recalls some of the unique privileges afforded to Rome laureates, citing in particular an instance where he was able to visit the Sistine Chapel while Michelangelo's ceiling frescoes were being restored and climb the scaffold for a close-up view. Whatever the relative merits of other destinations with respect to contemporary architectural culture, no other place affords access to the kind of cultural and academic infrastructure built up over centuries in Rome.

The Canada Council's repositioning of the Prix de Rome in 2004 reflects the desire for a more nimble and responsive program of architectural research that allows greater flexibility and more immediate practical relevance than the original, and represents the shift away from the cultural or philosophical to the entrepreneurial dimension of architecture described by Michael Speaks. By privileging this understanding of architecture, the revised program suggests an implicit retrospective critique of the original as esoteric and removed from the concerns of practice. To draw this conclusion, however, would be to further indulge the dichotomy between theory and practice that characterized the 1980s. Instead, the Prix de Rome, in its original incarnation, can be understood as an essential component of the 'extended, literate and reciprocally generous conversation on art and architecture'[44] that George Baird optimistically foretold in 1986. The recipients, while clearly equipped to participate in the theoretical opportunities afforded by the Prix de Rome, were and continue to be engaged in critical practice. While the relevance to practice of the types of artistic and theoretical investigations that characterized the Prix de Rome may not be

ches sont les plus avantageuses pour faire progresser leur pratique ; ils peuvent effectuer un stage dans une firme d'architecture de réputation internationale n'importe où dans le monde et/ou visiter dans différents pays des bâtiments dont l'architecture peut enrichir leur domaine spécifique de recherches ».[41]

Le nouveau Prix de Rome a donc gardé peu de liens avec Rome – comprise comme le berceau historique de la culture architecturale occidentale – mais il se veut une réponse au « multiculturalisme et à un environnement mondial » dans lequel « la pertinence de la destination [Rome] et la durée du séjour [un an] sont désormais remises en question ».[42] Par conséquent, le nouveau Prix a prévu un séjour plus court et suffisamment d' « aide ... pour permettre aux lauréats de faire connaître à un large public le fruit de leurs recherches et pour leur assurer les meilleures conditions de retour à la vie professionnelle ».[43]

Le repositionnement du Prix de Rome reflète la manière dont la valeur d'une année de résidence dans la Ville éternelle a une fois de plus été mise en cause ; parmi les derniers lauréats, plusieurs ont observé que Rome a perdu sa pertinence en tant que centre de culture contemporaine. Ils ont cependant noté que la longue tradition du séjour romain parmi les scientifiques internationaux et la présence d'institutions étrangères a créé un contexte favorable au rassemblement des lauréats de nombreux pays qui forment alors une sous-culture exceptionnelle n'existant qu'à Rome. Dès le début, lorsque John Shnier a eu accès aux installations d'imprimerie de l'Académie française à la Villa Médicis, les lauréats canadiens ont tiré profit de la présence de diverses institutions internationales. De plus, le contact avec les nombreux programmes romains offerts par les écoles d'architecture internationales a permis aux lauréats canadiens de profiter de la pédagogie de divers lieux d'enseignement de l'architecture ; plusieurs d'entre eux ont continué à enseigner dans l'une ou l'autre de ces écoles (longtemps impliqués dans l'enseignement de l'architecture, presque tous les lauréats ont pu ainsi prolonger l'influence de leur expérience romaine tout en la partageant avec la génération suivante d'étudiants), tandis que d'autres ont poursuivi avec des collègues rencontrés à Rome des projets de recherche et de publication. John Shnier évoque avec plaisir certains des privilèges accordés aux lauréats du Prix de Rome, entre autres le moment où il a pu visiter la Chapelle Sixtine dont le plafond était en cours de restauration et grimper sur les échafaudages pour observer les fresques de plus près. Quels que soient les mérites des autres destinations sur le plan de l'architecture contemporaine, aucun autre lieu ne peut procurer l'infrastructure culturelle et académique qui s'est développée à Rome au fil des siècles.

La réorientation donnée au Prix de Rome par le Conseil des Arts reflète le désir d'instaurer un programme de recherches en architecture plus flexible et plus adapté, dont l'application pratique sera plus immédiate qu'auparavant ; elle constitue une

immediately obvious, several of the laureates have established critically successful firms recognized by regional and national design awards.[45] This suggests that the Roman experience offered important lessons that, directly or indirectly, applied to practice, and that, rather than deepening the schism between theory and practice, contributed to the reconciliation of the art and profession of architecture.

Marco Polo, OAA, MRAIC, is Assistant Professor in the Department of Architectural Science at Ryerson University in Toronto and former editor of Canadian Architect.

Notes

1 The Canada Council for the Arts, Communiqué, February 27, 1987.
2 Ibid.
3 Douglas Shadbolt, typewritten notes for Prix de Rome presentation, June 30, 1987.
4 Peter Blake, *Form Follows Fiasco: Why Modern Architecture Hasn't Worked* (Boston: Little, Brown, 1977).
5 Charles Jencks, *The Language of Post-Modern Architecture* (New York: Rizzoli, 1977).
6 *Five Architects: Eisenman, Graves, Gwathmey, Hejduk, Meier* (New York: Museum of Modern Art, 1972).
7 Robert Venturi, Steven Izenour and Denise Scott Brown, *Learning from Las Vegas: The Forgotten Symbolism of Architectural Form* (Cambridge, Mass.: The MIT Press, 1972).
8 Reprinted in Joan Ockman, ed., *Architecture Culture 1943–1968: A Documentary Anthology* (New York: Columbia Books of Architecture/Rizzoli, 1993), pp. 457–8.
9 Graham Owen, 'Of Politics, History and Pleasure: The Theoretical Project as Excavation of the Modern,' in *Impulse*, Vol. 13, No. 2, 1986/1987, p. 27.
10 George Baird, 'On "Modernism" and "Post-modernism" in Architecture in Toronto,' in *The Interpretation of Architecture*, Toronto: YYZ Gallery, 2006, p. 5.
11 Susan Spiegel, guest editor, *Impulse*, Vol. 13, Nos. 1–2, 1986/1987.
12 Marco Polo, 'Re-Introduction,' in *Toronto Modern: Architecture 1945–1965* (Toronto: Coach House Books, 2002), p. ix.
13 Le Corbusier, *Towards a New Architecture* (London: J. Rodker, 1931), p. 173.
14 Ockman, op. cit.
15 Thomas Shumacher, 'Rome: Orphan of the Modern Movement or Cradle of Post-Modernism?,' in *Architectural Design*, Vol. 49, Nos. 3–4, 1979, pp. 91–97.
16 'Roma Interrotta,' in *Architectural Design*, Vol. 49, Nos. 3–4, 1979.
17 Graham Owen, 'Toronto Interrupted: The Strategies of Transgression,' in *Section a*, Vol. 3, No. 1, 1985, p. 26.
18 Ibid., p. 32.
19 Ibid., p. 32.
20 Rem Koolhaas, *Delirious New York: A Retroactive Manifesto for Manhattan* (New York: Oxford University Press, 1978).
21 Colin Rowe and Fred Koetter, *Collage City* (Cambridge, Mass.: The MIT Press, 1978).
22 Brigitte Desrochers and François Lachapelle, 'Support to Architecture at the Canada Council for the Arts,' February 2003, p. 10.
23 Bruce Anderson of McGill University, George Baird of Baird Sampson Architects and the

mutation, depuis l'objectif culturel et philosophique jusqu'à la dimension entrepreneuriale de l'architecture décrite par Michael Speaks. En privilégiant cette conception de l'architecture, le programme révisé suggère implicitement un regard critique sur le Prix original, jugé trop ésotérique et éloigné des considérations pratiques. En rester à cette conclusion reviendrait cependant à abonder dans le sens de la dichotomie entre la théorie et la pratique qui a caractérisé les années 1980. Il faut plutôt considérer le Prix de Rome dans son aspect original comme une composante essentielle de ce dialogue entre l'art et l'architecture que George Baird a qualifié de manière optimiste d'échange « à la fois cultivé, approfondi et empreint de générosité réciproque ».[44] Tout en étant bien armés pour prendre part aux recherches théoriques associées au Prix de Rome, les récipiendaires se sont impliqués dans la pratique critique de l'architecture et continuent à le faire. Si l'application concrète des différents types de recherches artistiques et théoriques propres au Prix de Rome n'est pas toujours évidente, plusieurs des lauréats ont mis sur pied des entreprises de réputation internationale dont le travail a été couronné par des récompenses régionales et nationales.[45] Cela montre qu'au cours de leur séjour romain, les lauréats ont bénéficié d'importantes leçons qui, liées directement ou indirectement à la pratique, ont davantage contribué à réconcilier l'art et la profession d'architecte que creusé l'écart entre le théorie et la pratique.

Marco Polo, OAA, MRAIC, est professeur au Department of Architectural Science à Ryerson University à Toronto et l'ancien rédacteur en chef de Canadian Architect.

Notes

1 Le Conseil des Arts du Canada, Communiqué, Février 27, 1987.
2 Ibid.
3 Douglas Shadbolt, notes tapées à la machine pour la présentation du Prix de Rome, 30 Juin 1987.
4 Peter Blake, *Form Follows Fiasco: Why Modern Architecture Hasn't Worked* (Boston: Little, Br own, 1977).
5 Charles Jencks, *The Language of Post-modern Architecture* (New York: Rizzoli, 1977).
6 *Five Architects: Eisenman, Graves, Gwathmey, Hejduk, Meier* (New York: Museum of Modern Art, 1972).
7 Robert Venturi, Steven Izenour et Denise Scott Brown, *Learning from Las Vegas: The Forgotten Symbolism of Architectural Form* (Cambridge, Mass.: The MIT Press, 1972).
8 Réédité dans Joan Ockman, ed., *Architecture Culture 1943–1968: A Documentary Anthology* (New York: Columbia Books of Architecture/Rizzoli, 1993), pp. 457-8.
9 Graham Owen, 'Of Politics, History and Pleasure: The Theoretical Project as Excavation of the Modern,' dans *Impulse*, Vol. 13, No. 2, 1986/1987, p. 27.
10 George Baird, 'On "Modernism" and "Post-modernism" in Architecture in Toronto,' dans *The Interpretation of Architecture*, Toronto: YYZ Gallery, 2006, p. 5.
11 Susan Spiegel, *Impulse*, Vol. 13, Nos. 1–2, 1986/1987.
12 Marco Polo, 'Re-Introduction,' dans *Toronto Modern: Architecture 1945–1965* (Toronto: Coach House Books, 2002), p. ix.

University of Toronto, Arthur Erickson of Arthur Erickson Architects, J. Michael Kirkland of Jones and Kirkland Architects, Phyllis Lambert of the Canadian Centre for Architecture, Jean-Claude Marsan of the Université de Montréal and Larry Richards of the University of Waterloo.

24 As part of the selection process for the first two competitions, the names of shortlisted candidates were made public and the actual recipients were announced at a public ceremony, a practice that was widely criticized and discontinued after the second competition.

25 Quoted in Gary Michael Dault, 'Roman Holiday,' *Canadian Architect*, November 1999, p. 20.

26 John Shnier, letter of December 27, 1987, to François Lachapelle.

27 Eric Haldenby, letter of March 3, 1988, to François Lachapelle. The donors identified in the letter are M.S. Yolles Partners Ltd.; Zeidler Roberts Partnership Architects; Mathers & Haldenby Inc. Architects; Robbie Young and Wright Architects; Neish Owen Rowland & Roy; and IKOY Limited.

28 Giuseppe Saponaro, 'Vibrazioni cromatiche in un interno romano,' in *Domus*, No. 703, March 1989, pp. 6–7.

29 Shnier, op. cit.

30 Some contemporary accounts state that ten applications were submitted to the 1988 competition, but the Canada Council's files indicate that only six were received.

31 Adele Freedman, 'Cracks appear in Prix de Rome,' *The Globe and Mail*, June 17, 1989.

32 Jocelyn Harvey, assistant director and secretary to the Canada Council, letter of June 10, 1987, to each of the jury members.

33 Nan Griffiths, 'Fair treatment in Prix de Rome,' *The Globe and Mail*, July 8, 1989.

34 Quoted in Dault, p. 21.

35 Anthony Robins, Proposal for Prix de Rome (unpublished), 1994.

36 Val Rynnimeri, 'New Rules for Prix de Rome,' *Canadian Architect*, Vol. 35, No. 1, January 1990, p. 17.

37 Ibid.

38 Michael Speaks, 'Theory was interesting ... but now we have work," in *arq (architecture research quarterly)*, Vol. 6, No. 3, 2002, pp. 209–212.

39 http://www.canadacouncil.ca/prizes/prix_de_rome/

40 Desrochers, p. 10.

41 Ibid.

42 Ibid.

43 Ibid.

44 Baird, p. 5.

45 Canadian Architect Awards, Governor General's Medals, Prairie Design Awards, Ordre des Architectes du Québec, OAA Awards, etc.

13 Le Corbusier, *Vers une Architecture*, Paris: Éditions Vincent, Fréal & Cie, 1966 (c. 1927), p. 140

14 Ockman, op. cit.

16 'Roma Interrotta,' dans *Architectural Design*, Vol. 49, Nos. 3–4, 1979.

17 Graham Owen, 'Toronto Interrupted: The Strategies of Transgression,' dans *Section a*, Vol. 3, No. 1, 1985, p. 26.

18 Ibid., p. 32.

19 Ibid., p. 32.

20 Rem Koolhaas, *Delirious New York: A Retroactive Manifesto for Manhattan* (New York: Oxford University Press, 1978).

21 Colin Rowe et Fred Koetter, *Collage City* (Cambridge, Mass.: The MIT Press, 1978).

22 Brigitte Desrochers et François Lachapelle, 'Le Conseil des Arts renforce son soutien à l'architecture,' Février 2003, p. 10.

23 Bruce Anderson de McGill University, George Baird de Baird Sampson Architects et the University of Toronto, Arthur Erickson de Arthur Erickson Architects, J. Michael Kirkland de Jones and Kirkland Architects, Phyllis Lambert du Centre canadien d'architecture, Jean-Claude Marsan de l'Université de Montréal et Larry Richards de la University of Waterloo.

24 Pour les deux premiers concours, les noms des candidats finalistes ont été rendus publics et le nom des lauréats a été annoncé lors d'une cérémonie publique, une pratique largement critiquée qui n'a plus été appliquée après le deuxième concours.

25 Cité dans Gary Michael Dault, 'Roman Holiday,' *Canadian Architect*, Novembre 1999, p. 20.

26 John Shnier, dans une lettre du 27 décembre 1987 à François Lachapelle.

27 Eric Haldenby, dans une lettre du 3 mars 1988 à François Lachapelle. Les donateurs identifiés dans la lettre sont M.S. Yolles Partners Ltd.; Zeidler Roberts Partnership Architects; Mathers & Haldenby Inc. Architects; Robbie Young and Wright Architects; Neish Owen Rowland & Roy et IKOY Limited.

28 Giuseppe Saponaro, 'Vibrazioni cromatiche in un interno romano,' dans *Domus*, No. 703, Mars 1989, pp. 6-7.

29 Shnier, op. cit.

30 Selon des compte-rendus contemporains, le nombre de candidatures soumises lors du concours de 1988 était dix, mais les dossiers du Conseil des Arts n'en mentionnent que six.

31 Adele Freedman, 'Cracks appear in Prix de Rome,' *The Globe and Mail*, 17 Juin 1989.

32 Jocelyn Harvey, directeur adjoint et secrétaire du Conseil des Arts du Canada, lettre du 10 juin 1987 à chaque membre du jury.

33 Nan Griffiths, 'Fair treatment in Prix de Rome,' *The Globe and Mail*, 8 Juillet 1989.

34 Cité dans Dault, p. 21.

35 Anthony Robins, Proposal for Prix de Rome (non publié), 1994.

36 Val Rynnimeri, 'New Rules for Prix de Rome,' *Canadian Architect*, Vol. 35, No. 1, janvier 1990, p. 17.

37 Ibid.

38 Michael Speaks, 'Theory was interesting ... but now we have work," dans *arq (architecture research quarterly)*, Vol. 6, No. 3, 2002, pp. 209-212.

39 http://www.canadacouncil.ca/prizes/prix_de_rome/

40 Desrochers, p. 10.

41 Ibid.

42 Ibid.

43 Ibid.

45 Canadian Architect Awards, Governor General's Medals, Prairie Design Awards, Ordre des Architectes du Québec, OAA Awards, etc.

The Prix de Rome: The Projects

Early in the opening chapter of *Rome and a Villa*, my favourite book about Rome, writer Eleanor Clark noted, writing in 1952, that 'the city has its own language in time, its own vocabulary for the eye, for which nothing else was any preparation; no other place was so difficult, performed under the slow action of your eyes such transformations. So the ordinary traveller,' she continues, perhaps a tad dyspeptically, 'runs off in relief to Florence, to the single statement, the single moment of time ...'[1]

But architects – no ordinary travellers – are seldom busy with either single statements or with single moments of time, and this seems especially true of the sixteen laureates who were awarded the Canada Council Prix de Rome in Architecture from the year of its inception, 1987, until the prize was fundamentally transformed in 2003. For the Prix de Rome laureates, it appears, in fact, to have been the very complexity of Rome's particular 'language in time' and 'vocabulary for the eye,' its layering, its deep and demanding (un)fathomability (the word *palimpsest* turns up with unsurprising frequency in laureate texts), that tinctured the work they generated during their tenures in the city that, as Eleanor Clark notes, 'is a place, beneath all its obvious racket, of whispers and secrets, so various, so insidious that to be open to them can be the beginning of madness....' As far as I can tell, the Eternal City accelerated a fine creative madness in them all.

This brief account of the projects undertaken by the Prix de Rome laureates is an extension of a still briefer survey of the work of the first twelve prizewinners commissioned by Marco Polo, essayist and editor of the present volume, while he was serving as editor of *Canadian Architect*. The piece – 'Roman Holiday' – appeared in the November 1999 issue of that magazine.

A great deal has happened, of course, to each of the laureates since their sojourns in Rome: careers have burgeoned, widened, deepened and intensified – and the trajectories of these subsequent careers are outlined in other sections of this book. My task is to revisit the twelve projects I looked at in 1999, and to add to that sparkling roster some consideration of the work of the four additional laureates: George Yu and Jason King (2000), Atelier in situ (2001), Marc Boutin (2002) and Andrew King (2003).

I began the *Canadian Architect* article with a statement by Doug Sigurdson, then the Canada Council officer who administered the Prix de Rome. I quote him again now, because what he said in 1999 seems merely enriched by hindsight: 'To

Le Prix de Rome : Les projets

Au début du premier chapitre de *Rome and a Villa*, mon livre préféré sur Rome, l'auteure Eleanor Clark note, en 1952, que « la ville a développé dans le temps un langage et un vocabulaire pour l'œil qui lui sont propres et pour lesquels rien ne peut servir de préliminaire ; aucun autre endroit ne fut aussi difficile ni n'a accompli de telles transformations sous la lente action de votre regard. De sorte que, poursuit-elle d'un ton quelque peu acide, le voyageur ordinaire se hâte de trouver un refuge dans Florence, dans l'assertion unique, dans l'espace temporel singulier... »[1]

Mais les architectes – qui sont des voyageurs peu ordinaires – ne se soucient guère d'assertions singulières ni d'espaces temporels précis. Pour s'en convaincre, il suffit d'observer les seize lauréats du Prix de Rome en architecture décerné par le Conseil des Arts du Canada, depuis le lancement du Prix en 1987 jusqu'à sa transformation radicale en 2003. Pour ceux-ci, il semble en fait que ce soient la complexité même du « langage dans le temps » et du « vocabulaire pour l'œil » particuliers à Rome, la sédimentation de la ville, sa profonde et exigeante (in)sondabilité (on ne s'étonnera pas que le mot *palimpseste* surgisse fréquemment dans les textes des lauréats) qui ont imprégné leurs réalisations au cours de leur résidence à Rome. Eleanor Clark parlait de cette ville comme d'un « lieu qui, sous son brouhaha évident, [cache] des rumeurs et des secrets tellement variés et insidieux que s'ouvrir à eux peut être le commencement de la folie... ». Pour ma part, j'ai le sentiment que la Ville éternelle a instillé en chacun d'eux une belle folie créative.

Ce bref survol des projets réalisés par les lauréats du Prix de Rome se veut le prolongement de l'analyse encore plus brève que j'ai consacrée au travail des douze premiers lauréats présenté dans une exposition organisée par Marco Polo, essayiste et directeur du présent ouvrage, alors qu'il travaillait comme rédacteur en chef de *Canadian Architect*. Intitulé « Roman Holiday », le texte avait paru dans le numéro de novembre 1999 de cette revue.

Évidemment, il s'est passé beaucoup de choses dans la vie des lauréats depuis leur séjour à Rome : le développement, l'expansion et l'épanouissement de leurs carrières respectives ont suscité diverses trajectoires, brièvement retracées dans d'autres chapitres du présent ouvrage. Ma tâche consiste à revisiter les douze projets que j'ai passés en revue en 1999, en complétant ce brillant tableau par quelques considérations sur le travail des quatre autres lauréats: George Yu et Jason King (2000), Atelier in situ (2001), Marc Boutin (2002) et Andrew King (2003).

L'article dans *Canadian Architect* commençait par une déclaration de Doug Sigurd-

locate oneself in the architectural culture of Rome seems to result in the Prix de Rome winners taking a rather poetic approach to their projects.'

At the time, I genially charged Sigurdson with a nice feeling for understatement. It is true, however, that the 'rather poetic approach' to their projects taken by the majority of the laureates has turned out to have been, given the focused perspective of the long view back, actually a profoundly poetic one. The Russian poet Joseph Brodsky, recalling his first visit to Rome in a 1994 essay titled 'Homage to Marcus Aurelius,' observed rather bleakly, 'The most definitive feature of antiquity is our absence. The more available its debris and the longer you stare at it, the more you are denied entry.'[2] This was clearly untrue, however, for the Prix de Rome laureates. Indeed, I would argue that the Rome experience – the impress of the city itself upon the sensibilities of the sixteen laureates (more, if you count them as individuals, for some recipients were firms or collectives) – resulted in the generating of deliberately self-conscious, exuberantly aestheticized work. Much of that work was characterized by an intensely realized linguistic component folded into it, the projects thus becoming a palpable, inhabitable meta-language, often entered not only through text but also by those means conventionally employed by visual artists per se: by a kind of immediate, non-discursive, centrifugal drawing, by the making of prints (the spontaneity of the monotype seems to have made it an attractive medium here), watercolours, collages, photographs (constructed, mediated and otherwise altered), film and digital video works, and by the fabricating of compressed environmental models and presentations congruent in tone to the installation work favoured as a format by a great many contemporary visual artists. You could, in fact, fit the work of any of the Prix de Rome laureates seamlessly into any recent issue of *Artforum* or *Modern Painters*.

Lord Byron always called Rome 'the city of the soul.' But for John Shnier, the first laureate, arriving in Rome in September 1987 to find what he described to me as 'an eight foot by eight foot room illuminated by a single fluorescent light fixture' in place of the grandly inspirational apartment and studio space he had been led to expect, Rome was, temporarily at least, something less than Byron's soulful city.

As I pointed out in *Canadian Architect*, much of the character of what might be seen as the eventual Prix de Rome experience (this was in 1999) 'is traceable to Shnier's pioneering stewardship of the award.'

This stewardship – the first three months of it, at any rate – was spent in Shnier's finding a way to live and work. ('Clearly, no one was prepared for my

son, alors responsable du Prix de Rome au Conseil des Arts du Canada. Je le cite à nouveau, car ce qu'il a dit en 1999 était déjà très juste à l'époque : « Le fait de se situer dans la culture architecturale de Rome semble avoir pour effet de pousser les lauréats à aborder leurs projets de manière plutôt poétique. »

À l'époque, j'ai trouvé que Sigurdson maniait adroitement la litote. Cependant, avec tout le recul dont on dispose désormais, il faut reconnaître que l'approche « plutôt poétique » adoptée par la majorité des lauréats s'est avérée une approche viscéralement poétique. En évoquant sa première visite à Rome dans un essai dédié à Marc Aurèle (*Homage to Marcus Aurelius*) paru en 1994, le poète russe Joseph Brodsky a eu cette réflexion plutôt funèbre : « Le trait le plus irrévocable de l'Antiquité est notre absence. Plus ses décombres sont à votre portée et plus vous les regardez, plus l'accès vous en est interdit ».[2] Cette remarque ne s'appliquerait pourtant pas aux lauréats du Prix de Rome. J'irais même jusqu'à dire que l'expérience romaine – l'empreinte de la ville même sur les sensibilités des seize lauréats (qui représentent plus de seize individus, puisque plusieurs d'entre eux sont des entreprises ou des groupes) – a eu pour effet de générer un travail volontairement réfléchi et fortement esthétisé. Beaucoup de leurs œuvres ont été marquées par la présence d'une forte composante linguistique, qui a transformé les projets en un métalangage palpable et habitable auquel on accède non seulement par le texte, mais aussi par toutes sortes de moyens conventionnels utilisés par les artistes visuels : en produisant un dessin immédiat, non discursif et centrifuge ; en réalisant des estampes (la spontanéité du monotype semble en avoir fait un médium recherché ici), des aquarelles, des collages, des photographies (construites, modifiées par recours à un autre médium ou autrement), des films et des vidéos numériques et aussi en fabriquant des maquettes environnementales ainsi que des modèles dont le ton correspondait avec le genre et le format des installations réalisées par de nombreux artistes visuels contemporains. De fait, n'importe quelle œuvre d'un des lauréats du Prix de Rome aurait pu se glisser sans heurt dans un numéro récent d'*Artforum* ou de *Modern Painters*.

Lord Byron parlait toujours de Rome comme de la « ville de l'âme ». Mais ce n'est pas tout à fait ainsi – du moins au début – que la ville est apparue à John Shnier, le premier lauréat, lorsqu'à la place du grandiose studio-appartement qu'il avait imaginé, il s'est retrouvé en septembre 1987 dans un espace faisant 2,5 mètres par 2,5 mètres et dont l'éclairage se limitait à une seule lampe fluorescente.

Comme je l'ai souligné dans *Canadian Architect*, les traits dominants de ce qui a constitué l'expérience du Prix de Rome au fil du temps (on était en 1999) « dérivent de la manière pionnière dont Shnier a administré le Prix ».

showing up,' he told me, 'so I camped out in a *pensione* for a while, paying for it out of my stipend, and went out every day to look for a studio and an apartment.') I thought of Shnier trying to establish himself in Rome when I read the Brodsky essay about the exiled writer's first visit there. 'The Eternal City,' Brodsky writes, smoothly employing a pleasing cacophony of mixed metaphors, 'resembles a gigantic old brain that long ago gave up any interest in the world – it being too graspable a proposition – and settled for its own crevasses and folds. Negotiating their narrows, where even a thought about yourself is too cumbersome, or their expanses, where the concept of the universe itself appears puny, you feel like a worn-out needle shuffling the grooves of a vast record – to the center and back – extracting with your soles the tune that the days of yore hum to the present.'[3]

At any rate, thanks largely to Shnier's energies and tenacity, he was eventually able to secure a large space which, conveniently, had become available in the seventeenth-century palazzo at the east end of the Piazza Santa Maria in Trastevere – an adventure documented in greater detail in Marco Polo's essay here. With this Herculean task behind him, Shnier turned his attention to the project he had come to Rome to pursue.

'I have done much rebuilding,' Hadrian confides to the reader in the 'Tellus Stabilita' section of Marguerite Yourcenar's *Memoirs of Hadrian*. 'To reconstruct is to collaborate with time gone by, penetrating or modifying its spirit, and carrying it towards a longer future. Thus beneath the stones we find the secret of the springs.'[4] It is interesting, in light of Shnier's rebuilding and refurbishings, that the planar steel shapes that informed the furniture he designed for the apartment also became, to some extent, what he refers to as 'de facto maquettes' for some of the works that would make up his Prix de Rome project: the *House for Piranesi at Villa Adriana*. Shnier positioned the project as an extended examination of the hypothetical, or at least fictive, conflation of the epic inventiveness of the Emperor Hadrian ('Each building-stone was the strange concretion of a will, a memory, and sometimes a challenge.... Each structure was the chart of a dream')[5] and the reverential and revelatory interventions of Piranesi, the romantic engraver-historian and architectural visionary.

Indexing the structure both as the 'delirious recreation of Hadrian's experience of his travels' as incarnated in the intellectually and sensuously encyclopaedic villa, and a searching gloss on Piranesi's monumental, archaeologically accurate and conceptually sophisticated plan-in-etchings of the villa (*Pianta delle Fabriche esistenti nella Villa Adriana*, published in 1781, three years after Piranesi's

Pour lui, vivre le Prix de Rome a d'abord consisté – les trois premiers mois en tout cas – à trouver un moyen de vivre et de travailler. (« Il était clair que personne n'attendait mon arrivée, m'a-t-il raconté, j'ai donc commencé par camper dans une *pensione*, en puisant dans ma bourse pour payer les frais, et je suis parti jour après jour à la recherche d'un studio et d'un appartement ».) J'ai pensé aux tentatives de Shnier de s'installer à Rome lorsque j'ai lu l'essai dans lequel Brodsky narre sa première expérience d'écrivain exilé à Rome. « La ville éternelle, écrit Brodsky, se livrant en douceur à une plaisante cacophonie de métaphores, ressemble à un énorme vieux cerveau qui a renoncé depuis longtemps à s'intéresser au monde – devenu une proposition trop saisissable – et se concentre uniquement sur ses propres plis et crevasses. En empruntant ses passages étroits, où la moindre pensée sur vous-même est trop encombrante, ou en foulant ses étendues, où le concept même de l'univers devient quelque chose de piteux, on se sent comme une aiguille usée passant rapidement sur les sillons d'un vaste disque, dans un mouvement rapide vers le centre puis en arrière, comme si l'on extrayait à l'aide de ses semelles une mélodie que les jours d'antan fredonnent au présent ».[3]

Quoi qu'il en soit, grâce à son énergie et à sa ténacité, Shnier est finalement arrivé à s'installer dans un lieu spacieux trouvé dans un palais du XVIIe siècle à l'extrémité est de la Piazza Santa Maria dans le Trastevere. Ses aventures sont décrites avec plus de détails dans l'essai de Marco Polo. Quand il s'est libéré de sa tâche herculéenne, Shnier a pu enfin se concentrer sur le projet qu'il ambitionnait de réaliser à Rome.

Dans le chapitre « Tellus Stabilita » des *Mémoires d'Hadrien*, Hadrien confie au lecteur : « J'ai beaucoup reconstruit : c'est collaborer avec le temps sous son aspect de passé, en saisir ou en modifier l'esprit, lui servir de relais vers un plus long avenir ; c'est retrouver sous les pierres le secret des sources ».[4] À la lumière des reconstructions et des réaménagements de Shnier, il est intéressant d'observer que les formes planes en acier, conçues pour le mobilier qu'il a dessiné pour l'appartement, sont aussi devenues jusqu'à un certain point ce qu'il désigne comme les « maquettes de facto » de certaines des œuvres qui allaient constituer son projet du Prix de Rome : la maison pour Piranesi à la Villa Hadriana (*House for Piranesi at Villa Adriana)*. Shnier a qualifié le projet d'analyse approfondie de la réunion hypothétique, ou du moins fictive, de l'inventivité épique de l'empereur Hadrien (« Chaque pierre était l'étrange concrétion d'une volonté, d'une mémoire, parfois d'un défi. Chaque édifice était le plan d'un songe ».[5]) et des interventions révérencieuses et révélatrices de Piranesi, historien-graveur romantique et architecte visionnaire.

Désignant l'édifice à la fois comme la « recréation délirante des expériences de voyage d'Hadrien » telles qu'elles s'incarnent dans la villa intellectuellement et sensuellement

death), the Shnier Prix de Rome project merged these two visionary sensibilities. Their synthesis revisited what Yourcenar calls Piranesi's 'equilibrium of communicating vessels between what is for him still modern and what is already, for him as for us, the antique,'[6] worked out both in models and in a fecund outpouring of over 200 watercolours and monotypes, generating insights into issues ranging from the 'landscape of allusion' to meditations on the nature of 'time in the eternal city.'

Montreal-based architect Jacques Rousseau was the second Prix de Rome laureate, in 1988. Rousseau's project arose from his fervent speculations and meditations, undertaken during his stay in Rome, on – first – the vertical differentials between Rome's domesticated archaeological time ('6000 years of it, five metres deep') and 'the sixty or so centimetres of our own archaeology' in Montreal, and – second – on the long horizontal axis running geographically and geoculturally between the two cities. 'Observing the thinness of our depository relative to Rome's, and acknowledging how fugitive is our memory – as our sedimentary layers barely have time to settle before they get eroded through our own search for speed and immediacy,' Rousseau writes here, he decided to search out the 'primal sources' of his own land, while sojourning in another.

Working to conceive a speculative language in the realm of a language-beyond-language, Rousseau's Prix de Rome investigations took the form of the pursuit of geological and cultural memory in the present, referencing what he calls the 'artifacts and ecofacts' of the paradoxical old New World, drawing upon his studies of 'the spatial entity at once embracing Mount Royal and Île Sainte-Hélène in the St. Lawrence River' as a construct he called *Le Monument Ultime* (*The Ultimate Monument*), born within the cradle of the city's Old Port. In Rome, Rousseau says, he revisited these issues and ideas and was able to translate (transform) *Le Monument Ultime* into a substantial essay he called *La Mémoire Virtuelle de Montréal*.

The medium in which this summary essay was continued developed as a suite of drawings – Rousseau refers to them as 'engravings' – which, begun as what he called 'inception drawings' of the Port of Montreal, developed into engravings by virtue of his 'drawing firmly, in an ardent manner, on hard sheets of vellum placed on top of big sheets of handmade paper. I could leave fossil-like marks,' he told me, 'on the soft paper beneath.' The white fossil-like drawings – so formally if not procedurally aligned with other artists of whiteness, like the early Robert Rauschenberg, Robert Ryman and, in this country, R. L. Bloore and the

encyclopédique et un commentaire inquisiteur sur les gravures monumentales, archéologiquement exactes et conceptuellement sophistiquées que Piranesi a consacrées à la villa (*Pianta delle Fabriche esistenti nella Villa Adriana*, publié en 1781, c'est-à-dire trois ans après sa mort), le projet conçu par Shnier dans le cadre du Prix de Rome fusionne ces deux perceptions visionnaires. Leur synthèse revisite ce que Yourcenar appelle « un équilibre de vases communicants [qui] s'établit chez Piranesi entre ce qui est encore pour lui le moderne et ce qui est déjà, pour lui comme pour nous, l'antique [...] ».[6] Cet équilibre s'exprime à la fois dans des maquettes et dans une abondante production de plus de deux cents aquarelles et monotypes ouvrant à des réflexions allant du « paysage de l'allusion » à des méditations sur la nature du « temps dans la Ville éternelle ».

Le deuxième Prix de Rome a été remporté en 1988 par l'architecte montréalais Jacques Rousseau. Son projet est né des ferventes spéculations et méditations qui l'ont poussé au début de son séjour à Rome à s'intéresser d'abord aux différentiels verticaux entre le temps archéologique domestiqué de Rome (« vieux de 6 000 ans, profond de cinq mètres ») et les « quelques soixante centimètres de notre propre archéologie » à Montréal, puis au long axe horizontal qui relie géographiquement et géoculturellement les deux villes. Comme le note Rousseau, c'est en « observant la ténuité de notre dépôt comparé à celui de Rome et en voyant combien notre mémoire est fugitive, car nos couches sédimentaires ont à peine le temps de se poser avant d'être érodées par notre propre quête de la vitesse et de l'immédiateté » qu'il a décidé d'investiguer les « sources premières » de son propre pays tout en séjournant dans un autre.

Visant à concevoir un langage spéculatif qui s'inscrive dans un langage au delà du langage, les investigations menées par Rousseau dans le cadre du Prix de Rome ont pris la forme d'une quête de mémoire géologique et culturelle au présent où il documente ce qu'il appelle les « artefacts et écofacts » de l'ancien Nouveau Monde paradoxal, puisant dans ses études sur « l'entité spatiale qui englobe le Mont-Royal de Montréal et l'île Sainte-Hélène au milieu du fleuve Saint-Laurent » en tant qu'une construction qu'il nomme *Le Monument Ultime*, conçu dans le Vieux-Port, berceau de la ville. C'est à Rome, explique Rousseau, qu'il a revisité ces enjeux et ces idées et qu'il a pu traduire (transformer) *Le Monument Ultime* en un substantiel essai intitulé *La Mémoire Virtuelle de Montréal*.

Commencé sous forme de texte, l'essai de Rousseau s'est poursuivi dans une série de dessins – qu'il appelle « gravures » – qui, après avoir pris la forme de ce qu'il appelle des « dessins d'allumage » du Port de Montréal sont devenues des gravures obtenues en « dessinant fermement et d'une façon soutenue, sur des feuilles rigides de vélin placées sur de grandes feuilles de papier fait à la main. Je pouvais laisser sur la couche de

early intaglio prints (*Signals*, *Homage to Webern*) of fellow Montrealer Yves Gaucher – were, as 'graphic archaeology,' part plan, part score, part veil, part metonymic script, representative of a virtual reality that 'one longed for,' that 'raised spirit and myth.'

When Sophie Charlebois was awarded the Prix de Rome in 1990 (no prize was awarded in 1989), she was only twenty-eight. She remains the only individual female recipient (the other women to receive the prize did so as part of collectives).

'Rome,' Charlebois told me, 'gave my eyes the possibility of a second life.' Before coming to Rome, she said, she had no interest at all, for example, in the baroque, and indeed actively disliked it. That quickly changed: 'Rome gave me a new image of the architect,' she recounted in 1999, 'an image which was not new – the architect as painter, decorator, as a much more totally expressive figure than I had imagined.' Like Bernini.

It was in Rome, Charlebois said, that she began to draw again – after having put her career on pause back in Montreal, in order to rethink her position on everything and to 'restructure her mind entirely.' Her new drawing energies soon took the form of the *informe* (a term that hovers about ideas of incompleteness and abjection in art, and one that would be associated with American art theorist Rosalind Krauss, particularly in her examinations of the surrealist ethos) or, more exactly, the *non finito*, the unfinished. 'It let me work very freely,' she told me in 1999. 'Instead of beginning with a shape, for example, maybe I'll start now with a colour alone.'

This *non finito* freedom may well have been instrumental in leading Charlebois into her subsequent collaborations with visual artists – and can perhaps still be felt in installation work such as her beautiful *Moonlight Table: Still Life*, mounted in the Sottsass Room of the Canadian Centre for Architecture in Montreal in 1997.

I'm sitting at my computer, watching a slideshow of the extravagantly sensuous photographic images Dereck Revington made during his Prix de Rome laureateship in 1991. Rome, he writes, 'is all superimposition, simultaneous presence and multiple exposures,' and his images, the punctuations and refractions of his multiple itineraries through the city, pass by like dreams, these outcroppings of the vital wreckage of photography – antique sculptures in hot gold, filmed against the elastic darkness of their immemorial surround. Here, for example, a sculpture made of candlelight, photographically cropped by Revington and torqued to face you, suddenly becomes, as you gaze upon it, an idol of profound

papier en-dessous des empreintes à la manière de fossiles », m'a-t-il raconté. Les dessins « fossiles » blancs ainsi réalisés, s'ils rappelaient sur le plan formel bien plus que par le processus utilisé d'autres artistes travaillant avec le blanc tels que Robert Rauschenberg à ses débuts, Robert Ryman et, dans ce pays, R. L. Bloore et l'artiste montréalais Yves Gaucher avec ses premières estampes intaglio (*Signaux, Hommage à Webern*), relevaient, en tant qu'« archéologie graphique », à la fois du plan, de l'incision, du voile, du script métonymique, se faisant représentatifs d'une réalité virtuelle « à laquelle on aspirait », qui « élevait l'esprit et le mythe ».

Lorsque Sophie Charlebois a remporté le Prix de Rome en 1990 (aucun lauréat n'ayant été désigné en 1989), elle n'avait que vingt-huit ans. Elle reste la seule femme à avoir gagné le Prix individuellement (les autres femmes lauréates l'ont été à titre de membres d'une collectivité).

Comme l'a dit Charlebois, « c'est Rome qui a donné à mes yeux la possibilité d'une seconde vie ». Avant d'y séjourner, elle n'éprouvait aucun intérêt pour le baroque et le détestait même profondément. Son attitude a changé rapidement : « Rome m'a donné une nouvelle image de l'architecte, a-t-elle rappelé en 1999, une image qui n'était pas neuve – l'architecte comme peintre, décorateur, comme une figure beaucoup plus totalement expressive que je ne l'avais imaginée. » Comme Bernini.

Selon Charlebois, c'est à Rome qu'elle a renoué avec le dessin – après avoir décidé de prendre une pause dans sa carrière à Montréal, en vue de revoir ses positions à tous points de vue et de « restructurer entièrement sa pensée ». Ses nouvelles énergies graphiques ont bientôt pris la forme de l'*informe* (un terme qui connote en art des idées d'incomplétude et d'abjection et qu'on associerait facilement à la théoricienne de l'art américaine Rosalind Krauss, en particulier à ses analyses de l'éthos surréaliste) ou, plus exactement, du *non finito*. « Cela m'a permis de travailler très librement », m'a-t-elle confié en 1999. « Au lieu de commencer mon dessin par une ombre par exemple, je pouvais y aller avec la couleur seule. »

Cette liberté du *non finito* est peut-être ce qui l'a poussée plus tard à collaborer avec des artistes visuels ; on la perçoit entre autres dans sa magnifique installation intitulée *Table au clair de lune : Nature morte,* montée en 1997 dans la salle Sottsass du Centre Canadien d'Architecture à Montréal.

Assis devant mon ordinateur, je regarde défiler ces images photographiques à la sensualité extravagante que Dereck Revington a réalisées durant son séjour à Rome en 1991. Comme il l'écrit, « Rome est entièrement faite de superpositions, de présences simultanées et d'expositions multiples » ; ponctuations et réfractions de ses itinéraires multiples à travers la ville, ses images défilent comme des rêves, ces affleurements du

inarticulation, leading you directly into the deeply set realm of the inchoate – where the mind must reinvent itself.

Every time I look at these images from Revington's *Narrazioni Romane* (*Roman Narrations*, 1992) – these emblem trophies from the second series of his Rome works, *The Alchemy of Time* (the first was called *Delayed Expectations*) – I am brought again to a fetid afternoon in Rome in 1994 when I was working on the script for a TV miniseries for Sir Peter Ustinov called *Inside the Vatican*. One particular sequence called for us to descend through the eons of Roman time, working our way carefully down through the layers of the city's sedimentary culture, to come, at last, to a recently excavated Mithraic temple, far below the surface of the earth and far below the littering of temples to upstart latecomers like Apollo that we encountered on the way down. It was so old down there, you felt you might never again reach the surface.

Revington's photo-journeys through Rome carved out of the city a model of the mind-in-time, its aggregations of depth coalescing into something like Freud's tripartite construct of id/ego/superego. Indeed, in one account of his Prix de Rome work, Revington quotes Freud's *Civilization and Its Discontents*: 'Now let us, by flight of imagination, suppose that Rome is not a human habitation but a psychical entity with a similarly long and copious past – an entity, that is to say, in which nothing which has once come into existence will have passed away and that all the earlier phases of development continue to exist alongside the latest one.'

John McMinn's Rome, diverted into a richly gnomic installation, became a sanctuary and an ethos (a 'place of living,' in the original Greek meaning of the word), in which a compressed enactment of the reconciliation of opposites – darkness and light, repression and revelation – could be offered as a tabletop presence-before-the-world.

McMinn's project, researched and assembled during the period of his laureateship in 1992, was titled *Il Giardino de Febo e Pitone* (*The Garden of Febo and Pitone*) and was produced at the Prix de Rome studio in June 1993. A system of interlocked, yet only progressively revealed, mythic and thus perceptual realities, *The Garden* offered an intensely arranged landscape of mythic events, an enterable juxtaposition of what McMinn calls 'two fundamentally distinct spatial constructs historically embedded in architectural experience: *symbolic* and *perspectival* space.' These two Janus-faced concepts were tethered, within the work, to McMinn's incarnating of two critically important moments in the history of (Western) consciousness: the shift 'from the Archaic to the Olympian era in

naufrage vital de la photographie. Recouvertes d'un chaud doré, des sculptures antiques baignent dans l'obscurité changeante d'un environnement immémorial. Ou bien, cette sculpture formée par la lumière d'une chandelle, que Revington a recadrée et tordue de manière à nous faire face, devient soudain, lorsqu'on la regarde, une figure de profonde inarticulation, nous entraînant droit vers le royaume de l'inachevé, là où l'esprit doit se réinventer.

Chaque fois que je contemple les images des *Narrazioni romane* (*Narrations romaines*, 1992) de Revington – ces trophées emblématiques tirés de la seconde série de ses œuvres romaines, « The Alchemy of Time » (« L'Alchimie du temps ») (la première s'intitulant « Delayed Expectations » [« Attentes retardées »]), je me souviens d'un torride après-midi à Rome en 1994, alors que je travaillais au script d'une mini-série télévisée pour Sir Peter Ustinov intitulée *Inside the Vatican* (*À l'intérieur du Vatican*). Une des séquences nous projetait dans les époques les plus reculées de l'Antiquité romaine, après que nous nous soyons frayé soigneusement un chemin à travers toutes les strates de la ville pour atteindre enfin un temple récemment découvert de l'époque mithriaque, bien en-dessous de la surface de la terre et de cet amas de temples dédiés à des arrivistes plus tardifs, comme Apollon, que nous avions croisés en descendant. Nous avions abouti dans un monde si ancien que nous avions l'impression de ne plus pouvoir remonter à la surface.

À travers ses voyages photographiques romains, Revington a sculpté dans la ville un modèle de l'esprit-dans-le-temps, dont les accrétions de profondeur se fondent dans quelque chose qui rappelle la construction freudienne tripartite du ça, du moi et du surmoi. En décrivant son travail réalisé pour le Prix de Rome, Revington cite en effet un extrait de *Malaise dans la civilisation* de Freud : « Imaginons, à présent, qu'elle ne soit point un lieu d'habitations humaines, mais un être psychique au passé aussi riche et aussi lointain, où rien de ce qui s'est une fois produit ne se serait perdu, et où toutes les phases récentes de son développement subsisteraient encore à côté des anciennes ».

Convertie en riche installation gnomique, la Rome de John McMinn est devenue un sanctuaire et un *ethos* (« lieu de vie » au sens original du mot grec) dans lequel la réconciliation par compression des opposés – obscurité et lumière, répression et révélation – pourrait faire office de présence au monde à la manière de la surface d'une table.

Développé et élaboré en 1992 en vue du Prix de Rome, le projet de McMinn intitulé *Il Giardino de Febo e Pitone* (*Le jardin de Febo et Pitone*) a été réalisé dans le studio-appartement romain en juin 1993. Entrelacées, mais ne se révélant que peu à peu, les réalités mythiques et donc perceptives qui constituent *Il Giardino* forment un paysage hautement organisé d'événements mythiques, une juxtaposition accessible de ce que

antiquity' and 'Alberti's pivotal Renaissance discovery of a consistent perspectival drawing technique.'

Using collage to bind together these metonymic embodiments of momentous shifts in Western perception and belief, McMinn then set about to generate a complex, interventional exhibition consisting of a series of tables (compressions of the site of the ancient sanctuary at Delphi, sacred to Apollo, the bringer of light and enlightenment), a light wall and a window (or, as it was used, a viewing frame).

There is insufficient space here to describe and adequately annotate the meaning of the axial siting of the installation, or to provide a description and codification of the meanings of the cast objects placed on the tables, of the function of the wall and the reading of the window. Of particular note is the enormously sophisticated integration of such intensely poetic objects as McMinn's *axis mundi* – his timber and bronze spear-like shaft or 'omphalic centre' (navel stone of the earth), locking the installation at the crossing of its cardinal axes and holding it still, as it were, for the progress of this object-carried morality play wherein the force of light (the radiance of Febo/Phoebus Apollo) overcomes and vanquishes the forces of archaic, irrational darkness, of the chthonic (Pitone/Python). Not the least revealing aspect of McMinn's claustrophobically brilliant installation grew from his contention that the work was, of necessity, a meditation on 'the necessary coincidence of the two modalities.' His theme, he writes, lies in 'the exploration of a working synthesis rather than a mortal struggle for the ascendancy of one over the other.'

la villa indeterminata, by 1993 Prix de Rome laureate Hal Ingberg, was a distillation of 'conceptual ideas and material facts found in the Roman and Italian landscape,' born of what Ingberg refers to as the synthetic aspect of his research in Rome, an exploration entitled *Topographies of anomaly and indeterminacy*.

This summary structure was informed, as frequently happens in Ingberg's work, by his obvious love of complexity and contradiction in architecture, often presented, with a kind of antic delectation, as paradox. (If you go to his website, www.halingberg.com, you are welcomed by four floating, paradox-powered adages: 'Perceive yourself perceiving,' 'Radicalize optimism,' 'Materialize ambiguity' and 'Embrace the inevitable.')

As is revealed in his own texts in this book, Ingberg's villa behaves, to some extent, in ways that are conventionally villa-esque: it is set in a gently rural location, reborn from abandonment; it accepts and embraces the entropic

McMinn appelle « deux constructions spatiales fondamentalement distinctes qui, au cours de l'histoire, sont devenues partie intégrante de l'expérience architecturale : l'espace symbolique et l'espace perspectif ». Ces deux concepts à visage de Janus se rattachaient dans l'œuvre à deux moments marquants de l'évolution de la conscience culturelle (occidentale) selon McMinn : le passage « de l'époque archaïque à l'époque olympienne dans l'Antiquité » et la « découverte cruciale à la Renaissance par Alberti d'une technique cohérente de dessin en perspective ».

Se servant du collage pour relier ces incarnations métonymiques de tournants dans la perception et la croyance occidentales, McMinn a alors entrepris d'élaborer une œuvre complexe composée d'une série de tables (compressions du site de l'ancien sanctuaire de Delphes dédié à Apollon, le pourvoyeur de la clarté et des lumières), d'un mur lumineux et d'une fenêtre (en fait, un cadre de visionnement).

L'espace me manque ici pour décrire et annoter de façon adéquate la signification de la situation axiale de l'installation ou pour évoquer en les codifiant les significations des objets fabriqués qui étaient posés sur les tables, la fonction du mur et le sens de la fenêtre. Il faut souligner la façon très sophistiquée dont McMinn intègre des objets fortement poétiques tels que son *axis mundi* – sa hampe faite de bronze et de bois ou « centre omphalique » fixant l'installation au croisement de ses points cardinaux comme pour la préparer au déroulement de ce jeu de moralité par objets interposés où la force de la lumière (le rayonnement de Febo/Phoebus Apollon) l'emporte et vainc les forces de l'obscurité archaïque et irrationnelle du monde chtonien (Pitone/Python). Lorsque McMinn a affirmé que l'œuvre était forcément une méditation sur « la coïncidence nécessaire de ces deux modalités », il a mis en évidence l'un des aspects les plus révélateurs de son installation puissamment claustrophobique. Comme il l'écrit, son thème réside dans « l'exploration d'une synthèse opératoire plutôt qu'un combat mortel pour la supériorité de l'une sur l'autre ».

la villa indeterminata de Hal Ingberg, lauréat du Prix de Rome en 1993, représentait « une distillation d'idées conceptuelles et de faits matériels trouvés dans les paysages romains et italiens », qui découlait de ce qu'Ingberg avait nommé l'aspect synthétique de sa recherche à Rome, une exploration s'intitulant *Topographies d'anomalie et d'indétermination*.

Cette structure sommaire était alimentée, comme cela arrive fréquemment dans le travail d'Ingberg, par son amour évident de la complexité et de la contradiction en architecture qu'il présente souvent, avec une sorte de délectation extravagante, sous forme de paradoxe. (Lorsqu'on visite son site Web [www.halingberg.com], on est accueilli par quatre adages, axés sur le paradoxe, qui flottent dans l'espace : « Percevez-vous en train

exchanges between cultivation and wilderness; it is rhythmically cunning and almost musically disposed in its incidents of openness and its answering densities – the *giardino* (garden) and *barco* (woods), replaying 'the traditional polar forces found in the Humanist villa'; the garden-woods opposition then serves as an axis about which plays Ingberg's ingenious system of submerged courtyards. Finally, his enclosing the villa in the warm embrace of a system of exquisitely placed triangular berms ensures that the site is further contained and defined: they focus 'interesting views while disallowing views of the road from most positions within their porous outlines.'

la villa indeterminata, fuelled and nourished by anomaly and tuned to the deft impress of the indeterminate, is a small masterwork of perpetual possibility, simultaneously a tamed wilderness and a gently and genially feral place of cultivation (in both senses). As Paul Shepheard points out in *The Cultivated Wilderness*, 'The wilderness is not just something you look at; it's something you are a part of. You live inside a body made of wilderness material. I think that the intimacy of this arrangement is the origin of beauty....'[7] *la villa indeterminata*, too, would have been made of 'wilderness material.' It would have been a villa like us.

Anthony Robins, the Prix de Rome winner for 1994, made thirty-six large-scale collages while he was in Rome. This sounds like a narrow, conventionalized, Beaux-Arts activity, but Robins, who told me in 1999 that he didn't much care for doing 'pretend architecture' when he was frequently flying to London or Japan, for example, to do the real thing, is scarcely a narrow, conventionalized, Beaux-Arts kind of guy. In addition to his professing of architecture, Robins is a visual artist, a designer (of both buildings and furniture), a writer and screenwriter and a composer. The collages, as I understand them, are one of the products of his ongoing attendance to the exploration of 'the representation of ideas across different semiotic systems' – as a route to an enriched understanding of the possibilities of this engagement with 'transmediation' as a perceptual tool.

This notion is nicely illustrated by Robins' penchant for turning stories into structures and vice versa. Although it appears in his own text in this volume, I can't resist reiterating the charming plot – positively Borgesian in its resonances – of a screenplay Robins devised (and sold) called *Paris Match*, in which a maintenance contractor for the Eiffel Tower is charged with replacing all rusted members. He eventually replaces every one, rusty or not, ending up with the entire tower reduced to its component pieces, buried in a field outside Paris. As Robins points out, 'The question is, then, are there now *two* Eiffel Towers – the

de percevoir », « Radicalisez l'optimisme », « Matérialisez l'ambiguïté » et « Embrassez l'inévitable ».

Comme le révèle son texte dans le présent ouvrage, la villa d'Ingberg se comporte, dans une certaine mesure, comme une villa conventionnelle : elle est située dans une région modérément rurale et sort de son état d'abandon ; elle accepte et accueille les échanges entropiques entre culture et état sauvage ; son rythme est astucieux et son arrangement est presque musical dans ses ouvertures et dans les densités qui leur répondent, le *giardino* (jardin) et le *barco* (bois rural) reprenant les rôles de « pôles traditionnels de la villa humaniste » ; l'opposition jardin et bois agit ainsi comme un axe autour duquel s'articule l'ingénieux système de cours submergées conçu par Ingberg. Finalement, l'inclusion de la villa dans la chaude étreinte d'un système d'accotements triangulaires, au positionnement exquis, fait en sorte que le site est encore plus contenu et défini : ces accotements « mettent l'accent sur les perspectives intéressantes tout en rejetant celles donnant sur la route, à partir de la plupart des positions à l'intérieur de leurs contours poreux ».

la villa indeterminata, alimentée par l'anomalie et au diapason de l'empreinte adroite de l'indéterminé, est un petit chef-d'œuvre de possibilité perpétuelle, à la fois lieu sauvage apprivoisé et lieu de culture (dans les deux sens du terme) doucement et cordialement sauvage. Comme le souligne Paul Shepheard dans *The Cultivated Wilderness*, « L'état sauvage n'est pas seulement quelque chose que vous observez ; c'est quelque chose dont vous faites partie. Vous vivez dans un corps fait de matière sauvage. Je crois que c'est l'intimité de cet agencement qui est à l'origine de la beauté [...] ».[7] *la villa indeterminata*, elle aussi, aurait été réalisée à partir de « matière sauvage ». Elle aurait été une villa comme nous.

Anthony Robins, lauréat du Prix de Rome en 1994, a exécuté trente-six collages grand format pendant son séjour à Rome. Cela peut sembler une activité de type Beaux-Arts, étroite et conventionnelle, mais Robins – qui m'a dit en 1999, à une époque où il prenait fréquemment l'avion pour se rendre à Londres ou au Japon pour y réaliser de vrais projets, qu'il n'était pas chaud à l'idée de « prétendre de faire de l'architecture » – n'est vraiment pas le genre à avoir une activité de type Beaux-Arts, étroite et conventionnelle. En plus de sa profession d'architecte, Robins est artiste visuel, designer (de bâtiments et de meubles), écrivain et scénariste, de même que compositeur. Ses collages sont, à mon avis, l'un des résultats de l'exploration qu'il poursuit de « la représentation des idées dans différents systèmes sémiotiques » : une voie menant à une compréhension enrichie des possibilités de cet engagement avec la « transmédiation » comme outil de perception.

contextually site-specific, renovated one and the buried original? What is the essence of the tower? The real, original steel pieces – or site-specific construction in Paris?'

Philip Beesley, who has described himself as 'an experimental architect and sculptor focusing on public buildings and visual art,' and who, in my estimation, is also an inventor of no inconsiderable power and significance, titled his Rome project, undertaken during his Prix de Rome tenancy in 1995–96, *Chthonian Projects*. His multifarious activities during that year, involving increasingly complex responses to a sequence of Roman sites, would inexorably come together in an intensely revelatory and extended exploration at the Palatine, where he worked, initially, with an archaeological team.

Beesley is an excellent and often exquisite writer – indeed, he was the recipient of the 1998 Award of Merit for Critical Writing from the Surface Design Association – and because there is, therefore, often little point in merely paraphrasing him, I refer you to his own texts, and in some instances quote him directly.

'Before I went to Rome,' Beesley writes, in a 2006 recounting of his *Chthonian Projects*, '*chthonian* meant, to me, the massive underground. During the excavation work [at the Palatine] I encountered physical traces of mythic history – and the underground became the underworld. Several years of built and experimental work,' he adds, considerably understating the case, 'have developed directly from this experience.'[8]

The Palatine excavations, to which Beesley was a party, 'seemed to confirm canonical texts that describe origins of the Eternal City in rituals of sacrifice.' The work that developed directly from these discoveries 'concentrated on traces of a baby that was sacrificed and buried beneath the ancient fortifications.' As Beesley put it in the 1999 article in *Surface Design Journal* that won him the award, 'The sacrifice was for propitiation, protecting the boundary of the city. Making sacred. A *Mundus*, a little world offered instead of the world around.' The project subsequently generated directly from the Palatine baby, *Palatine Burial*, 'involved construction of a textile cover used for reburial of the archaeological site.'[9]

The constitution, construction and function of this wondrously inventive and, in the end, genuinely affecting textile cover – the description of which has a kind of linguistic life of its own as a semantic counterpane thrown over a procedure – is described in Beesley's own text. Beesley has documented how the range of functions of this fabric, 'first evoked though the medium of digital modelling,' were subsequently developed into a body of built work (and installations), using

Cette notion est joliment illustrée par le penchant qu'a Robins pour la transformation de récits en structures et vice versa. Bien qu'elle soit incluse dans son propre texte dans le présent ouvrage, je ne peux m'empêcher de reprendre la charmante intrigue, positivement borgésienne dans ses résonances, d'un scénario intitulé *Paris Match* que Robins a inventé (et vendu), dans lequel un contracteur en entretien est embauché pour remplacer toutes les parties rouillées de la tour Eiffel. Il finit par tout remplacer, même les parties non rouillées, et la tour entière se trouve réduite à ses composantes, lesquelles sont enfouies dans un champ à l'extérieur de Paris. Comme le souligne Robins, « La question qui se pose donc est : Y a-t-il maintenant *deux* tours Eiffel ? Celle qui est rénovée et in situ, et l'originale qui est enfouie ? Quelle est l'essence de la tour : les vraies pièces d'acier originales ou la construction in situ à Paris ? »

Philip Beesley, qui s'est lui-même décrit comme étant « un architecte et un sculpteur expérimental qui se concentre sur les bâtiments publics et les arts visuels » et qui, à mon avis, se double d'un inventeur dont la portée et la signification ne sont pas à négliger, donnait à son projet romain, entrepris durant son séjour en 1995–1996, le titre de *Chthonian Projects* (*Projets chtoniens*). Ses multiples activités durant cette année, nécessitant des réactions de plus en plus complexes à divers sites romains, allaient se conjuguer dans une exploration intensément révélatrice et étendue du Palatin où il travaillait au départ avec une équipe d'archéologues.

Beesley est un excellent écrivain à la plume parfois exquise ; de fait, il s'est mérité, en 1998, l'Award of Merit for Critical Writing remis par la Surface Design Association. Il ne me servirait pas à grand chose de le paraphraser et je vous renvoie donc à ses textes ou à des citations verbales.

« Avant d'aller à Rome, écrivait Beesley dans un compte rendu de 2006 sur ses *Projets chtoniens*, le mot *chtonien* signifiait pour moi la grande étendue de ce qui est sous terre. Pendant le travail d'excavation [au Palatin], je suis tombé sur les traces physiques d'une histoire mythique – et ce qui était souterrain est devenu les enfers. De nombreuses années de travail bâti et expérimental, ajoute-t-il en minimisant la chose, ont découlé directement de cette expérience ».[8]

Les excavations au Palatin auxquelles prenait part Beesley « semblaient confirmer les textes canoniques décrivant les origines de la Ville éternelle dans des rites de sacrifice ». Le travail qui s'est développé directement de ces découvertes « portait sur les traces d'un bébé qui avait été sacrifié et enterré sous les anciennes fortifications ». Comme l'expliquait Beesley dans l'article primé de 1999 dans *Surface Design Journal*, « Le sacrifice visait la propitiation, en vue de protéger les limites de la ville. De les rendre sacrées. Un *mundus*, un petit monde offert plutôt que le monde tout autour. » Le projet

'short-fabrication runs of mass-produced components,' the projects all being in some way 'an extension of the ordinary industrial practice of reinforcing landscapes using geotextiles.'[10]

'My work involved "the fold" before the fold was suddenly everywhere,' says Philippe Lupien on the phone from his Montreal office. He is referring, of course, to the current popularity of such works as Gilles Deleuze's *The Fold: Leibniz and the Baroque* (1992), where the world is interpreted as a body of infinite folds and surfaces that twist and weave through compressed time and space. When Lupien was in Rome, in 1996–97, he says, his project involved 'an attempt to establish a transversality between different disciplines' – to investigate certain linkages between, for example, architecture and history, in the sense of investigating historical 'persistences': moments 'where architecture has resisted social change.'

To this end, Lupien marshalled his researches into '288 situations,' which he incarnated in a suite of 288 elegantly designed offset cards (each 9 inches x 5¼ inches) that offered sites and plans and historical detail. When cut and folded ('the fold was a vertical section through the ground that opened up layers of "fictional" archaeological material'), the cards revealed, because of how the displacement of the folding mimicked or re-enacted the displacement of historical meaning, a new contextualizing of history and myth: the arcane adjustments – or folds – within the Roman Catholic Church, for example, necessitated by the persistence – and resistance – of the idea of the Juno/mother as she passes into and colours the subsequent nature of the Virgin Mary. 'I was an adventurous historian,' says Lupien gaily, 'exploring the relationships between historical facts and their residual physical presence in architecture.'

In 1997, Pierre Thibault published a book/catalogue called *Projects and Achievements*. There had been many of both, but the book's title suddenly had even more relevance when he received a Governor General's Award for Architecture that same year – and the Prix de Rome.

In a prefatory essay to his book titled 'Time and Materiality,' Thibault muses on the meaning of architecture: 'Architecture is the expression of culture, but it is also a giant history book that can give us a deeper understanding of those who preceded us, and teach us many things in the process. The architect's task is not to make the world uniform, but to create shelters that have their roots in culture, while acknowledging the primacy of creation.'[11]

Rome, one of the great 'giant history books' of all time, offered Thibault, as he told me in 1999, 'a vocabulary of forms and time to think about them.' He

subséquemment généré à partir du bébé du Palatin, *Palatine Burial* (*Enterrement au Palatin*), « comportait la construction d'une couverture textile utilisée pour le ré-enterrement du site archéologique ».[9]

La constitution, la construction et la fonction de cette couverture textile merveilleusement inventive et, finalement, véritablement émouvante – dont la description a une sorte de vie linguistique en soi, tel un couvre-lit sémantique jeté sur une procédure – est décrite dans le texte de Beesley. Il a documenté comment les nombreuses fonctions de ce tissu, « d'abord évoquées par le médium du modelage numérique », sont subséquemment devenues un corpus de travail bâti (comprenant des installations) utilisant « séries spéciales de composantes fabriquées en série », tous les projets étant d'une certaine manière « un prolongement d'une pratique industrielle usuelle consistant à renforcer les paysages à l'aide de géotextiles ».[10]

« Mon travail faisait appel au "pli" bien avant que celui-ci ne surgisse partout », dit Philippe Lupien au bout du fil depuis son bureau de Montréal. Il renvoie bien sûr à la popularité actuelle de travaux comme *Le pli : Leibniz et le baroque* de Gilles Deleuze (1988), où le monde y est interprété comme un corps composé de surfaces et de plis infinis qui se nouent et s'entrelacent dans la compression du temps et de l'espace. Pendant qu'il était à Rome en 1996–1997, il raconte que son projet incluait « la tentative d'établir une transversalité entre différentes disciplines » pour investiguer certains liens entre l'architecture et l'histoire, par exemple, dans le sens d'une investigation de « persistances » historiques, soit des moments « où l'architecture a résisté au changement social ».

À cette fin, Lupien a distribué ses recherches en « 288 situations », auxquelles il a donné la forme de 288 cartes offset, élégamment conçues (et mesurant chacune 9 pouces x 5¼ pouces), offrant des plans, des sites et des détails historiques. Lorsque découpées et pliées (« le pli était une section verticale du sol qui ouvrait sur des couches de matière archéologique "fictionnelle" »), les cartes montraient, de par la manière dont la ligne de pliage imitait ou réactualisait le déplacement du sens historique, une nouvelle mise en contexte de l'histoire et du mythe : par exemple, les ajustements – ou plis – ésotériques au sein de l'Église catholique romaine, requis par la persistance – et la résistance – de l'idée de Junon/la mère qui passe par la Vierge Marie et en colore subséquemment la nature. « J'étais un historien aventurier, dit joyeusement Lupien, explorant les relations entre des faits historiques et leur présence physique résiduelle dans l'architecture. »

En 1997, Pierre Thibault a publié un livre-catalogue intitulé *Projects and Achievements*. Il y avait effectivement eu abondance des deux et le titre de l'ouvrage est devenu encore plus pertinent lorsque, la même année, son auteur recevait le prix du Gouverneur général en architecture de même que le Prix de Rome.

appears to have thought about them in a way that continued and expanded a certain rapture of concentrated rurality-in-urbanity (and vice versa) that everywhere characterizes his work (in projects like his Museum of the Huron-Wendat Nation, Parc de l'aventure basque en Amérique in Trois Pistroles and his award-winning Théâtre de la Dame de Coeur in Upton).

His work in Rome, for example, centrally consisted of photo juxtapositions (and a video called *La Villa*), an epic comparative meditation in images on archetypes of Canadian landscapes and Roman urban artifacts. 'When I was in Rome,' Thibault told me, 'I had such a clear vision of Quebec, of the forests and the rivers! And when I was back in Quebec, I had a constant vision of this great city of Rome ...'

Of all the Prix de Rome laureates, Atelier Big City (Anne Cormier, Randy Cohen, Howard Davies), who, in 1998, were the first group to be awarded the prize, has always seemed one of the most mercurial – always appearing to exit somewhere else from where you watched them enter. They are demonically good at chameleon-like feints and routs with regard to their true intentions, and can be so productive you end up feeling you know almost nothing at all about what they're actually doing – that they are essentially unknowable (despite zippy, prizewinning projects like their entirely knowable contribution to the Parc de l'aventure basque en Amérique in Trois Pistoles, Quebec, and their eerily aerodynamic Centre d'Interpretation du Bourg de Pabos in Pabos, Quebec).

What is one to make, after all, of their maniacal, insinuating 'Trojan horse' of a 'gift to Rome,' *The Sac of Rome*, a huge, ceiling-hugging paper bag emblazoned with the collective's signature slogan, 'Make architecture a public policy'? Big City's approach to design, according to one of their statements of intent, is not only innovative but also 'gregarious' – the freshest word I've ever heard for a firm's claim to fame. Some of that gregariousness informed their concept of the 'elastic studio' (Atelier Big City are nothing if not phrase-makers), upon which was borne a year-long Rome project that consisted largely of finding out whether or not they could continue to operate their Montreal practice while they were away – or while some of them were away. You gotta love them.

Peter Yeadon won the Prix de Rome in 1999, on the cusp of the new millennium and only a few years before he would establish an innovative practice known for its focus on the architectural implications of nanotechnology (his development of nBots, for example, involves the eventual production of nanoscale robots that can assemble themselves into responsive architectural forms).

Dans un essai liminaire à son livre intitulé *Temps et matérialité*, Thibault réfléchit au sens de l'architecture : « L'architecture est l'expression d'une culture : elle est en quelque sorte un grand livre d'histoire qui nous permet de mieux connaître ceux qui nous ont précédés ; elle est très riche en enseignement. Sachant cela, l'architecte comprend qu'il ne doit pas uniformiser le monde, mais concevoir des espaces de vie enracinés dans la culture, en reconnaissant la primauté de la création ».[11]

Rome, l'un des plus « grands livres d'histoire » de tous les temps, a offert à Thibault, m'a-t-il confié en 1999, « un vocabulaire formel et temporel pour réfléchir ». Il semble avoir réfléchi à la forme et au temps d'une manière continue qui a généré un certain envoûtement pour une présence de ruralité dans l'urbanité (et vice versa) qui caractérise tout son travail (dans des projets comme le Musée de la nation huronne-wendat à Wendake, le Parc de l'aventure basque en Amérique à Trois-Pistoles et le Théâtre de la Dame de Cœur à Upton, lequel a été primé).

Le noyau de son travail à Rome consistait en des juxtapositions photographiques (et une vidéo intitulée *La Villa*), méditation épique et comparative en images sur les archétypes paysagers canadiens et les artefacts urbains romains. « Quand j'étais à Rome, raconte Thibault, j'avais une vision tellement claire du Québec, de ses forêts et de ses rivières ! Et de retour au Québec, j'avais constamment en tête cette grande ville qu'est Rome ... »

L'Atelier Big City (Randy Cohen, Anne Cormier et Howard Davis), qui était en 1998 le premier groupe à se mériter le prix, a toujours paru le plus imprévisible de tous les lauréats du Prix de Rome : il semble ne pas sortir par là où vous l'avez vu entrer. L'Atelier a une habilité diabolique pour la feinte et les parcours dissimulés quant à ses véritables intentions et il peut être productif à tel point que vous finissez par avoir l'impression de ne rien savoir sur son projet ; il est essentiellement inconnaissable (malgré des travaux stimulants et primés comme sa contribution totalement connaissable au Parc de l'aventure basque en Amérique à Trois-Pistoles et l'étrangement aérodynamique Centre d'interprétation du bourg de Pabos en Gaspésie).

Que penser, après tout, de ce « cheval de Troie » maniaque, subtil, que le groupe a donné comme « cadeau à Rome », *Le sac de Rome*, soit un énorme sac de papier écrasé contre le plafond et portant le slogan du collectif : « Make architecture a public policy » (Faites de l'architecture une politique publique) ? L'approche du design que privilégie Big City, selon l'un de ses manifestes, est non seulement novatrice mais aussi « grégaire », le mot le plus inusité à être revendiqué par un cabinet d'architectes. Une partie de ce grégarisme a alimenté son concept de « studio élastique » (l'Atelier est habile dans l'art d'inventer des expressions), à partir duquel a été mené le projet romain d'une durée

But in 1999, Yeadon was interested in stories, storytelling and architecture as a form of storytelling (I dare say that is still true, but on an added trajectory of scale changes). He barely appeared in my *Canadian Architect* article that year – he was a sort of coda – because when I wrote the piece, he'd been in Rome for only a few months. Yeadon was accompanied, in a manner of speaking, by a perambulating fictional invention named Karl, who, hailing from a place called Nothing, Arizona (talk about the myth of the birth of the hero!), had apparently come to Rome at the same time as Yeadon himself, in search of what I called in a post-Prix article I wrote about him in *Canadian Architect* in November 2000 'a kind of prolonged coming-to-consciousness, a corrective to misapprehension, a flight from misperception, from self-delusion.'[12]

Karl makes his way to a new consciousness by thinking, drawing, writing and, inevitably, building: at the convergence of five streets, he builds himself a fabric house (it has floors of sand so that Karl's movements are instantly recorded, 'as if he were a quick-time fossil'); he devises an ambitious structure called the Columbarium ('a temple for storing reflections') and a house for himself called the Horizon House – a verticalized, spider-legged light trap of a house that 'revolved to chase the Sun, always casting the same shadow....' Having come thus far, Karl grows even more adventurous, turning his own private Rome into what I interpreted as a kind of Guy Debordian détourned city, 'made up of architecture that, in Debord's words, "must advance by taking emotionally moving situations, rather than emotionally moving forms, as the material it works with."'

The Prix de Rome for 2000 was given jointly to Jason King and George Yu – at that time partners in a Vancouver- and Los Angeles–based firm called Design Office – who spent six months each in Rome pursuing separate research projects.

King's work grew out of his desire, as he explained to me, to 'formulate and test an analytical method for representing alternative architectural histories of Rome.' The method he wished to develop, he noted, would take a 'diachronic approach to time and a democratic selection of multiple histories and ideologies.'[13]

This took the form of a digital video work called *Ten Seconds in the City in Ten Seconds*, which began as a narrative about two couples 'whose lives are increasingly affected by the mediating effects of technology,' one couple's story being told in images and the other couple's story carried by the film's audio track. Eventually, King explains in his essay here, the narrative elements of the piece simply fall away, given over to 'field-to-field relationships ... that communicate complex

d'un an qui a consisté en grande partie à découvrir si, oui ou non, il pouvait poursuivre leur pratique montréalaise tout en résidant à l'étranger. Avouez que c'est rafraîchissant.

Peter Yeadon a remporté le Prix de Rome en 1999, à la veille du nouveau millénaire et quelques années seulement avant qu'il ne se fasse connaître par sa pratique innovatrice, marquée par un intérêt pour les implications architecturales de la nanotechnologie (par exemple, les « nBots » qu'il a conçus mèneront finalement à la production de robots à échelle nano pouvant s'assembler et devenir des formes architecturales capables de réaction).

Mais, en 1999, Yeadon s'intéressait aux récits, à l'art de raconter et à l'architecture comme forme de récit (je dirais que c'est toujours le cas, mais sur un territoire comportant des changements d'échelle). Il est pratiquement absent de l'article que j'écrivais pour *Canadian Architect* cette année-là – il apparaissait dans une sorte d'épilogue – puisqu'au moment où je rédigeais le texte, il n'était à Rome que depuis quelques mois. Yeadon était accompagné, pour ainsi dire, d'une invention fictionnelle capable de déambulation du nom de Karl qui, originaire d'un endroit appelé Nothing (mythique lieu de naissance pour un héros !) en Arizona, était venu à Rome en même temps que Yeadon à la recherche d'une « sorte de prise de conscience prolongée, de correctif à un malentendu, d'une fuite loin de la fausse perception et de l'aveuglement »,[12] comme je le mentionnais dans l'article que je lui consacrais, après le Prix de Rome, dans l'édition de novembre 2000 de *Canadian Architect*.

Karl chemine vers sa nouvelle conscience en réfléchissant, en dessinant, en écrivant et, inévitablement, en construisant : à la jonction de cinq rues, il se construit une maison en tissu (qui a des planchers de sable de sorte que les mouvements de Karl sont enregistrés sur le champ, « comme s'il était un fossile *quick-time* ») ; il invente une structure ambitieuse appelée le Columbarium (« un temple où les pensées sont emmagasinées ») et une maison pour lui-même, la Horizon House, un piège à lumière vertical, doté de pattes d'araignée, qui « tourne pour chasser le Soleil, projetant toujours la même ombre ... » C'est alors que Karl devient plus aventurier, transformant sa Rome personnelle en ce que j'ai interprété comme étant une sorte de ville détournée à la Guy Debord, « faite d'une architecture qui, selon Debord, 'doit se servir de situations affectivement émouvantes, plutôt que de formes affectivement émouvantes, comme matériau avec lequel elle travaille' ».

Le Prix de Rome de 2000 a été accordé conjointement à Jason King et à George Yu, à l'époque partenaires à Vancouver, ainsi qu'à un cabinet basé à Los Angeles du nom de Design Office, chaque lauréat séjournant six mois à Rome et poursuivant son propre projet.

and diverse sets of information and phenomena. The resulting analysis,' he writes, 'is a new spatial definition of the city [the slow, Eternal City!] at the micro-scale of ten seconds.'

If Jason King's Rome project was primarily manifested as a digitalized hurtling through the horizontalities of space/time, George Yu's Rome project, by extreme contrast, dealt with motionless verticalities. Yu invented a way to produce a series of hallucinatingly detailed, high-resolution photographic views of 'the public-private relationship' by means of a technology he devised that involved the employment of 'an architectural scanner' (a camera affixed to a specially designed, SteadyCam-like boom), during the operation of which Yu could direct the camera to hover into the upper reaches of the fifteen-foot ceilings of the venerable old rooms he chose to work in, making what were, in a sense, aerial photos of interiors. The definition these photos provided, Yu told me, 'lay beyond instantaneous capture.'

Like George Yu, Atelier in situ (Annie Lebel, Geneviève L'Heureux and Stéphane Pratte), the Prix de Rome laureates for 2001, were interested in mapping – but not in the same way. For Atelier in situ, Rome provided the opportunity to work on a project of creative appropriation of the city – *Cartographier Rome* – an undertaking they saw as setting up certain relationships to Rome that echoed the way the Baudelairian *flâneur* appropriated Paris, to the way the Surrealists 'acquired' the city (see André Breton's novel *Nadja* and Louis Aragon's *Paris Peasant*), and, later, to the way the members of Guy Debord's Situationist International undertook their perceptually invigorating excursions (see Debord's *Theory of the Dérive*) through the Paris of the fifties and early sixties.

Marc Boutin went to Rome in 2002 to make a study, as all the press releases pointed out at the time, of the city's aqueducts. In fact, the year held a great deal more than that: Boutin's interests lay in the way that water, as manifested in Rome's famous fountains and baths, as well as her aqueducts, made manifest – in its searching, fluid, intimate everywhere-ness – the very essence of the nature of infrastructure.

Boutin was interested in Rome at a micro-scale – neighbourhood by neighbourhood. He was interested, he told me, 'in the nature of public spaces in their capacity for temporal existence.' And in Rome, what emblematizes that temporal experience most directly and physically (and architecturally) is the most ubiquitous feature of any neighbourhood in the old city – the scaffolding and subsequent veiling of its always-to-be-refurbished public buildings.

Le travail de King a découlé de son désir, m'a-t-il expliqué, « de formuler et de tester une méthode analytique pour représenter des histoires alternatives sur l'architecture romaine ». La méthode qu'il souhaitait développer, a-t-il noté, se servirait « d'une approche diachronique du temps et d'une sélection démocratique d'histoires et d'idéologies multiples ».[13]

Ce projet a pris la forme d'une œuvre vidéo numérique intitulée *Ten Seconds in the City in Ten Seconds* (*Dix secondes dans la ville en dix secondes*), qui commence par un récit sur deux couples « dont les vies sont de plus en plus touchées par les effets médiateurs de la technologie », l'histoire d'un couple étant racontée en images et celle de l'autre par la trame sonore du film. Finalement, comme nous l'explique King dans l'essai qu'il publie ici, les éléments narratifs de l'œuvre s'évanouissent, au profit « de la complexité de relations entre les champs [...] qui livrent des dispositifs d'information et des phénomènes complexes et divers. L'analyse qui en résulte est une nouvelle définition spatiale de la ville à la micro-échelle de dix secondes. »

Si le projet romain de Jason King se manifestait principalement par une avancée numérique dans les horizontalités de l'espace et du temps, celui de George Yu, en revanche, traitait de verticalités immobiles. Yu a inventé une manière de produire une série de vues photographiques de haute résolution, extrêmement détaillées, de « la relation entre le privé et le public », réalisées à l'aide d'une technologie qu'il a créée et qui comprend l'utilisation d'un « scanner architectural » (une caméra fixée à une perche spécialement conçue, semblable à une SteadyCam). Durant la prise de vue, Yu pouvait s'organiser pour que la caméra plane dans les parties les plus élevées des plafonds de 4,5 mètres des vénérables salles anciennes qu'il avait choisi de photographier, réalisant en quelque sorte des photographies aériennes d'intérieurs. La définition fournie par ces photos, m'a dit Yu, « se situe au delà de la saisie instantanée ».

Comme George Yu, l'Atelier in situ (Annie Lebel, Geneviève L'Heureux et Stéphane Pratte), les lauréats de 2001, se sont intéressés à la cartographie, mais de manière différente. Pour le groupe, Rome offrait l'occasion de travailler à un projet d'appropriation créatrice de la ville, *Cartographier Rome*, entreprise qu'il concevait en termes de relations à établir avec la ville et qui faisait écho à la manière dont le flâneur baudelairien s'appropriait Paris, dont les surréalistes « prenait » la ville (voir le roman d'André Breton, *Nadja*, et l'ouvrage d'Aragon, *Le Paysan de Paris*) et, plus tard, dont les membres de l'Internationale situationniste de Guy Debord entreprenaient leurs excursions stimulantes sur le plan perceptif (voir la *Théorie de la dérive* de Debord) dans le Paris des années 1950 et du début des années 1960.

Marc Boutin s'est rendu à Rome en 2002 pour faire une étude, comme l'ont indiqué

A veil means unsureness. What was behind it once, and what is behind it now, if indeed they are any different? Veils cover the buildings, Boutin reminds us, but between the veil and the building, there stands the resurfacing of the building. It is here, in this thin, vibratory space of building, rebuilding and veiling, that the notion of infrastructure as architecture comes lyrically to the fore. Here, in this infrastructural theatre, 'people witness the building of their city,' Boutin told me. 'A level of ownership comes out of this for people.' Which argument leads Boutin to one of his favourite ideas: that all this reinforces the idea that the city, which, in Boutin's parlance, may be to tourists a collection of 'nouns,' is, in fact, 'a verb.'

It is in his exploration of this galvanizing verb-ness that the essence of Boutin's Rome researches lay. I do wish there were space here to recreate his exhilarating analysis of William Wyler's 1953 film, *Roman Holiday*, with Audrey Hepburn and Gregory Peck. You'd never look at it the same way again.

As with the ostensible simplicity of fellow Calgarian Marc Boutin's desire to go to Rome to study 'aqueducts,' Andrew King, Prix de Rome laureate for 2003 (and the last to be awarded the prize as it was originally constituted), went to Rome, so it was announced, 'to study the gates of Rome from an architectural, sociological and cultural perspective.'

In fact, King, along with his partner, artist Angela Silver, went to Rome to study the city's thresholds. And a threshold is a substantially more resonant condition than a gate. 'The architectural engagement of these thresholds,' King has written, 'through the lens of contemporary notions of exile and displacement, forms the conceptual basis for the work.' To get to Rome, he continues, 'you must pass through one of its gates. This may be one of a myriad of ancient portae, a mid-century autostrada ramp, a fascist train station or an airport. The history of Rome can be written through its thresholds.'[14]

King's use of the word *lens* is deliberate and important, because his explorations of the gate led inevitably to 'notions of the itinerary' (from Cicero to Garibaldi and beyond) – which, in turn, led to his beginning an intense and immensely absorbing sojourn in, for example, the realms of Italian New Realism, in its literary and, more expansively, its cinematic incarnations. (King says he mapped the five itineraries through Rome undertaken by Pier Paolo Pasolini in his 1959 novel, *A Violent Life*, for example, and then made digital videos of them.) In fact, King and Silver entered fully into filming in Rome, making hundreds of very brief videos (ranging from one second to thirty seconds in length) 'while

tous les communiqués de presse de l'époque, sur les aqueducs de la ville. En fait, le projet était plus riche qu'il ne semble à prime abord : Boutin s'est penché sur la manière dont l'eau, telle qu'on peut la voir dans les célèbres fontaines et bains de Rome, de même que dans ses aqueducs, rend manifeste – dans son omniprésence chercheuse, fluide et intime – l'essence même de la nature de l'infrastructure.

Boutin a exploré Rome à une micro-échelle, c'est-à-dire quartier par quartier. Il s'est intéressé, m'a-t-il confié, « à la nature des espaces publics en tant qu'existence temporelle ». Et, à Rome, l'emblème le plus direct et physique (et architectural) de l'expérience temporelle, c'est une caractéristique qui se trouve dans tous les quartiers de la vieille ville, soit les échafaudages et le « voilage » subséquent des bâtiments publics toujours en train d'être restaurés.

Le voile signifie l'incertitude quant à ce qui se trouvait derrière autrefois, ce qui est là maintenant et si, en fait, changement il y a eu. Les voiles couvrent les bâtiments, nous rappelle Boutin, mais entre le voile et le bâtiment, il y a le travail sur la nouvelle surface du bâtiment. C'est ici, dans ce mince espace vibratoire de construction, de reconstruction et de voilage que la notion d'infrastructure en tant qu'architecture est lyriquement mise en évidence. Ici, dans ce théâtre de l'infrastructure, « les gens sont témoins de la construction de leur ville, fait remarquer Boutin. Et ils en ressentent un certain sentiment de possession. » Ce qui conduit Boutin à l'une de ses idées préférées : la ville, qui ne serait qu'une collection de « noms » pour les touristes, est en fait « un verbe ».

C'est dans cette exploration de l'électrisante qualité « verbale » de la ville que se situe l'essence de la recherche de Boutin à Rome. J'aimerais bien avoir plus d'espace ici pour relater son étonnante analyse du film de 1953 de William Wyler, *Roman Holiday*, avec Audrey Hepburn et Gregory Peck. Par la suite, il devient impossible de revoir le film de la même manière.

Avec la même simplicité avouée que son compatriote de Calgary Marc Boutin qui s'était rendu à Rome pour étudier les « aqueducs », Andrew King, le lauréat du Prix de Rome en 2003 (et le dernier à recevoir le prix tel qu'il a été conçu au départ), est allé à Rome, tel qu'annoncé, « pour étudier les portes de Rome d'un point de vue architectural, sociologique et culturel ».

En fait, King et sa conjointe l'artiste Angela Silver se sont rendus à Rome pour étudier les seuils de la ville. Et le seuil est un état beaucoup plus résonnant que la porte. « La portée architecturale de ces seuils, écrit King, à travers l'objectif des notions contemporaines d'exil et de déplacement, forme la base conceptuelle du travail. » Pour aller à Rome, poursuit-il, « vous devez passer par l'une de ses portes. Il peut s'agir d'une porte parmi la myriade d'anciennes *portae*, d'une rampe d'*autostrada* du milieu du siècle,

moving continuously through the city from a walking pace to 150 km/h,' as King writes in the present volume. The filmic result of this saturated videography was a fast, faceted, fragmented and indeed anatomical, encyclopaedic portrait of 'many different Romes,' ultimately arranged by King and Silver into an aggregation of video fragments. In some ways, these fragments are similar to the heap of glittering literary fragments, greater than the sum of their isolations, that Walter Benjamin – who called them 'convolutes' – collected into his massive, majestically unfinished work, *The Arcades Project*. King called his compendium *Romalux*. Its filmic fragments 'become a critique not only of how cities are perceived and made, but how we construct them in our psyche through experience.'

Romalux, the end of the trajectory of the Prix de Rome's original incarnation, is an appropriate coda not only to the fertile, participatory incompleteness of Benjamin's epic, but also to the rich and disparate collection of projects – an alternate kind of aggregate, many-faceted epic – carried out by King's predecessors, each of their projects a fragmentary testament to the generative power of Rome as world and idea.

The spaces of Rome, wrote Eleanor Clark, are 'shocking.' The visiting artist, scholar or architect, she writes waggishly, is apt to 'feel his mind threatened like a lump of sugar in a cup of tea.'[15] Happily, nothing of this sort befell any of the Canadian Prix de Rome laureates, all of whom seem to have remained not only undiminished by the huge impress of the ancient, teeming city, but profoundly engaged and invariably enlarged by it.

Gary Michael Dault writes a regular column on contemporary art for The Globe and Mail *and is author of numerous essays and catalogues on art and architecture.*

d'une gare fasciste ou d'un aéroport. L'histoire de Rome peut s'écrire à partir de ses seuils ».[14]

L'utilisation du mot *objectif* est délibérée et importante parce que ces explorations de la porte l'ont inévitablement mené à des « notions d'itinéraire » (de Cicéron à Garibaldi et au delà), ce qui, en retour, a fait qu'il entame un séjour intense et immensément absorbant dans le champ, par exemple, du nouveau réalisme italien dans ses incarnations littéraire et, de manière plus large, cinématographique. (King dit avoir cartographié les cinq itinéraires dans Rome entrepris par Pier Paolo Pasolini dans son roman de 1959, *Une vie violente*, pour ensuite en faire des vidéos numériques.) En fait, King et Silver se sont complètement lancés dans le tournage à Rome, réalisant des centaines de très courtes vidéos (d'une seconde à trente secondes de durée), « tout en nous déplaçant continuellement dans la ville, allant du pas de marche à 150 km à l'heure », comme l'écrit King. Le résultat de cette vidéographie saturée est un portrait encyclopédique rapide, à nombreuses facettes, fragmenté et, effectivement, anatomique de « plusieurs Rome différentes », finalement agencées par King et Silver pour former un ensemble de fragments vidéo. D'une certaine manière, ces fragments se rapprochent des brillants fragments littéraires que Walter Benjamin, qui les nommait *konvolute* en allemand, a réunis – le recueil étant plus grand que la somme de leurs solitudes – dans son majestueux et imposant ouvrage inachevé, *Le livre des Passages*. King a titré son abrégé *Romalux*. Ses fragments filmiques « deviennent une critique non seulement de la manière dont les villes sont perçues et faites, mais aussi de la manière dont nous les construisons dans notre psyché à travers l'expérience ».

Romalux, la fin de la trajectoire du Prix de Rome dans son incarnation originale, est un épilogue opportun non seulement à l'inachèvement fertile et participatif du récit épique de Benjamin, mais aussi à la collection riche et disparate de projets – autre forme de récit épique à plusieurs facettes – réalisés par les prédécesseurs de King, chacun de leurs projets étant un testament fragmentaire à la puissance productive de Rome comme monde et comme idée.

Les espaces de Rome, écrit Eleanor Clark, sont « choquants ». L'artiste, le spécialiste ou l'architecte en visite, plaisante-t-elle, risque d'y « sentir son esprit menacé comme un morceau de sucre dans une tasse de thé ».[15] Heureusement, rien de tel n'est arrivé aux lauréats du Prix de Rome du Canada, qui non seulement semblent n'avoir rien perdu face à l'empreinte gigantesque laissée par cette ville ancienne et grouillante, mais aussi avoir été profondément captivés et invariablement agrandis par elle.

Gary Michael Dault écrit sur l'art contemporain pour The Globe and Mail *et est auteur de nombreux essais et catalogues au sujet de l'art et de l'architecture.*

The Prix de Rome: The Projects

Notes

1 Eleanor Clark, *Rome and a Villa* (New York: Doubleday, 1952), p. 19.
2 Joseph Brodsky, 'Homage to Marcus Aurelius' in *On Grief and Reason* (New York: Farrar Straus Giroux, 1995), p. 272.
3 Ibid., pp. 281–282.
4 Marguerite Yourcenar. *Memoirs of Hadrian* (New York: Farrar Straus & Company, 1963), pp. 126–7.
5 Ibid., p. 128.
6 Marguerite Yourcenar, 'The Dark Brain of Piranesi' in *The Dark Brain of Piranesi and Other Essays* (New York: Farrar Straus Giroux, 1984), p. 97.
7 Paul Shepheard, 'Epilogue' in *The Cultivated Wilderness* (Cambridge, Massachusetts: The MIT Press, 1997).
8 Philip Beesley, 'Chthonian Projects' (autobiographical essay, August 6, 2006).
9 Philip Beesley, 'Reflexive Textile' in *Surface Design Journal*, Spring 1999, p. 9.
10 Philip Beesley, 'Chthonian Projects.'
11 Pierre Thibault, *Projects and Achievements* (Terrebonne, Quebec: Belle Publisher, 1997).
12 Gary Michael Dault, 'Situationist City,' *Canadian Architect*, November 2000, p. 21.
13 From a conversation with Jason King.
14 Andrew King, 'Romalux' (from a longer text description of Rome project, 2006).
15 Eleanor Clark, op.cit., p. 36

Le Prix de Rome : Les projets

Notes

1 Eleanor Clark, *Rome and a Villa*, New York, Doubleday, 1952, p. 19.
2 Joseph Brodsky, « Homage to Marcus Aurelius », *On Grief and Reason*, New York, Farrar Straus Giroux, 1995, p. 272.
3 Ibid., p. 281–282.
4 Marguerite Yourcenar, *Mémoires d'Hadrien*, coll. Folio, Paris, Gallimard, 2005, p. 141.
5 Ibid., p. 143.
6 Marguerite Yourcenar, « Le cerveau noir de Piranesi », *Sous bénéfice d'inventaire – Essais*, Paris, Gallimard, 1962, p. 127.
7 Paul Shepheard, « Epilogue », *The Cultivated Wilderness*, Cambridge, Mass., The MIT Press, 1997.
8 Philip Beesley, « Chthonian Projects » (essai autobiographique, 6 août 2006).
9 Philip Beesley, « Reflexive Textile », *Surface Design Journal* (printemps 1999), p. 9
10 Philip Beesley, « Chthonian Projects »
11 Pierre Thibault, *Temps et matérialité*, Montréal, Les Heures bleues, 1997, p. 16.
12 Gary Michael Dault, « Situationist City », *Canadian Architect* (novembre 2000), p. 21
13 En conversation avec Jason King.
14 Andrew King, « Romalux » (d'un plus long texte décrivant le projet de Rome, 2006).
15 Eleanor Clark, op. cit., p. 36.

House for Piranesi at Villa Adriana *Une maison pour Piranesi à la Villa Hadriana*

House for Piranesi at Villa Adriana

Upon winning the first Canadian Prix de Rome in Architecture in 1987, I asked several of my colleagues, 'Now that I have been awarded this Rome prize, what do you think?' Without exception, they responded, 'You don't like coffee, you don't like the sun, you don't drink wine, you don't like old architecture and you don't like claustrophobic spaces. You're a modernist! Why would you go to Rome?'

In retrospect, one of the clearest answers to this question is 'To meet Piranesi.' My visits to the French Academy, housed in the Villa Medici, revealed a world-class collection of first-edition Piranesi etchings, to which I was offered access. So began my relationship with Giovanni Battista, who left Venice in 1740 to work in Rome at a time when the city saw the unveiling of a relationship between the world of the Enlightenment and the city as palimpsest.

When we think of Piranesi, we usually refer to the dark beauty of the *Carceri d'Invenzione.* Oscillating between the beauty of the drawings and the dizzying, ruthless verticality of the spaces that some contend could only be the product of an altered, frenzied mind, Piranesian space is not about space at all; rather, it is about the triumph of the imagination over convention.

Piranesi's work must be understood in the context of the evolution of representation for which his generation was responsible. He developed and popularized a new mode of drawing: the drawing of invention, merging theatrical caprice, romantic painting, charcoal drawing, drypoint and etching techniques out of emotive necessity and a personal agenda to blur the distinction between reality and fantasy.

In the design of his villa, Hadrian (emperor and in all likelihood architect of the Pantheon) left us a collection of architectural monuments and fantasies. Its buildings and formal arrangement are manifestations of Hadrian's obsession with the construction of an ideal world, fashioned in part as reiterations of the architectural experiences absorbed during his travels.

In Piranesi's time, Roman architecture was dismissed as capricious and overwrought in relation to the pure (read *original*) simplicity of the Greek orders. The pluralist Piranesi did not see it this way, and he made it his life's ambition to restore what he saw as Roman architecture's rightful place at the forefront of culture. Nowhere does one find more grist for this mill than in the ruins of Hadrian's Villa.

Piranesi spent much of the last part of his life at Hadrian's Villa, surveying and drawing its monuments. For the year and a half that I regularly visited the villa, it

Une maison pour Piranesi à la Villa Hadriana

Quand j'ai remporté le premier Prix de Rome en architecture du Canada en 1987, j'ai posé la question suivante à plusieurs de mes collègues : « Que penses-tu du fait que j'ai gagné le Prix de Rome ? » Ils m'ont tous répondu : « Tu n'aimes pas le café ni le soleil, tu ne bois pas de vin, tu n'aimes pas l'architecture ancienne ni les espaces claustrophobes. T'es un moderniste ! Pourquoi irais-tu à Rome ? »

Avec le recul, je dirais qu'une des réponses les plus claires à cette question serait : « Pour rencontrer Piranesi. » En effet, à l'Académie de France à Rome, située dans la Villa Medici, j'ai eu accès à une collection, de calibre international, de premières éditions d'eaux-fortes de Piranesi. C'est ainsi qu'a commencé ma rencontre avec Giovanni Battista qui, en 1740, quittait Venise pour aller travailler à Rome au moment où la ville commençait à s'inscrire entre le monde des Lumières et la notion de ville comme palimpseste.

Lorsqu'on évoque Piranesi, on voit spontanément la beauté sombre des *Carceri d'invenzione* (*Les Prisons imaginaires*). Entre la beauté du dessin et la verticalité vertigineuse et impitoyable de l'espace qui, selon certains, ne peut être que le fruit d'un esprit dérangé et fébrile, l'espace piranésien ne parle pas du tout d'espace ; il parle plutôt du triomphe de l'imagination sur les conventions.

Le travail de Piranesi doit se comprendre dans le contexte de l'évolution de la représentation dont était responsable sa génération. Il a élaboré et popularisé une nouvelle méthode de dessin : le dessin inventif, alliant caprice théâtral, peinture romantique, dessin au fusain, technique à la pointe sèche et eau-forte pour répondre à une urgence émotive et à une volonté personnelle d'estomper les distinctions entre la réalité et l'imaginaire.

Dans la conception de sa villa, Adrien (empereur et fort probablement architecte du Panthéon) nous a légué une collection de monuments et d'inventions architecturales. Ses bâtiments et ses arrangements formels sont des manifestations de l'obsession d'Adrien pour la construction d'un monde idéal, matérialisé par la réitération des expériences architecturales qu'il avait absorbées en voyage.

Au temps de Piranesi, l'architecture romaine était rejetée parce qu'on la disait trop capricieuse et travaillée, en comparaison de la simplicité pure (c'est-à-dire *originale*) des ordres grecs. Piranesi, le pluraliste, ne l'entendait pas ainsi ; ce devint l'ambition de sa vie que de rendre à l'architecture romaine ce qu'il considérait être sa place légitime à l'avant-plan de la culture. Nulle part ailleurs ne trouve-t-on autant d'eau pour le moulin de Piranesi que dans les ruines de la villa d'Adrien.

was still possible to wander down into the *cryptoportici*, where one discovered an unedited inscription of the traces of visitation and intervention through the ages, from the rusted remains of the railway that transported the earth displaced through excavation to the graffiti of those romantic travellers whose ghosts are present in the musty darkness. In fact, if you know where to look, you can find the famous graffiti of Piranesi in the collapsed passage southeast of the Maritime Theatre. Piranesi's words lament the limitations that made his survey a race against time. In spite of those limitations, his famous plan is considered the benchmark survey of the villa.

Archaeologists are still studying the drawing. Long and beautiful, liberally annotated and rendered in a *trompe l'oeil* effect that would have us believe that it was drawn on marble, the plan was Piranesi's ideal drawing of an ideal world.

My obsession with Hadrian's Villa and Piranesi flourished in an architectural proposition that imagined a different hypothesis: a notion of the present, an interpretation of the villa that is in many ways both Roman and modern. My work comprised two trajectories of speculation. The first involved a Piranesian survey and the desire to get under, on top of and above the landscape. The second envisioned the latent tracings of the villa and sites within the archaeological park, influenced by history, in abeyance to the future.

Through drawings and sketch exercises, I explored ideas about form and landscape. These exercises concentrated on Hadrian's Villa, drawn as what was, prior to more recent restorations, a far more subtle historical bas-relief on a territory that did not force one to want to know all the truths, nor to distinguish between space, object, contour; rather, it allowed one to contemplate 'the spaces in between.' Fed by imaginings of how Piranesi would have appropriated the villa as his home away from home, I began working on a 'House for Piranesi at Hadrian's Villa,' a hypothetical centre for ongoing research. I produced a plan, and a project emerged on the site, co-planar to the land on the high side of a notable contour shift in the landscape. The structure took the form of a retaining wall, while defining an implicit trench-as-excavation, as the contour drops, exposing its nature in elevation.

Piranesi a passé la majeure partie de la fin de sa vie à la villa d'Adrien, exécutant des levés et des dessins de ses monuments. Pendant l'année et demie durant laquelle j'ai visité régulièrement la villa, il était encore possible de se promener jusqu'au cryptoportique où l'on découvrait des traces non éditées de visites et d'interventions à travers le temps, depuis les restes rouillés du chemin de fer qui transportait la terre déplacée par l'excavation jusqu'aux graffiti de voyageurs romantiques dont les fantômes sont toujours présents dans cette noirceur à l'odeur de moisi. En fait, si l'on sait où regarder, on peut trouver le fameux graffiti de Piranesi dans le passage effondré qui se trouve au sud-est du Théâtre maritime. Piranesi s'y plaint des restrictions qui transforment son levé en course contre le temps. Malgré ces restrictions, son célèbre plan demeure la référence en termes de levé de la villa.

Les archéologues étudient encore ce dessin. Long et beau, généreusement annoté et rendu avec un effet trompe-l'œil qui vise à donner l'impression d'avoir été dessiné sur du marbre, le plan constituait pour Piranesi le dessin idéal d'un monde idéal.

Mon obsession pour la villa d'Adrien et pour Piranesi a pris la forme d'une proposition architecturale qui avançait une hypothèse différente : une idée du présent, une interprétation de la villa qui est, de plusieurs manières, à la fois romaine et moderne. Mon travail comportait deux axes de spéculation. Le premier comprenait un levé piranésien et le désir d'aller sous, sur et au-dessus du paysage. Le second imaginait les traces latentes de la villa et des sites au sein d'un parc archéologique, influencé par l'histoire, distancié de l'avenir.

Par des dessins et des exercices d'esquisses, j'ai exploré certaines idées sur la forme et sur le paysage. Ces exercices portaient sur la villa d'Adrien, dessinée comme étant, avant de plus récentes restaurations, un bas-relief historique beaucoup plus subtil sur un territoire qui n'obligeait pas à vouloir connaître toutes les vérités ni à faire une distinction entre espace, objet et contour ; ils permettaient plutôt de contempler « les espaces entre ». Alimenté par ce que j'imaginais être la façon dont Piranesi se serait approprié la villa en tant que second chez-soi, j'ai commencé à travailler sur *Une maison pour Piranesi à la Villa Hadriana*, centre hypothétique d'une recherche en cours. J'ai produit un plan, et un projet est né sur le site, à la même hauteur que le sol sur la partie élevée d'un changement de courbe notable dans le paysage. La structure a pris la forme d'un mur de soutènement, tout en définissant une tranchée-excavation implicite, là où la courbe s'abaissait, exposant sa nature en élévation.

Other Projects

Laneway House (Toronto, 2004)
This house accommodates a family of five, including two pets, in an area of 111 square metres. Further, to take advantage of zoning provisions pertaining specifically to additions, the project needed to incorporate a structurally flawed, one-storey cottage that was on the site.

In this house, the distribution of spaces is inverted from the norm: sleeping areas are below and public areas are above.

The house is entered through a garden court, and a corridor running directly from the entrance leads to a second court. Bedroom doors are discreetly located on either side of the corridor, maintaining privacy. A number of devices exploit the small scale of the project: built-in desks and loft beds, each with its own full-length window, provide generous living areas for children in very small floor areas. In the master suite, a sunken tub overlooks the rear court, providing privacy and a view of a tiny garden.

An efficient stair directs visitors up to a loft-like space on the second floor that accommodates a kitchen, dining and living rooms in a space as generous as one would find in a house twice the size. Any evidence that this is a 'small' house is offset by ample space and light.

Student Centre, University of Toronto at Mississauga (1999)
This 3,000-square-metre project was selected from more than 100 other entries to an open design competition. Creating an image of democratic and open access, the building is sited at the crossroads of the student pedestrian circulation, literally drawing users through its volume. It provides students with a number of program opportunities including student offices, café and pub, newspaper facilities, games rooms, club rooms and meeting rooms, all situated under the expressive protection of a sheltering roof.

Umbra World Headquarters (Toronto, 1999)
This project comprises the renovation of a generic industrial building located on a major highway in a rather bleak landscape. The challenge was to create a fresh image that would represent the spirit of a youthful company in this inhospitable landscape. The client, a manufacturer of industrial designed products, required the project to be both timely and timeless, seemingly contradictory qualities

Autres projets

La maison Laneway (Toronto, 2004)
Dans cette maison vit une famille composée de cinq personnes et de deux animaux domestiques, sur une superficie de 111 mètres carrés. Pour tirer profit des clauses de zonage directement liées aux ajouts, le projet se devait d'incorporer un cottage d'un étage, imparfait sur le plan structurel, qui était déjà sur le site.

Dans cette maison, la distribution des espaces est inversée relativement à la norme : les chambres à coucher sont en bas et les zones publiques sont en haut.

On accède à la maison en passant par une cour-jardin, et un corridor partant directement de l'entrée mène à une deuxième cour. Les portes des chambres à coucher sont discrètement situées de part et d'autre du corridor, préservant ainsi l'intimité. Un certain nombre de dispositifs exploite la petite échelle du projet : des bureaux et des lits encastrés, chacun doté d'une fenêtre pleine longueur, offrent aux enfants des espaces de vie généreux sur de très petites superficies. Dans la suite principale, une baignoire enfoncée surplombe la cour arrière, fournissant de l'intimité de même qu'une vue sur un petit jardin.

Un escalier dirige les visiteurs à une pièce, au deuxième étage, qui se rapproche d'un loft et où se trouvent une cuisine, une salle à manger et un salon dans un espace généreux qu'on imaginerait dans une maison deux fois plus grande. En effet, tout ce qui pourrait porter à penser que cette maison est « petite » est compensé par l'utilisation de l'espace et par la lumière.

Le centre pour étudiants, University of Toronto à Mississauga (1999)
Ce projet de 3 000 mètres carrés a été sélectionné parmi plus de cent autres participants à un concours d'architecture ouvert. Donnant l'image d'un libre accès démocratique, le bâtiment est situé au cœur de la circulation étudiante pédestre, attirant littéralement les usagers par son volume. Il fournit aux étudiants un certain nombre de services dont des bureaux, un café et une brasserie, une distributrice de journaux, des salles de jeux, de détente et de réunions, tous réunis sous la protection d'un toit protecteur.

Le siège social d'Umbra (Toronto, 1999)
Ce projet porte sur la rénovation d'un bâtiment industriel générique, situé le long d'une grande route importante dans un paysage plutôt morne. Le défi était de créer une nouvelle image qui représenterait l'esprit d'une jeune compagnie dans ce paysage peu

Laneway House   La maison Laneway

Student Centre, University of Toronto at Mississauga   Le centre pour étudiants

Umbra World Headquarters   Le siège social d'Umbra

U2 Tower La tour U2

House on Clear Lake La maison à Clear Lake

Lake House La maison sur le lac

combining to create an unmistakable identity. The solution is an outer skin that acts like sunglasses, simultaneously masking and enhancing the subject.

Plastic was chosen as the major material, as it relates to the client's product, is possible to mass-produce and offers versatility in forming, colouring and detailing. It is lightweight and required less time to install than glass, which was critical to both cost and schedule.

The project consists of four essential components: a cantilevered screen mounted to the building, a freestanding screen addressing the entry, a sign/beacon identifying the building from the arterial road and a roof-mounted glass 'lantern' that creates a distinct architectural element deferring to the scale of highway while permitting diffuse light into the design department below. At night, the glowing sign/scrim enhances the project's visibility.

The translucent quality of the one-metre-square vacuum-formed panels capitalizes on changing light effects. Slots cut into the panels allow the building's occupants to have an 'edited view' of the surrounding landscape without feeling claustrophobic. A subtle glow radiates from the panels, creating soft light effects on the interior.

U2 Tower (Dublin, Ireland, 2002)

In response to an international open design competition, we proposed a hotel-tower-cum-icon at the gateway to Dublin's Port. The building's simple and subtle shape is a direct result of the zoning restrictions and program requirements. The multifluous material expression of the facades relates to sources of inspiration as diverse as the history of Dublin's coal port and the many colours of U2 lead singer Bono's endless collection of sunglasses.

House on Clear Lake, Manitoba (2005)

Like a prairie bison, this vacation house two and a half hours north of Winnipeg is wide at the shoulders and narrow at the hips. Its cladding of randomly laid and sized cedar shakes creates a mass that is at once solid and furry.

The house is mute and austere on the public side and breaks open on the south flank to take advantage of Manitoba's famous skies and sunsets, and on the north side to capitalize on the uninterrupted view of Riding Mountain National Park.

accueillant. Le client, un manufacturier de produits industriels spécialement conçus, souhaitait que le projet soit à la fois actuel et intemporel, deux qualités apparemment contradictoires qui s'alliaient pour créer une identité caractéristique. La solution a été un revêtement extérieur qui joue le rôle de verres fumés, masquant et soulignant à la fois le sujet.

Le plastique a été choisi comme matériau principal puisqu'il a un lien avec la marchandise du client, qu'il peut se produire en série et qu'il est polyvalent en ce qui a trait à la forme, à la couleur et au détail. Il est léger et requiert moins de temps pour son installation que le verre, lequel posait problème en termes de coût et d'échéancier.

Le projet comporte quatre composantes principales : un écran en porte-à-faux sur le bâtiment, un écran sur pied à l'entrée, un signe-phare identifiant le bâtiment depuis la route et une lanterne de verre, montée sur le toit, qui crée un élément architectural distinct par rapport à l'échelle de la route, tout en permettant à la lumière d'entrer dans le département de design qui est située au-dessous. La nuit, la lumière du signe-diffuseur accroît la visibilité du bâtiment.

La qualité translucide des panneaux d'un mètre carré, fabriqués sous vide, capitalise sur les effets de lumière variables. Des fentes pratiquées dans les panneaux permettent aux occupants du bâtiment d'avoir une vue partielle du paysage environnant et de ne pas se sentir claustrophobes. Une lueur subtile émane des panneaux, créant de doux effets de lumière à l'intérieur.

La tour U2 (Dublin, Irlande, 2002)

Répondant à un concours d'architecture international ouvert, nous avons proposé un hôtel-tour avec icône à l'entrée du port de Dublin. La forme simple et subtile du bâtiment résulte directement des clauses de zonage et des exigences du projet. L'expression matérielle variée des façades s'inspire de sources aussi variées que l'histoire du port de charbon de Dublin et les nombreuses couleurs de la collection de verres fumés de Bono, le chanteur de U2.

La maison à Clear Lake, Manitoba (2005)

Comme un bison des prairies, cette maison de vacances, située à deux heures et demie de route au nord de Winnipeg, a les épaules larges et les hanches étroites. Fait de bardeaux de cèdre de format et d'arrangement variés, son recouvrement crée une masse qui est à la fois solide et duveteuse.

La maison est discrète et austère du côté public, mais s'ouvre du côté sud pour profiter des célèbres cieux et couchers de soleil du Manitoba, et sur le côté nord pour exploiter la vue ininterrompue sur le parc national de Riding Mountain.

Lake House (Ontario, 2005)
This country house accommodates four generations of a family whose previous dwelling had been lost in a fire.

The house is conceived as an instrument that carefully choreographs and opens up a sequence of space that takes full advantage of its privileged site overlooking a bay.

Bedrooms, wet rooms, living spaces and circulation zones are organized in parallel bands. Movement between these bands is never dead-ended, creating a sense that one is floating toward the light and view.

The house is entirely glazed on two sides with clear, grey and mirrored glass to control views and sun. Its large area of over 460 square metres is broken down by a series of carefully located half-levels that allow the mass of the project to sit modestly on the site, ensuring that neighbouring homes are not unduly affected by its presence.

La maison sur le lac (Ontario, 2005)
Dans cette maison vivent quatre générations d'une famille dont la demeure précédente a été détruite lors d'une incendie.

La maison a été conçue comme un instrument qui orchestre soigneusement une séquence d'espaces et les ouvre pour profiter pleinement d'un site privilégié donné sur une baie.

Les chambres à coucher, les salles de bain et de lavage, les espaces vitaux et les zones de circulation sont organisés en bandes parallèles. Le mouvement entre ces bandes n'aboutit jamais sur un cul-de-sac, donnant plutôt l'impression de flotter vers la lumière et la vue sur l'extérieur.

La maison est complètement vitrée sur deux côtés avec un verre-miroir transparent et gris qui contrôle les vues et le soleil. Sa grande superficie de plus de 460 mètres carrés est entrecoupée par une série de demi-niveaux soigneusement placés pour permettre à la masse du bâtiment d'occuper modestement le site, faisant en sorte que les maisons environnantes ne sont pas trop affectées par sa présence.

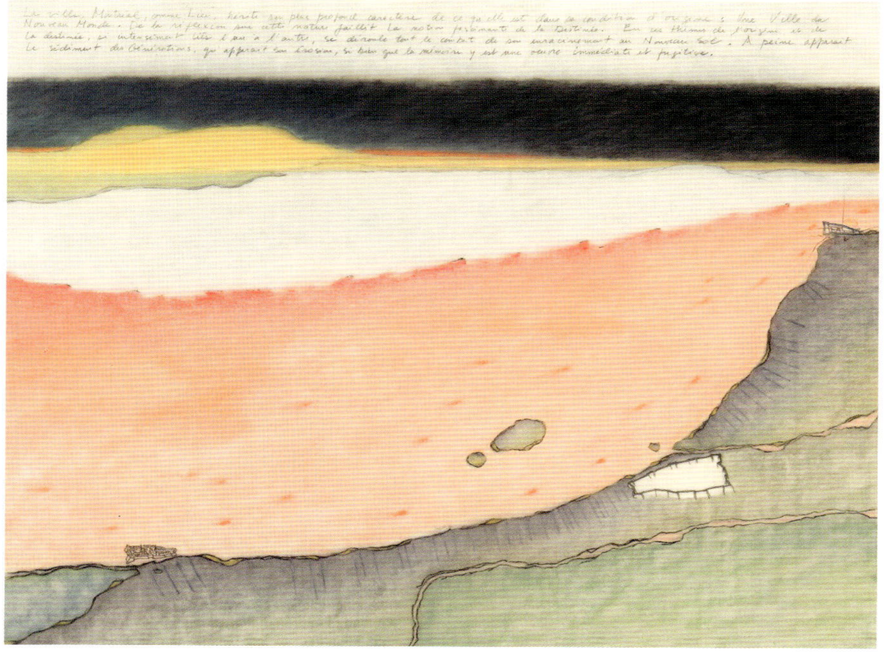

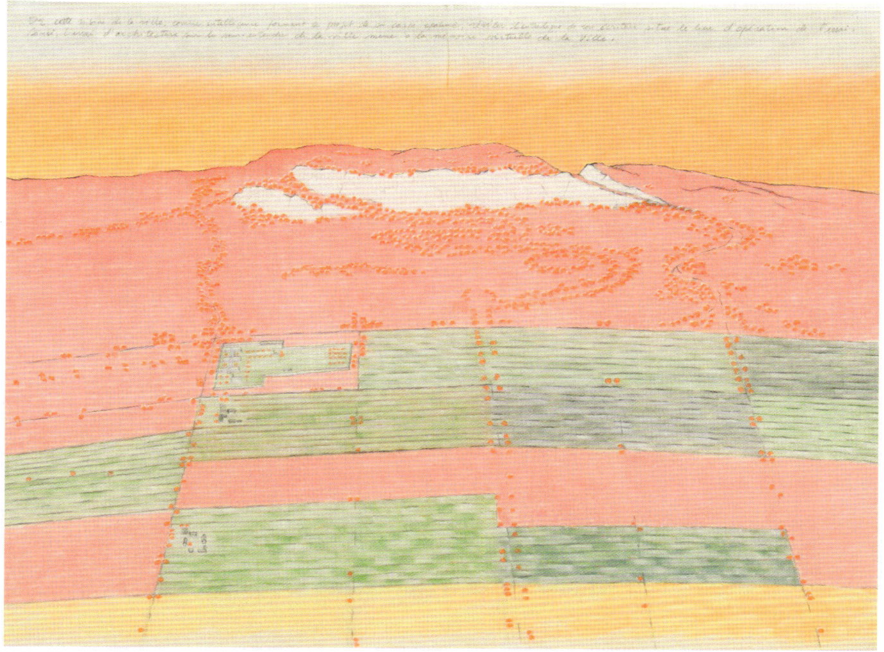

The Virtual Memory of Montreal   *La Mémoire Virtuelle de Montréal*

The Virtual Memory of Montreal

In the early 1980s, wanting to understand Montreal's structure, and studying the spatial entity at once embracing Mount Royal and Île Sainte-Hélène in the St. Lawrence River, I developed the concept of *Le Monument Ultime*, 'The Ultimate Monument.' This sensibility was captured in the title of a text published by Chantal Pontbriand in *Parachute* 36: '*Du lieu, vu du lieu vu*' – 'Regarding the site, seen from the site seen.' This was based on the idea that from the beginning, since the time of native inhabitation up to the present day, people have naturally gravitated to the top of Mount Royal to survey the view, while simultaneously others along the shore of Île Sainte-Hélène gaze at the river, the landscape and, beyond, the mount.

The synchronic and perennial condition of this spatial entity seemed to me the most powerful indication of this community's collective memory, captured in illustrations made by European settlers in the early eighteenth century. But how could one substantiate the monumental axis between these two poles? Was there a way to embody it into a contemporary memorial? Montreal's Old Port seemed an appropriate place to recall it all.

My stay in Rome offered me the opportunity to revisit these issues and formally translate, in part, *Le Monument Ultime* into *La Mémoire Virtuelle de Montréal*.

In Rome, I became fascinated with the omnipresence of archaeology – 6,000 years of it, five metres deep, testifying to the resilience of the land, one grown mature through successes and failures. Layered generations, layered times, alive through us, contemporary witnesses. Then, one question puzzled me. What significant archaeology did the New World carry deep in its ground for us to unfold into our future? Four hundred years of European settlement and the First Nations' long presence being our most direct links to our land's spirit, artifacts have come up through meticulous search that only leave us yearning for more. Ecofacts were the next layer, telling us in more intimate detail how people lived their daily lives in the New World.

Observing the thinness of our depository relative to Rome's, and acknowledging how fugitive is our memory – as our sedimentary layers barely have time to settle before they get eroded through our own search for speed and immediacy – I thought I should look for primal sources as I marvelled at the idea that beyond the sixty or so centimetres of our own archaeology lay prehistory. It occurred to me that the New World, and thus the youngest countries, were yet the oldest.

La Mémoire Virtuelle de Montréal

Au début des années 1980, voulant comprendre la structure de Montréal et étudier le mont Royal et l'île Sainte-Hélène dans le fleuve Saint-Laurent comme une entité spatiale, j'ai développé le concept *Le Monument Ultime* dont Chantal Pontbriand a parfaitement saisi la sensibilité dans un texte publié dans le numéro 36 de la revue Parachute sous le titre 'Du lieu, vu du lieu vu.' L'idée de base était que, depuis l'arrivée des premiers habitants jusqu'à aujourd'hui, une partie de la population a pris l'habitude de monter au sommet du mont Royal pour regarder la vue, tandis qu'une autre observe le fleuve, le paysage et plus loin le mont Royal, depuis la rive de l'Île Sainte-Hélène.

Le caractère simultané et perpétuel de cette entité spatiale me semblait être la marque la plus puissante de la mémoire collective de cette communauté, qui se manifeste dans certaines illustrations réalisées par les premiers colons européens au début du dix-huitième siècle. Mais comment pouvait-on concrétiser l'axe monumental existant entre les deux pôles? Y avait-il moyen de l'incarner sous forme d'un mémorial contemporain? Le Vieux-Port de Montréal semblait un endroit approprié pour évoquer cette situation.

Mon séjour à Rome m'a permis de me pencher sur ces questions et de transformer formellement une partie du *Monument Ultime* en *La Mémoire Virtuelle de Montréal*.

À Rome, j'ai été fasciné par l'omniprésence de l'archéologie – depuis six mille années, à cinq mètres de profondeur, signe de la grande résilience déployée par ce pays à travers les succès et les échecs. Accumulation de générations, de temps, vivantes à travers nous, témoins d'aujourd'hui. Quelle archéologie signifiante enfouie dans le sol du Nouveau Monde allions-nous dévoiler au futur? Suite aux quatre cents années de colonisation européenne et à la présence très ancienne des Premières Nations qui représentent nos liens les plus directs avec l'esprit de notre pays, des fouilles méticuleuses ont révélé la présence d'artefacts qui laissent espérer que de nombreux autres apparaîtront. Il y a ensuite les écofacts qui nous livrent plus de détails sur la vie quotidienne des habitants du Nouveau Monde.

Conscient de la ténuité de notre dépôt comparé à celui de Rome et voyant combien notre mémoire est fugitive – nos couches sédimentaires ont à peine le temps de se poser avant d'être érodées par notre propre quête de la vitesse et de l'immédiateté – j'ai pensé que je devrais partir à la recherche de sources primaires, m'émerveillant à l'idée que sous les quelque soixante centimètres de notre archéologie se trouvait notre préhistoire. J'ai eu le sentiment que le Nouveau Monde, et donc les pays les plus jeunes, étaient aussi les plus anciens.

'Les pays les plus jeunes sont encore les plus vieux.'

Acknowledging that this land rose out of the Champlain Sea, I searched for the last beach and the first alluvial island on the site of Montreal's Old Port. I then thought this project could testify to *Le Monument Ultime* and become, in part, a memorial to it ...

I needed to reach for roots deeper than those my eyes could see and my hands could seize. I so imagined them, rediscovering a landscape, a shore, an island – virtually remodelling the land to what it was before anyone ever made it *their* land. *Le pays avant le pays* – 'The land before the land' – is one of two inception drawings that recall our prehistory and settlement.

The white engravings that followed the inception drawings laid out the urban plan for a New Port, exploring a strategy for a memorial, enhancing the primitive features of the site, reinventing the beach that once was, building it artificially to then allow for the first alluvial island to rise and stand as the genesis of human settlement.

The white engravings thus reflect on a possible memory, admittedly not representative of a physical reality but rather of a virtual one – one longed for, one raising spirit and myth. In the end, these paper-thin engravings were to become the memorial to *Le Monument Ultime*, loaded with *La Mémoire Virtuelle de Montréal*.

Other Projects

Bar Business (Montreal, 1985)

Located on the ground floor of a Montreal warehouse, Bar Business provided a setting for frequently scheduled events or *spectacles*. In addition to accommodating the bar and dance-floor facilities typical of any such establishment, Bar Business was conceived as a theatrical setting for a wide variety of public events.

The bar's architectural vocabulary draws inspiration from the industrial language of the original warehouse, adopting the highly ordered concrete structure as a framework within which vibrates the much livelier, more chaotic character of the new occupancy. Service spaces such as the bar counter, kitchen and washrooms are firmly anchored to the structure, in sharp contrast to more active elements like the dance floor and stage, which seem to explode out of the static order of the warehouse's structural logic. This is further emphasized by a decorative motif based on construction elements – chunks of ceiling and wall – that appear to have broken free from the building and been violently thrown, and

« Les pays les plus jeunes sont encore les plus vieux. »

Sachant que ce pays a surgi de la Mer de Champlain, je suis parti à la recherche de la dernière plage et de la première île alluviale sur le site du Vieux-Port de Montréal; il m'est apparu que ce projet pourrait témoigner du *Monument Ultime* et lui servir partiellement de mémorial...

Il me fallait accéder à des racines plus profondes que celles que mes yeux pouvaient voir et mes mains capter. Je les ai alors imaginés redécouvrant un paysage, un rivage, une île – remodelant pour ainsi dire le pays tel qu'il était avant que quiconque décide de se l'approprier. *Le pays avant le pays* est l'une des deux ébauches que j'ai dessinées pour rappeler notre préhistoire et notre colonisation.

Les gravures blanches qui ont suivi les premières ébauches dressaient le plan d'un nouveau Port, explorant une stratégie pour un mémorial, soulignant les traits primitifs du site, réinventant la plage qu'on pouvait voir autrefois et la construisant artificiellement pour permettre ensuite à la première île alluviale de surgir et d'exister comme la genèse de l'installation humaine.

Les gravures blanches sont donc le reflet d'une mémoire possible, qui ne représente sans doute pas une réalité physique mais plutôt une réalité virtuelle, à laquelle on aspire, propre à susciter l'esprit et le mythe. Éventuellement, ces gravures fines comme du papier allaient devenir le mémorial pour *Le Monument Ultime*, chargé de *La Mémoire Virtuelle de Montréal*.

Autres projets

Bar Business (Montréal, 1985)

Situé au rez-de-chaussée d'un entrepôt de Montréal, Bar Business accueillait régulièrement des événements ou des spectacles. Outre les espaces consacrés au bar et à la danse et typiques de ce genre d'établissement, Bar Business a été conçu comme un lieu théâtral pouvant servir à une grande diversité d'événements publics.

Le vocabulaire architectural du bar s'inspire du langage industriel original de l'entrepôt, faisant de sa structure en béton très ordonnée un cadre propice aux vibrations dues aux nouvelles activités plus vivantes et plus chaotiques qui emplissent désormais l'édifice. Les espaces de service tels que le comptoir du bar, la cuisine et les toilettes sont solidement ancrées dans la structure, dans un net contraste avec les éléments plus actifs comme l'espace et la scène réservés à la danse qui semblent exploser hors de l'ordre statique imposé par la structure logique de l'entrepôt. Cette rupture est soulignée par un motif décoratif réalisé à base d'éléments de construction – fragments de plafond et de murs – qui semblent s'être détachés de l'édifice et avoir été violemment projetés

Bar Business

House on rue Coloniale/La Maison Coloniale

some of which pierce the facade, signalling to passersby the remarkable transformation that can be found inside. This is also emblematic of a larger urban phenomenon: that of the economic transformation of the inner city as industry moves to the suburbs, abandoning former urban industrial sites for conversion into places of recreation.

The house on rue Coloniale (Montreal, 1990)
The house on rue Coloniale is located in the Plateau Mont-Royal district of Montreal, at the corner of rue Marie-Anne and rue Coloniale – from whence derives its provocative name. I designed the house as my family home and architectural studio. Inspired in part by the morphology of the typical Montreal three-storey walk-up and internalizing the familiar spiral staircase, the house on rue Coloniale emerges from the ground into horizontal layers: the basement and ground floor house the architecture studio, the second floor is given over to the residential 'day rooms' – kitchen, dining, living – and is the most transparent of the three levels, while the third floor accommodates bedrooms – the 'night' program.

The horizontal layering of program spaces onto different floors is complemented by the vertical layering of the building section, with the main spaces overlooking rue Marie-Anne and service and circulation spaces backing onto adjacent properties. Despite the generous glazing at the second level, the house is primarily expressed as two solid, fortress-like towers rendered in rough concrete concealing an expressive interior steel structure, inspired by the city's industrial architecture. Its primary orientation is to the south, facing the St. Lawrence River in the distance; since it is on a corner site, it also faces Mount Royal, reflecting my understanding of these two primary elements as defining conditions of the city's identity.

et dont quelques uns transpercent la façade, signalant aux passants la transformation remarquable opérée à l'intérieur. Cette dernière est également emblématique d'un phénomène urbain à plus grande échelle : le déplacement du centre économique industriel de la ville vers les banlieues, qui entraîne la conversion d'anciens sites industriels en lieux récréatifs.

La Maison Coloniale (Montréal, 1990)
La Maison Coloniale se trouve dans l'arrondissement du Plateau Mont-Royal, au coin de la rue Marie-Anne et de la rue Coloniale, d'où cette dénomination audacieuse dont elle est affublée. J'ai fait de cette maison une résidence familiale et un bureau d'architecte. Inspirée en partie par la morphologie du triplex montréalais et intériorisant l'escalier circulaire typique de nos quartiers, la Maison Coloniale émerge du sol en couches horizontales : le sous-sol et le rez-de-chaussée sont consacrés au bureau d'architecte ; le deuxième étage, conçu comme le plus transparent des trois niveaux, abrite les espaces résidentiels diurnes (cuisine, salle à manger, salon), tandis que le troisième étage, voué au programme nocturne, comprend les chambres à coucher.

À la programmation horizontale des espaces sur les différents étages répond une répartition verticale de la section du bâtiment, avec les espaces principaux donnant sur la rue Marie-Anne et les espaces de service et de circulation, sur les propriétés adjacentes. En dépit du fenêtrage généreux qui caractérise le deuxième étage, le caractère original de la maison réside dans les deux tours massives en béton rugueux, proches de celles d'une forteresse, qui dissimulent une structure intérieure en acier expressive, inspirée par l'architecture industrielle de la ville. L'édifice est orienté vers le sud, faisant face au fleuve Saint-Laurent situé à quelques kilomètres; construit sur un coin, il fait également face au mont Royal, faisant ainsi écho à ma compréhension de ces deux éléments de base comme les conditions mêmes de l'identité de la ville.

SOPHIE CHARLEBOIS

Other Projects

Gallimard Bookstore (Montreal, 2001)

Located at 3700 boulevard Saint-Laurent in Montreal's Plateau Mont-Royal neighbourhood, this project involved the extensive renovation of a bookstore, including the design of the furniture and the transformation of the facade. The project received a Prix Commerce Design Montreal award in 2001.

The Tree House (Montreal Botanical Garden, 1996; with Charlebois Malo Péloquin Architectes)

The Tree House is an exhibition, interpretation and information centre that supports the educational program of the Montreal Botanical Garden's Arboretum. The building organization is based on three major classical garden forms. A colonnade of glue-laminated timbers recalls the formal linearity of the allée, while the curved form of the main exibition space overlooking the Arboretum evokes a sinuous path on the edge of a forest; the mystery of the grotto is represented by the darker, windowless temporary exhibition room. Appropriately, wood is the primary construction material, with an emphasis on local Quebec and other Canadian species, including white pine, balsam fir, white spruce, sugar maple, yellow birch and Douglas fir comprising both structure and finish.

Pierre Dorion House (Montreal, 1992 and 2005)

This project involved the transformation of an existing duplex on rue Saint-Christophe into a single-family home. Originally renovated in 1992, the house features a staircase constructed around a column and the integration of balusters salvaged by the homeowner from a demolished church into a new banister. In 2005, a storey accommodating a painting studio was added to the top of the house.

Autres projets

Librairie Gallimard (Montréal, 2001)

Situé au 3700 Boulevard Saint-Laurent à Montréal, sur le Plâteau Mont-Royal, ce projet consiste de la transformation de la librairie, design de mobilier et la transformation de sa façade. Le projet a reçu le prix commerce Design Montréal en 2001.

La Maison de l'Arbre (Jardin Botanique de Montréal, 1996 ; avec Charlebois Malo Péloquin Architectes)

La Maison de l'Arbre s'agit d'un centre d'expositions, d'interprétation et de diffusion pour développer le potentiel éducatif des collections de l'Arboretum. L'organisation du batiment s'inspire de trois grandes formes classiques des jardins. Une colonnade de bois lamellé-collé représentent l'allée royale, avec ses arbres rigoureusement alignés, et la forme de la salle d'exposition permanente, qui se ouvre sur l'Arboretum, évoque le sentier sinueux en bordure de la forêt ; le mystère de la grotte est representé dans la salle d'exposition temporaire, plus sombre et sans ouverture directe vers l'extérieur. Justement, le bois est utilisé comme material de construction, en particulier les bois locaux, provenant d'espèces québécoises et canadiennes : pin blanc, sapin baumier, épinette-blanche, érable à sucre, bouleau jaune et sapin de Douglas servent à la structure ou à la finition.

Maison Pierre Dorion (Montréal, 1992 et 2005)

Ce duplex situé sur la rue Saint-Christophe était transformé en maison unifamiliale en 1992. À l'intérieur, un escalier était construit autour d'une colonne, et des balustres trouvées par l'artiste dans une ancienne église en démolition étaient intégrés dans la balustrade de l'étage. En 2005, on a ajouté un étage au toit pour l'atelier du peintre.

Gallimard Bookstore Librairie Gallimard

Tree House, Montreal Botanical Garden Maison de l'Arbre, Jardin Botanique de Montréal

Narrazioni Romane

Narrazioni Romane

Narrazioni Romane is an existential inquiry into the temporality of architectural structures and sequences. A specific itinerary (with deviations) is mapped through the Eternal City, starting at the bed of the Tiber River below the Ponte Cestius, moving up through the labyrinth of the ghetto to the mountain (the Campidoglio). This mapping does not follow any cartographic precedents. It is the mapping of the transmutation of my own perceptions and memories, as a path is charted, traced and retraced over time, enfolding the rest of the city in its movement and its import. What emerges is a network of intentionalities that anchor me to this place and its history, as I walk to and fro in this deep, dark earth.

This network of intentionalities is both personal and of this place. What continues to intrigue me is how the city has endured through a succession of changing states: the manner in which it has concretized time, myth and memory; the manner in which it opens a dimension of our being that causes us to see, even in the shortest succession of temporal events, those patterns of mental and psychic life that also characterize the formation of the physical fabric of the city. The Eternal City is, as Freud noted, a metaphor for the human mind.

Rome is all superimposition, simultaneous presence and multiple exposures, each exposure modifying the next: the extreme darkness or the extreme light persisting most strongly through subsequent strata or epochs. Lying concealed for centuries, maturing in darkness, gathering time, compressing time, percolating into the present, buried and exhumed, folded and refolded, broken and reassembled, torn and worn, worn and torn again; the fabric of memory, of earth, water and fire. The chiaroscuro of time. The sediment of motion.

These works are not concerned, therefore, with an examination of Rome as though it were a petrified corpse or a succession of temporal maps or snapshots from birth through childhood to middle and old age. The child, the lover, the old man – all are enfolded, mirrored and superimposed on shifting sands. The Rome of today, of yesterday and of the distant past circulates and percolates in the Rome of any moment. This is the 'field of presence' examined through these works. It is both a real place, encountered and mined every day, and a place of memory and imagination.

The first series of works, *Delayed Expectations*, attempts to reach through a thin layer of time. They mark the trajectory of eye and body movement, mapped into specific spaces through freeze-frame photographs, such that at each

Narrazioni Romane

Narrazioni Romane est une investigation existentielle de la temporalité des structures et des séries architecturales. Un itinéraire spécifique (avec des détours) se dessine à travers la Ville éternelle, depuis les rives du Tibre sous le Pont Cestius jusqu'en haut du Capitole en passant par le labyrinthe du ghetto. Ce trajet ne correspond à aucune cartographie précédemment établie. C'est la carte de la transmutation de mes propres perceptions et mémoires, le graphique d'un chemin tracé et retracé à travers le temps, qui englobe le reste de la ville dans son mouvement et sa signification. Il en résulte un réseau d'intentionnalités qui m'ancrent dans ce lieu et son histoire à mesure que j'arpente cette terre sombre et profonde.

Ce réseau d'intentionnalités est à la fois personnel et lié à ce lieu. Ce qui m'intrigue toujours, c'est comment la ville a supporté tout un chapelet d'états changeants : la façon dont elle a matérialisé temps, mythe et mémoire ; la façon dont cela éveille en nous une dimension qui nous fait voir, même dans la plus brève séquence d'événements temporels, ces trames de vie mentale et psychique qui caractérisent aussi la formation du tissu matériel de la ville. Comme l'a noté Freud, la Ville éternelle est une métaphore de l'esprit humain.

Rome est entièrement faite de superpositions, de présence simultanée et d'expositions multiples, chacune d'elles modifiant la suivante : l'obscurité profonde ou la lumière vive persistant avec force à travers les strates et les époques qui suivent. Ensevelie durant des siècles, grandissant dans l'obscurité, accumulant du temps et comprimant celui-ci, se disséminant dans le présent, enterrée et exhumée, pliée et repliée, brisée et reconstituée, déchirée et abîmée, à nouveau abîmée et déchirée ; la trame de la mémoire, de la terre, de l'eau et du feu. Le clair-obscur du temps. La sédimentation du mouvement.

Ces oeuvres ne s'attachent pas à étudier Rome comme s'il s'agissait d'un corps pétrifié ou d'une suite de cartes temporelles ou d'instantanés couvrant la naissance jusqu'à l'époque de la maturité et de la vieillesse en passant par l'enfance. L'enfant, l'amant, le vieil homme : tous trois sont enroulés, reflétés et superposés sur des sables mouvants. La Rome d'aujourd'hui, d'hier et du passé lointain imprègne et pénètre la Rome de n'importe quel moment. Tel est le « champ de présence » examiné dans ces travaux. C'est à la fois un lieu réel, rencontré et sondé chaque jour, et un lieu de mémoire et d'imagination.

Intitulée *Delayed Expectations*, la première série tente de pénétrer une fine strate de temps à travers des œuvres qui marquent le trajet du mouvement de l'œil et du corps

successive instant of a movement the preceding movement is not lost sight of. This succession of positions is presented simultaneously as the body traverses short arcs of space and time in the 'Il Moro/Portico di Ottavia Narration'; or through a rotation of the head in the 'Navona Narration.' The 'TiberTime Narration,' much like the 'Il Moro/Portico di Ottavia Narration,' intercuts different blocks of time into the sequence (flooding and low water sequences in the former, and day and night sequences in the latter). 'Departing Narrations' contrasts the slow, enfolding rhythms of ancient columns and newly grafted conduits with the rotational thrust of a quicker time.

The second series, *The Alchemy of Time*, attempts to reach into the caesura where time darkens and thickens, and where those transmutations of memory, dream and imagination cut and filter through one another. They take their cues from the percolating layers of the city's history, and favour superimpositions and interpenetrations of matter and memory. Movement is replaced by the traces of age, such that the past becomes visible in the present, and one sees change in the midst of continuity. They act, therefore, both in the process of their making and in their material and spatial formations, as metaphors for the transmutations and ruptures of the city itself.

Other Projects

Skin of fLight (Toronto)

Skin of fLight I (finalist in an invited international competition) was a proposed sculptural installation suspended below the oculus of Node E in the New Terminal 1 of Toronto's Lester B. Pearson International Airport. Precipitated at the threshold where light and flight meet, it was conceived as an animate vessel formed by fluid vectors of wind and light, acting on, registering in and filtering through light-sensitive skins.

Skin of fLight III (the winner of a second international competition), cut and cast in bronze, blooms dark with tides and the alchemy of time. It was installed in November 2006 in Hammerhead F of Lester B. Pearson International Airport, along with commissioned works by Richard Serra and Gwynn Merrill.

représenté sous forme d'espaces spécifiques dans des arrêts sur image, de telle sorte que, pour chaque instant d'un mouvement, l'œil dispose de l'image du mouvement précédent. Cette suite de positions est présentée en même temps que le corps traverse de courts arcs d'espace et de temps dans 'Il Moro/Portico di Ottavia Narration' ; ou bien, par une rotation de la tête dans « Navona Narration ». « TiberTime Narration », à l'instar de 'Il Moro/Portico di Ottavia Narration,' entremêle différents blocs de temps dans une séquence (la première œuvre figurant le flux et le reflux des eaux, tandis que la seconde montre l'alternance du jour et de la nuit). « Departing Narrations » met en valeur le contraste entre les rythmes lents et enveloppants des anciennes colonnes et des conduits nouvellement placés avec la poussée rotationnelle d'un temps plus rapide.

The Alchemy of Time, la seconde série, tente de pénétrer au coeur de cette césure où le temps s'obscurcit et s'épaissit et où ces transmutations de la mémoire, du rêve et de l'imagination s'entrecoupent et s'infiltrent l'une l'autre. S'inspirant de cette contamination entre strates propre à l'histoire de la ville, les œuvres privilégient les superpositions et les interpénétrations de la matière et de la mémoire. Le mouvement est remplacé par les traces du vieillissement, de sorte que le passé devient visible au présent et le changement se perçoit à l'intérieur d'une continuité. Par conséquent, dans le processus de leur fabrication et dans leur formation matérielle et spatiale, elles jouent le rôle de métaphores des transmutations et des ruptures de la ville elle-même.

Autres projets

Skin of fLight (Toronto)

Skin of fLight I (finaliste dans une compétition d'invités internationale) est une installation sculpturale placée sous l'oculus du Node E du nouveau Terminal 1 de l'Aérogare Internationale Lester B. Pearson de Toronto. Précipité sur le seuil où se rencontrent la lumière et le vol, ce point nodal a été conçu comme un vaisseau animé formé par les vecteurs fluides du vent et de la lumière, agissant, enregistrant et filtrant à travers de peaux sensibles à la lumière.

Skin of fLight III (la gagnante d'une deuxième compétition internationale), coupée et moulée en bronze, épanouit avec les marées et l'alchimie du temps. Elle a été installée au mois de novembre 2006 dans l'espace Hammerhead F de l'Aérogare Internationale Lester B. Pearson, à côté de travaux par Richard Serra et Gwynn Merrill.

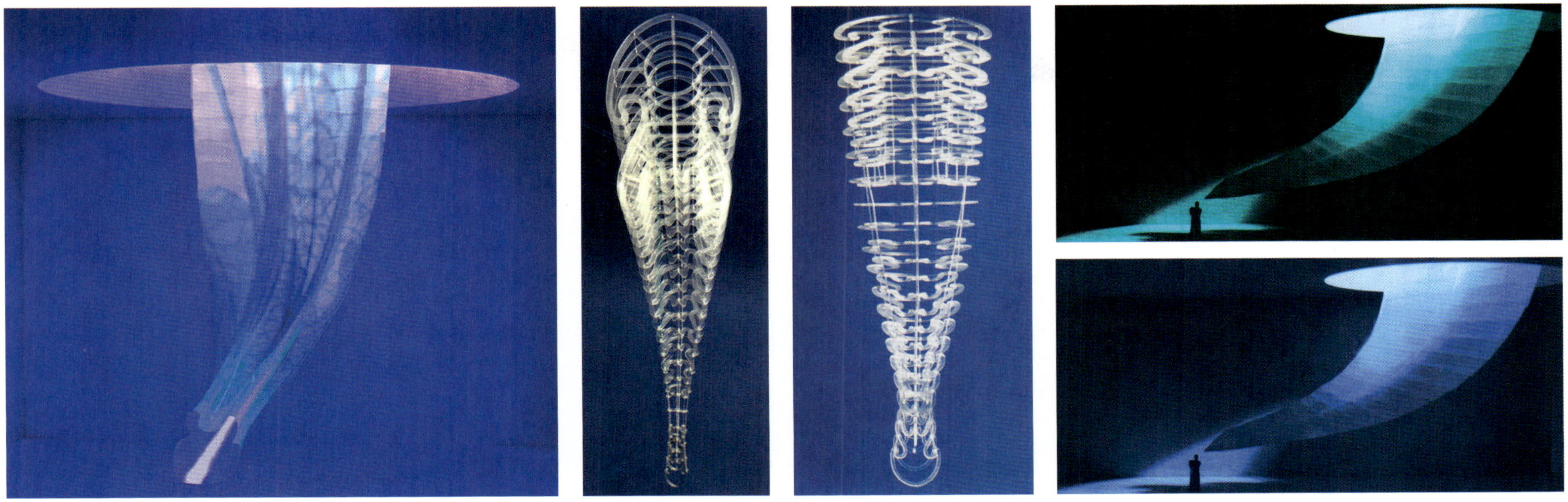

Skin of fLight I

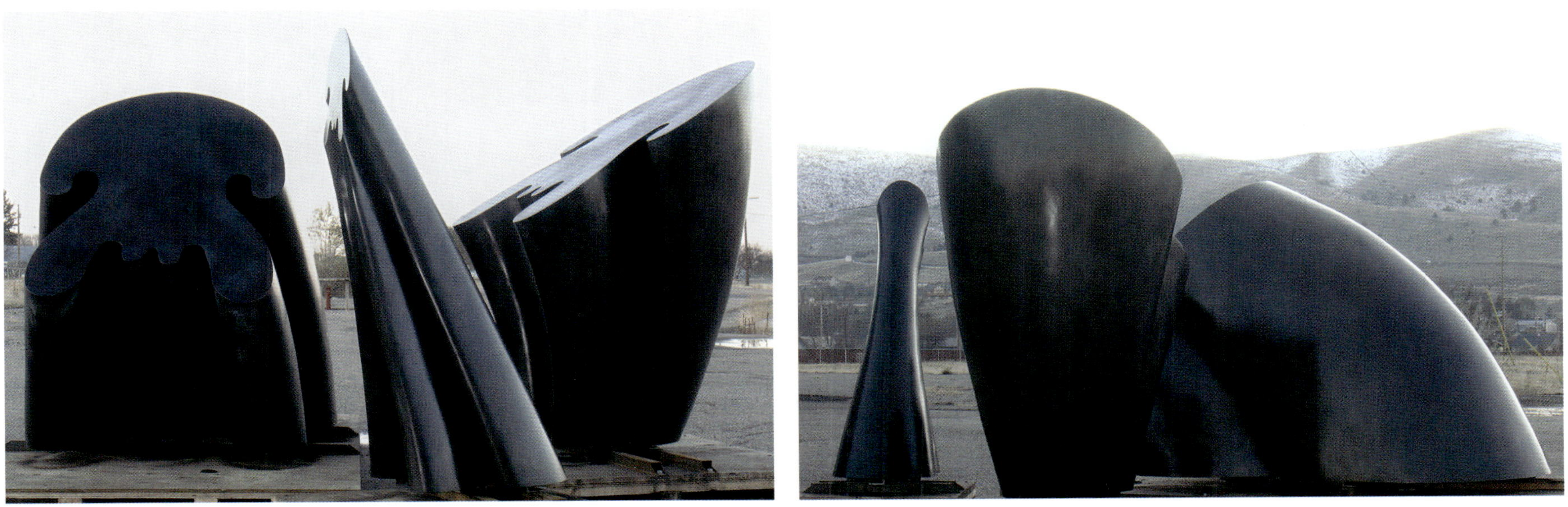

Skin of fLight III

DERECK REVINGTON

The Luminous Veil   Le voile lumineux

The Luminous Veil (Toronto, 2003)
Completed in 1919, the Prince Edward Viaduct ranks among Toronto's most highly regarded civic monuments. The viaduct spans the Don Valley and represents a moment in the city's history when public infrastructure was considered an artifact of aesthetic and cultural significance. However, over the course of its history, the Prince Edward Viaduct had been the site of some 480 suicides, earning the title 'the Bridge of Death.'

Following several high-profile incidents, in July 1998 Toronto city council announced a two-stage national competition for the design of a suicide barrier at the viaduct. *The Luminous Veil*, the winning entry designed by Dereck Revington Studio with the Yolles Partnership as structural engineers, creates a tremulous spatial fabric that extends from bank to bank on each side of the bridge. A series of galvanized steel bow-string masts suspend a horizontal V truss of welded rolled steel plate sixteen feet above the bridge deck. This truss and the balustrade below, fitted with a wood handrail of naturally finished Brazilian Ipé, hold in tension the *Veil*'s oscillating double layer of stainless-steel rods that create the essential barrier between the sidewalk and the valley below.

An inner layer of irregularly spaced 3/8-inch stainless-steel rods creates an undulating visual field, set in syncopation with the regular five-inch increment of an outer layer of cables. The layered vertical fields act in parallax to provide a range of perceptual effects varying with distance, direction and velocity of movement, offering a variety of spatial effects to motorists, cyclists and pedestrians as they cross one of Toronto's most powerful sites. The shimmering, tremulous quality of the veil suggests the ephemeral and tenuous nature of the divide between life and death.

The Luminous Veil (Toronto, 2003)
Achevé en 1919, le viaduc Prince Edward compte parmi les monuments torontois les plus admirés. Édifié par-dessus la Don Valley, il représente dans l'histoire de la ville une époque où l'infrastructure publique était considérée comme un artefact esthétique et culturel important. Cependant, au cours de son histoire, ce viaduc a été le théâtre de 480 suicides qui lui ont valu le surnom de « Pont de la Mort ».

En juin 1998, suite à plusieurs incidents graves, le Conseil municipal de la ville de Toronto a annoncé que la conception d'une barrière anti-suicide pour le viaduc allait faire l'objet d'un concours national en deux étapes. *The Luminous Veil*, le projet lauréat conçu par Dereck Revington Studio avec la collaboration d'ingénieurs de Yolles Partnership, consiste en un voile spatial vibrant qui s'étend de chaque côté du pont. Une série de barres en acier galvanisé de la grosseur d'une corde maintient en suspension une poutre horizontale en V d'acier corroyé et laminé seize pieds au-dessus de la voie du pont. Cette poutre et la balustrade en-dessous, complétée d'une rampe en bois ipé brésilien naturel, maintiennent en tension la double rangée de barres et en acier inoxydable du *voile* souple qui crée l'indispensable barrière entre le trottoir et la vallée en-dessous.

À l'intérieur, une rangée de barres en acier inoxydable d'un diamètre de 3/8e de pouce et irrégulièrement espacées forme un champ visuel ondulant qui s'harmonise avec la rangée extérieure formée par l'alignement régulier des câbles distants de cinq pouces. L'agencement des champs verticaux forme une parallaxe de façon à susciter différentes perceptions selon la distance, la direction et la rapidité du mouvement, offrant aux automobilistes, cyclistes et piétons toute une diversité d'effets spatiaux alors qu'ils traversent ce pont qui compte parmi les sites les plus prestigieux de Toronto. La qualité chatoyante et vibrante du voile suggère la nature éphémère et fragile du fil qui sépare la vie de la mort.

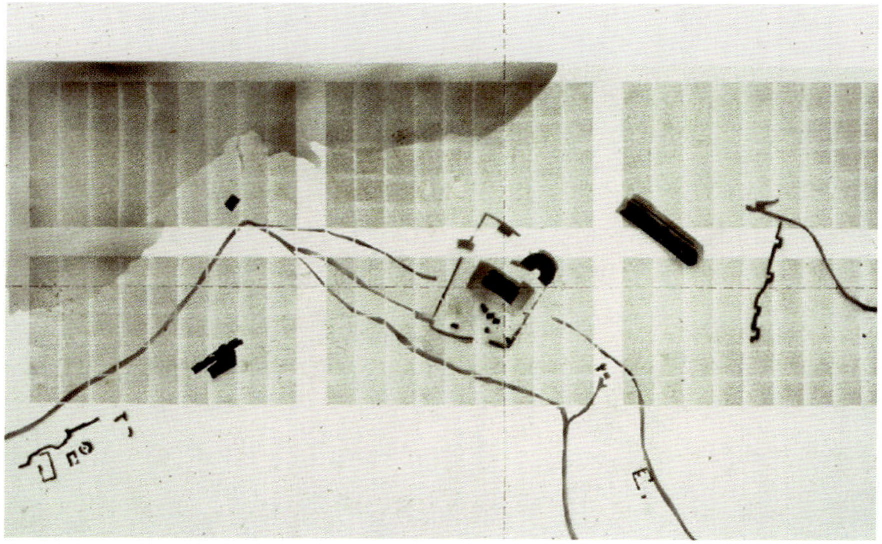

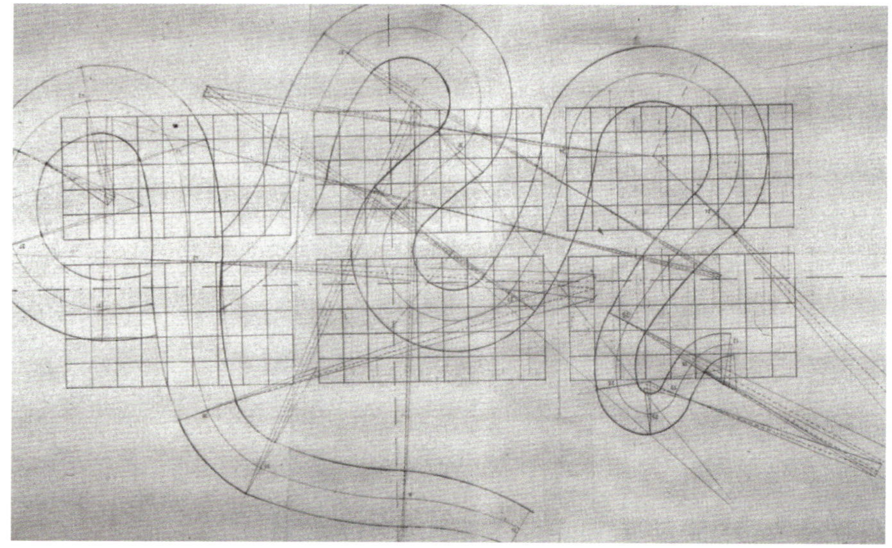

The Garden of Febo and Pitone *Le jardin de Febo et Pitone*

The Garden of Febo and Pitone

My investigation juxtaposed two fundamentally distinct spatial constructs historically embedded in architectural experience: *symbolic* and *perspectival* space. Within the project these constructs refer to transitional moments in the evolution of Western cultural consciousness: first, the shift from the Archaic to the Olympian era in antiquity, and second, Leon Battista Alberti's pivotal Renaissance discovery of a consistent perspectival drawing technique.

The site of the antique sanctuary of Delphi, latterly dedicated to the god Apollo, serves as the point of departure for the project. In antiquity, the Delphic sanctuary was noted as the location of the omphalos, or 'navel stone' of the earth; this carved stone was found during excavations in the late nineteenth century near the Temple of Apollo, suggesting the location, within Greek mythology, as the centre of the earth. The site forms the backdrop for a narrative of transition described in Homer's *Hymn to Pythian Apollo*, where Phoebus Apollo, one of the twelve Olympian gods, dispatches the serpent Python, a monster personifying archaic earth deities: 'Whosoever met her, on him she would bring the day of doom, until the King, Far Darting Apollo, let loose upon her his arrow in his strength. Then rent with grievous pangs she lay panting sorely and rolled over the ground. A weird, awful sound arose. Hither and thither through the wood full many times she rolled, and left her murderous soul in death. Over her Phoebus Apollo invoked this curse: "There now rot upon the fruitful ground. Thou at least shalt no longer live to be a woeful scourge to the folk who eating the fruit of the fertile land shall bring hither perfect hecatombs. …"'

The event marks a threshold between the Archaic and Olympian traditions, two divergent modalities of thought and of psyche. The Olympian prevails to become the tradition on which all subsequent Western culture, including architectural culture, is founded.

In *The Myth of Eternal Return*, Mircea Eliade describes a common aspect of rituals historically associated with the founding and laying out of temples in the Near and Middle East. A spear driven into the ground established a ritual centre, the vertical *axis mundi* linking heaven, earth and the underworld, around which the sacred precinct would be built. This ritual represented the taking possession and stabilization of the ground on which the temple was to be built, and also served as a ritual re-enactment of killing the serpent, which, lying beneath the earth's surface, represented its dark, unwieldy powers.

Le jardin de Febo et Pitone

Mes recherches ont consisté à juxtaposer deux constructions spatiales fondamentalement distinctes qui, au cours de l'histoire, sont devenues partie intégrante de l'expérience architecturale : l'espace symbolique et l'espace perspectif. Dans le projet, ces constructions font référence à des moments marquants dans l'évolution de la conscience culturelle occidentale : d'abord, le passage de l'époque archaïque à l'époque olympienne dans l'Antiquité ; ensuite, la découverte à la Renaissance par Leon Battista Alberti d'une technique cohérente de dessin en perspective.

Le site antique de Delphes, éventuellement consacré au dieu Apollon, constitue le point de départ du projet. Dans l'Antiquité, le sanctuaire de Delphes était connu pour abriter l'omphalos ou pierre symbolisant le nombril du monde ; la découverte de cette pierre sculptée à côté du temple d'Apollon, lors de fouilles au XIXème siècle, a poussé la tradition à l'assimiler dans la mythologie grecque au centre du monde. Le site sert de toile de fond au récit d'une métamorphose qu'Homère livre dans son *Hymne à Apollon Pythie* ; on y voit comment Phoebus Apollon, l'un des douze dieux de l'Olympe, extermine Python, l'hydre ou le serpent monstrueux personnifiant les divinités chtoniennes archaïques : « Quiconque s'offrait à sa vue trouvait la mort, jusqu'au moment où le puissant Apollon la frappa d'une flèche terrible. Alors l'hydre en proie aux plus vives douleurs, respirant à peine, se roule sur le sable, pousse d'affreux sifflements, se tord en tous sens, se précipite au milieu de la forêt ; et dans son souffle empesté exhale sa sanglante vie. Cependant Apollon s'écriait dans la joie de son triomphe : 'Que ton corps desséché pourrisse sur ce sol fertile ; tu ne seras plus le fléau des mortels qui se nourrissent des fruits de la terre féconde et ils viendront m'immoler ici de magnifiques hécatombes. …' »

Cet événement marque le passage de la tradition archaïque à la tradition olympienne, deux modes de pensée et de psyché différents. Le mode olympien l'a emporté pour devenir la tradition sur laquelle toute la culture occidentale, la culture architecturale y compris, va se fonder par la suite.

Dans *Le mythe de l'éternel retour*, Mircea Eliade décrit un aspect commun des rituels historiquement associés à la fondation et l'édification de temples dans le Proche- et le Moyen-Orient. Au moyen d'une lance enfoncée dans la terre, on définissait un centre rituel, un *axis mundi* vertical reliant le ciel, la terre et le monde souterrain, autour duquel allait se construire l'enceinte sacrée. Représentant la prise de possession et la stabilisation du sol sur lequel le temple allait être construit, ce rituel servait aussi à réactualiser le massacre du serpent tapi sous la surface de la terre, symbole des puissances obscures et indomptables.

JOHN MCMINN

The working method for the project is collage, bringing together disjunctive elements from divergent sources to create a hybrid unity. The installation, organized along the cardinal axes, consists of three conceptual elements – the horizontal, the vertical and the viewing frame – represented, respectively, by a series of tables, a light wall and a window. The topography of the table surfaces is derived from that of the area around the sanctuary at Delphi. The omphalic centre is located at the crossing of the cardinal axes, referring to the site of the Delphic oracle and marked by a dark, composite timber-and-bronze central shaft rubbed with graphite and wax hanging over the table surfaces: a spear – *axis mundi*.

All surface elements are made by casting, evoking the material transformations seen in the origin myths of many cultures, where the earth's surface undergoes change from an amorphous, fluid state, becoming solid, with distinguishing topographical features. The table surfaces and their supporting frames form an interdependent structural unit, with the top surface acting as a stiff bracing plane strengthened through the bi-directional curvature of its topography. The light timber and brass frame pieces form a V, each one unstable until linked as a continuous chain to the remaining frames, which follow a serpentine path throughout the area of the table surfaces, achieving lateral stability through their radial arrangement. The system depends on geometric stability, in which the relative position of each element ensures the structural coherence of the whole.

The underlying curvilinear form, operating as integral structure beneath the surface grid, subverts traditional hierarchic relationships between these two systems. The work is therefore a meditation on the necessary coincidence of the two modalities, its theme the exploration of a working synthesis rather than a mortal struggle for the ascendancy of one over the other.

John McMinn, with the assistance of Robert McGuiness Jr. and Agneska Comitz. Dedicated to Peter Rice.

La méthode de travail adoptée pour le projet est le collage, où des éléments disjonctifs provenant de sources diverses s'assemblent pour former une unité composite. Organisée selon les axes cardinaux, l'installation s'articule autour de trois éléments conceptuels : l'horizontal, le vertical et le cadre de vision représentés respectivement par une série de tables, un mur lumineux et une fenêtre. La topographie des surfaces des tables est empruntée à celle de l'aire entourant le sanctuaire à Delphes. En référence au site de l'oracle de Delphes, le centre omphalique se situe au croisement des axes cardinaux, marqué par une hampe centrale faite de bronze et de bois, frottée à la cire et au graphite et suspendue au-dessus des surfaces des tables, qui forme la lance – l'*axis mundi*.

La technique du moulage utilisée pour la fabrication de tous les éléments de surface renvoie aux transformations matérielles observées dans les mythes d'origine de nombreuses cultures, dans lesquels la surface de la terre passe d'un état amorphe et fluide à celui de solide, avec des traits topographiques distincts. Les surfaces des tables et les cadres qui les supportent forment une unité structurale indépendante, avec la surface supérieure agissant comme un plan rigide renforcé par la courbe bidirectionnelle de sa topographie.

Faits de bois léger et de cuivre, les cadres dessinent un V – chacun étant instable jusqu'à son point de rattachement avec les autres cadres de manière à former une chaîne continue – qui suit un circuit sinueux à travers la zone des surfaces des tables, trouvant la stabilité latérale à travers leur dispositif radial. Le système repose sur la stabilité géométrique, dans laquelle la position relative de chaque élément assure la cohérence structurale de l'ensemble.

Opérant comme une structure intégrale sous la grille de la surface, la forme curvilinéaire sous-jacente subvertit les relations hiérarchiques traditionnelles entre ces deux systèmes. Le travail est donc une méditation sur la coïncidence nécessaire des deux modalités, son thème est davantage l'exploration d'une synthèse opératoire qu'un combat mortel pour la supériorité de l'un sur l'autre.

John McMinn, assisté par Robert McGuiness Jr. et Agneska Comitz. Dédié à Peter Rice.

Rice House La maison Rice

Lois Lane Residence-Studio La résidence-studio Lois Lane

Moore Lake Residence La résidence de Moore Lake

Other Projects

Rice House (London, U.K., 1992, with Peter Davidson, Paul Kember, Claire Robinson)
The project incorporates the renovation and enlargement of a Victorian terrace house in West London. The aim was to provide simple, elegant spaces with a rich and carefully chosen palette of materials and ample natural light, integrating the existing house with bold new additions. A key element of the new work was an experimental white concrete *floating* roof, enclosing part of the rear garden.

Lois Lane Residence-Studio (Toronto, 2002, with Brigitte Luzar, Sanjit Manku, Claudio Venier)
The project involved the transformation of a back-lane automotive repair shop into a building housing a commercial photography studio and a single-family residence with a landscaped court. The two parts of the project required distinctly different spatial strategies, the studio being almost entirely inwardly focused, while the residence, with its external court on the west, establishes reciprocity between interior and external spaces.

The photography studio consists of a foyer lounge, kitchen and bathroom housed under a mezzanine. A stair leads to an open-plan office and conference area overlooking the main studio floor. The residence includes public rooms on the ground level opening onto the court, while the upper level incorporates bedrooms with an open-plan lounge leading onto a deck overlooking the court.

Moore Lake Residence (Ontario, 2000, with Brigitte Luzar)
Situated on a west-facing rocky promontory overlooking a secluded lake in the Haliburton region of Ontario, the building consists of counter-sloping volumes that collide and intersect, evoking the slow and powerful land-shaping of glacial movements. Distinct program areas for both collective and individual activities form the basis of the primary volumetric expression. Locally derived materials, including granite, white oak and white pine, and passive environmental systems enhance the conception of the building as highly responsive to its location.

Autres projets

La maison Rice (London, U.K. 1992, avec Peter Davidson, Paul Kember, Claire Robinson)
Le projet porte sur la rénovation et l'agrandissement d'une maison mitoyenne victorienne dans l'ouest de Londres. L'objectif était de créer à partir d'une palette de matériaux soigneusement établie des espaces simples et élégants, amplement pourvus de lumière, qui intègrent la maison existante aux espaces nouveaux. Un des éléments clés de la nouvelle réalisation a consisté à introduire de manière expérimentale un toit *flottant* en béton blanc en englobant une partie du jardin à l'arrière.

Résidence-Studio Lois Lane (Toronto, 2002, avec Brigitte Luzar, Sanjit Manku, Claudio Venier)
Le projet consistait à transformer un ancien garage d'automobiles situé dans une ruelle en un édifice pouvant abriter un studio commercial de photographie et une résidence unifamiliale avec une cour paysagée. Les deux parties du projet nécessitaient des approches spatiales distinctes, le studio étant presque entièrement centré sur l'intérieur, alors que la résidence, avec sa cour extérieure à l'ouest, impliquait une réciprocité entre les espaces intérieurs et extérieurs.

Le studio de photographie se compose d'un salon avec foyer, d'une cuisine et d'une salle de bain aménagés sous une mezzanine. Un escalier mène à un espace bureau paysager depuis lequel on a une vue sur le studio. La résidence comprend des espaces publics au rez-de-chaussée s'ouvrant sur la cour, tandis que le niveau supérieur se compose de chambres à coucher et d'un salon paysager donnant sur une terrasse qui surplombe la cour.

La résidence de Moore Lake (Ontario, 2000, avec Brigitte Luzar)
Située face à l'ouest sur un promontoire rocheux donnant sur un lac fermé dans la région de Haliburton en Ontario, l'édifice se compose de volumes en contre-pentes dont les rencontres et les intersections évoquent les lentes et puissantes formations des mouvements glaciaires. La définition primaire des volumes repose sur la nécessité d'établir des zones distinctes pour les activités collectives et individuelles. L'usage de matériaux locaux, tels que le granit, le chêne blanc et le pin blanc, et l'installation de systèmes passifs respectueux de l'environnement font largement écho à la conception d'un édifice en harmonie avec sa situation.

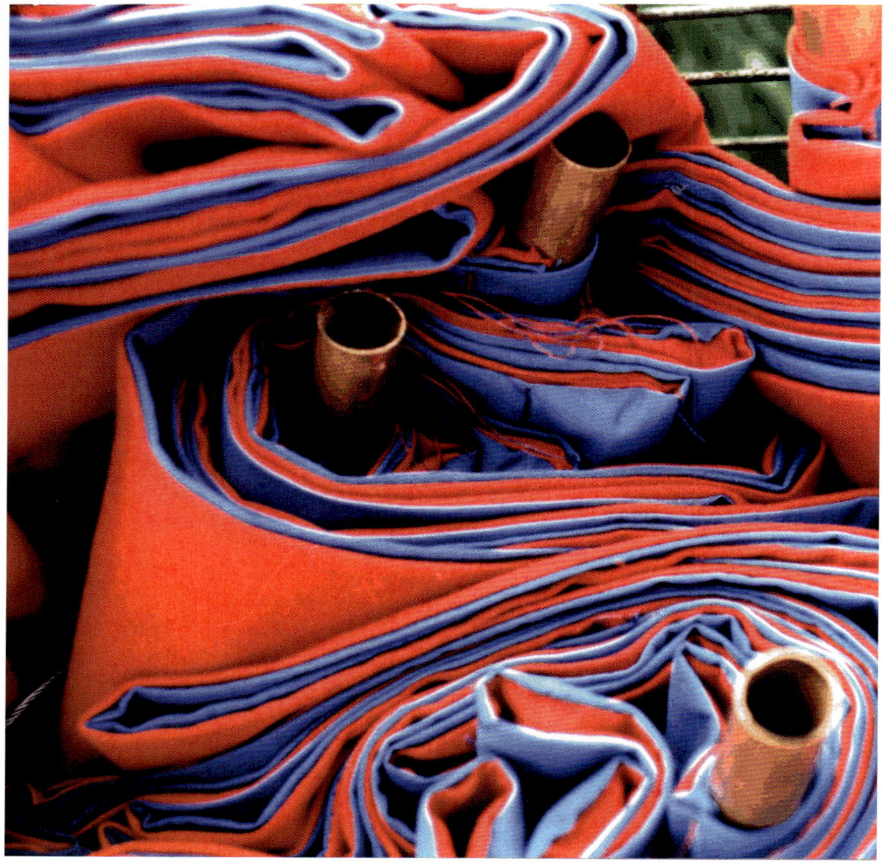

An Architecture Sewn

JOHN MCMINN

An Architecture Sewn (1994, with Lily Chi, assisted by Janine Debanné, Robert McGuiness, Jo-Anne Paul)

The temporary installation *An Architecture Sewn* focuses on the paradoxical presence of walls of fleeting transience, versus those of permanence and presence, and celebrates the unselfconscious act of architecture found in the elegant, vanishing drying structures of the corn fields in southern Quebec.

The installation, 'dressing' one of these cribs, took place over the week-long period between the annual holidays June 24 – Saint-Jean-Baptiste Day in the province of Quebec – and July 1 – Canada Day, a federal holiday commemorating Canada's union as a nation. The project – which consisted of sixty-six fabric 'wings' hung to rotate freely in each bay of a 200-foot-long corn crib – became a vehicle to explore the interplay between temporal, geographical, historical and political boundaries, while asserting the paradoxical capacity of architecture to both create and dissolve identities.

An Architecture Sewn (1994, avec Lily Chi, assisté par Janine Debanné, Robert McGuiness, Jo-Anne Paul)

L'installation temporaire *An Architecture Sewn,* qui éclaire la présence paradoxale de murs au statut flottant et temporaire par opposition aux murs permanents, célèbre l'élégance désintéressée de l'architecture lorsque celle-ci s'exprime sous forme des structures éphémères d'assèchement du maïs dans le sud du Québec.

L'installation de l'œuvre, consistant à « habiller » l'un de ces cribs, a eu lieu durant la semaine qui sépare le congé annuel du 24 juin – la Saint Jean Baptiste au Québec - et le 1er juillet – Fête du Canada, jour anniversaire de l'union des provinces en une fédération appelée Canada. Composée de soixante-six « ailes » de tissu accrochées de manière à pouvoir tourner librement devant chacune des ouvertures d'un crib à maïs de 200 pieds de long, l'installation avait pour objectif d'explorer l'interaction entre les champs temporels, géographiques, historiques et politiques tout en affirmant la capacité paradoxale de l'architecture à créer les identités en même temps qu'elle les dissout.

functions. As we gaze up from within the courtyards, our attention focuses on the empty sky, undisturbed by distractions on the horizon.

Pompeii

As it is mostly masked by ground cover, the conceptual order of the plan does not easily reveal itself as a house that, as with those of ancient Pompeii, surrounds a loose arrangement of courtyards.

Palatine

At the same time, these sunken courtyards and the grass-topped spaces that surround them refer notionally to the ruined and excavated state of such structures as the Domus Augustana and the Stadium on Rome's Palatine Hill. There, the vertical section of subterranean architecture and its horizontal topography render ambiguous what is architecture and what is lawn.

Continuities

Within the villa's courtyards, a quality of spatially enveloping continuity is explored via the wrapping of walls and floors in a single 'Roman' material and then opening the courtyards up to the villa's interior.

Cerveteri

The dual necessities of protecting the villa from vehicular movement and excavating earth to create the subterranean courtyards are addressed by employing the excavated earth in triangular berms that snake near the boundaries of the site. This process of excavation, followed by earth re-utilization, draws inspiration from the manner in which landform was shaped in the making of the Etruscan tumuli sepulchres of Cerveteri. The berms have been positioned to *contain* and define the site, focusing interesting views while disallowing views of the road from most positions within their porous outlines. In effect, the berms provide an informal backdrop for the villa's elevated aspect behind which only trees and sky starkly emerge.

regardant vers le haut à partir de ces cours, nous portons notre attention sur le ciel vide, non perturbé par les distractions à l'horizon.

Pompéi

Étant en grande partie masqué par un couvre-sol, l'ordre conceptuel du plan ne se révèle pas aisément comme étant une maison qui, comme celles de l'antique Pompéi, entoure un libre agencement de cours.

Palatin

En même temps, ces cours englouties et les espaces surmontés de gazon qui les entourent renvoient théoriquement à l'état de ruine et d'excavation de pareilles structures, par exemple la Domus Augustana et le stade sur le mont Palatin à Rome. Là, la coupe verticale de l'architecture souterraine et sa topographie horizontale rendent ambigus ce qu'est l'architecture et ce qu'est le gazon.

Continuités

Dans les cours de la villa, une certaine continuité enveloppante en termes spatiaux est explorée par le recouvrement des murs et des planchers avec un seul et même matériau « romain » puis par l'ouverture des cours sur l'intérieur de la villa.

Cerveteri

La double nécessité de protéger la villa de la circulation et de creuser le sol pour créer des cours souterraines est abordée en employant la terre excavée dans des accotements triangulaires qui serpentent près des limites du site. Ce processus d'excavation, suivi de la réutilisation de la terre, s'inspire de la manière dont la forme des tumulus recouvrant les tombes a été obtenue par les Étrusques à Cerveteri. Les accotements ont été positionnés pour *contenir* et définir le site, en mettant l'accent sur les perspectives intéressantes tout en rejetant celles donnant sur la route, à partir de la plupart des positions à l'intérieur de leurs contours poreux. De fait, les accotements fournissent une toile de fond informelle à l'aspect élevé de la villa derrière laquelle seuls les arbres et le ciel se détachent nettement.

Other Projects

Expansion of the Palais des Congrès de Montréal (2003, as independent architectural consultant with Les architectes TDS et associés)

Hovering above the urban gash created by an expressway, the original Palais des Congrès de Montréal presented a psychological barrier between Old Montreal and the modern city. This project repairs the damaged urban tissue by filling in the absent ground level, creating urgently required spaces of connection. A generous pedestrian mall runs the entire 300-metre length of the building. Bathed in both natural light and a luminous ceiling, this space links rue Saint-Urbain on the east with a spectacular public room, the new Hall Bleury on the west.

The Hall Bleury extends the entire length of rue de Bleury and is the urban focal point of the project. It is a grand yet spatially languid urban room whose casual sectional arrangement of floor and void is revealed on the stepped main facade of multicoloured glass. The urban intention is to clearly indicate its public function and iconic aspiration. Spatially, the Hall Bleury is a receptacle for a startling play of cast coloured light.

Bordering the L-shaped plan resulting from the meeting of the pedestrian mall and the Hall Bleury, the scheme is further divided into three conceptual 'rings' that structure and organize the planning of the interior space. The outer layer of each ring houses mostly commercial activity, while the 'hole' within hides a series of loading docks, truck ramps, bus stations and other service areas. Between each ring, two pedestrian passageways re-establish the north-south urban link previously severed by the expressway, reconnecting Old Montreal to the modern city.

As a general rule, the building grafts itself onto the four pre-existing buildings on its site, in such a way as to always retain an equivalence of height with respect to this context. Therefore, in spite of its many dramatic characteristics, the surface profile of the new Palais des Congrès is highly contextual and, oddly enough, almost chameleon-like.

Autres projets

Expansion du Palais de Congrès des Montréal (2003, consultant indépendant en architecture avec Les architectes TDS et associés)

Installé au-dessus de la déchirure urbaine créée par une autoroute, le Palais des congrès original constituait une barrière psychologique importante entre le Vieux-Montréal et la ville moderne. Ce projet a réparé le tissu urbain endommagé en comblant l'absence de rez-de-chaussée, créant des espaces de liaison grandement nécessaires. Une zone piétonne généreuse couvre toute la longueur de 300 mètres du bâtiment. Baignant dans une lumière naturelle et éclairé par un plafond lumineux, cet espace relie d'est en ouest la rue Saint-Urbain à une salle publique spectaculaire, soit le nouveau hall Bleury.

Le hall Bleury couvre toute la longueur de la rue de Bleury et est le point de convergence urbain du projet. Il s'agit d'une vaste salle quoique spatialement indifférente dont l'arrangement informel des planchers et du vide apparaît en coupe sur la principale façade en verre multicolore et dégradé. Son objectif urbain est d'indiquer clairement sa fonction publique et son aspiration iconique. Sur le plan spatial, le hall Bleury sert de réceptacle à un jeu étonnant de lumière colorée projetée.

Bordant le L qui résulte de la rencontre entre la zone pédestre et le hall Bleury, le plan est de plus divisé en trois « anneaux » conceptuels qui structurent et organisent la planification de l'espace intérieur. La couche extérieure de chaque anneau abrite principalement des activités commerciales, alors que le « trou » à l'intérieur dissimule une série d'aires de chargement, d'embarcadères, d'arrêts d'autobus et autres aires de services. Entre chaque anneau, deux passages pédestres rétablissent le lien urbain nord-sud autrefois coupé par l'autoroute, reliant ainsi le Vieux-Montréal à la ville moderne.

De manière générale, le bâtiment se greffe aux quatre édifices préexistants du site, de manière à toujours conserver une équivalence de hauteur eu égard à ce contexte. Donc, malgré ses nombreuses caractéristiques dramatiques, le profil de surface du nouveau Palais des Congrès est hautement contextuel et, aussi étrange que cela puisse paraître, il se fond à son environnement comme un caméléon.

Artificial Light: An installation at the Canadian Centre for Architecture (Montreal, 2002)

INSIDE

Space: This installation takes as its starting point a spatial proposition – an enclosed tube-like volume set askew within three rooms of the Canadian Centre for Architecture's Shaughnessy House.

Immediacy/Intensity: Within this framework, the first intention was to establish a heightened, even extra-architectural, sense of spatial immediacy and intensity – *inside* the tube.

Wrap: Toward this end, all floors, ceilings and walls were wrapped in the same material to establish an all-encompassing sense of enclosure.

Colour: To build upon this effect of encircling intensity, the material was densely coloured.

Reflection/Opacity: But, for reasons pertaining to establishing a dialogue between the inside and the outside of the tube, the material employed was laminated, partly reflective glass sandwiching an interlayer of coloured film. Lighting in the three rooms within which the installation sat was initially turned off, blackening the rooms. The perceptual effect within the tube was therefore one of opacity and enclosure as well as a dizzying play of reflections, which multiplied perceived spatial dimensions.

Artificial Light: A single, continuous row of eight-foot-long fluorescent light tubes, which extended the entire length of the installation, was positioned along its centre and *within* its envelope. This invested the tubes with a figural quality, because they were visually separated from their ballasts (which were placed a few inches above the glass ceiling), establishing a starkly sculptural understanding of how light is cast.

OUTSIDE

Figure: This interior spatial condition established an external figural form whose stark simplicity and surprising phenomenal characteristics were appreciated from the blackened rooms beyond.

Space: Within these blackened rooms, this figure created relationships around it in the form of simple, wedge-like spaces, establishing a curious spatial dialogue with the existing architecture.

Lantern/Transparency: The meeting of the partly reflective coloured glass tube, which was artificially lit from within, with the blackened rooms within which it sat, established dual optical readings when viewed from the blackened spaces.

Lumière artificielle : une installation pour le Centre Canadien d'Architecture (Montréal, 2002)

INTÉRIEUR

Espace : Cette installation a pour point de départ une proposition spatiale : un volume contenu, semblable à un tube, placé en diagonale dans les trois salles de la maison Shaughnessy du Centre Canadien d'Architecture.

Immédiateté/Intensité : Dans ce cadre, la première intention était d'établir un sens accru, voire extra-architectural, d'immédiateté et d'intensité spatiale, et ce *à l'intérieur* du tube.

Enveloppe : À cette fin, tous les planchers, plafonds et murs étaient recouverts du même matériau pour donner l'impression d'être à l'intérieur d'un enclôt.

Couleur : Pour ajouter à cet effet d'intensité tout autour, le matériau était d'une couleur dense.

Réflexion/Opacité : Mais, pour des raisons liées à l'établissement d'un dialogue entre l'intérieur et l'extérieur du tube, le matériau employé était du verre feuilleté semi-réfléchissant à film intercalaire coloré. L'éclairage dans les trois salles où se trouvait l'installation était éteinte au départ, plongeant celles-ci dans l'obscurité. Dans le tube, il y avait donc un effet perceptuel d'opacité et de clôture, de même qu'un spectaculaire jeu de réflexions, qui multipliait les dimensions spatiales perçues.

Lumière artificielle : Une seule rangée continue de tubes fluorescents de 2,44 mètres de long, qui parcourait la longueur de l'installation, était placée en son centre et *au sein* de son enveloppe. Ceci conférait aux tubes une qualité figurale, puisqu'ils étaient visuellement séparés de leurs ballasts (placés à une dizaine de centimètres au dessus du plafond de verre), établissant une compréhension crûment sculpturale de la manière dont la lumière est projetée.

EXTÉRIEUR

Figure : La condition spatiale à l'intérieur établissait une forme figurale à l'extérieur dont la simplicité austère et les caractéristiques phénoménales étonnantes étaient appréciées depuis les salles plongées dans l'obscurité au-delà.

Espace : Dans ces salles plongées dans le noir, cette figure créait des relations autour d'elle, se manifestant par des espaces simples en forme de coins, établissant un étrange dialogue spatial avec l'architecture existante.

Lanterne/Transparence : La rencontre du tube de verre semi-réfléchissant coloré, allumé artificiellement depuis l'intérieur, et des salles plongées dans le noir où il se trouvait, établissait une lecture optique double lorsque observée depuis les espaces dans le

Expansion, Palais des Congrès de Montréal

Artificial Light *Lumière artificielle*

Dirty Magic

Coloured Reflections

With the room lights turned off, the tube appeared to glow like a lantern. When the room lights were turned on, the apparent *thickness* or opacity of the reflective glass as experienced from within the tube perceptually metamorphosed on the outside, into a diaphanous membrane.

Fishbowl/Two-way mirror: This duality of phenomenal experience on either side of the glass then set up a social spectacle of an unusual order. Like fish in a bowl, those participating in the experience of the tube from within became unwitting performers for those in the blackened space outside.

On/Off: The lighting of the installation was placed on timers. At determined intervals, the fluorescent tubes were turned off and the lighting outside the volume was turned on. This had the effect of reversing the aforementioned social spectacle, transforming spectators into performers and performers into spectators.

IN BETWEEN

Materiality/Immateriality – atectonic ambiguity: *Artificial Light* explored how specific *atectonic* material articulations in space and artificial light can transform and collapse our perception of the physical boundaries of architectural space. More specifically, it explored how the surfaces of floors, walls and ceilings can be dematerialized by a carefully orchestrated play of space, artificial light and coloured, reflective glass. One of the ultimate results of this orchestration was the creation of hyper-elementary, yet unfamiliar, perceptual experiences. In effect, the viewer was challenged by an oscillation between materiality and immateriality, establishing a sense of destabilizing ambiguity.

Dirty Magic (Montreal, 2005)

Dirty Magic is a site-specific installation framed by a literary analogy. It is a place where Dirty Realism mingles with Magic Realism and where the banalities of the contemporary city are infiltrated by a calculating perceptual potential. It is disarmingly simple, perceptually complex and discretely perplexing. It was built in the summer of 2005 as part of the show *Paysages éphémères*.

The site: The installation's modest site is a safety curb occupying a slice of the property of an Esso gas station at a busy street corner on avenue Mont-Royal in Montreal's Plateau Mont-Royal district. It incorporates two telephone booths and an ill-placed pine tree. The appearance of this peculiar assembly is entirely

noir. Lorsque les lumières de la salle étaient éteintes, le tube semblait briller comme une lanterne. Lorsque ces lumières étaient allumées, l'apparente *épaisseur* ou opacité du verre réfléchissant, telle qu'expérimentée à l'intérieur du tube, se métamorphosait à l'extérieur, en termes perceptuels, en membrane diaphane.

Bocal à poissons/Miroir sans tain : La dualité de l'expérience phénoménale de chaque côté du verre établissait ensuite un spectacle social de type inusité. Comme des poissons dans un bocal, les gens se trouvant à l'intérieur du tube devenaient à leur insu des acteurs pour ceux se trouvant dans l'espace plongé dans le noir à l'extérieur.

On/Off : L'éclairage de l'installation était chronométrée. À intervalles déterminés, les tubes fluorescents étaient éteints et l'éclairage à l'extérieur du volume était allumé, avec pour effet de renverser le spectacle social mentionné, transformant les spectateurs en acteurs et vice versa.

ENTRE LES DEUX

Matérialité/Immatérialité – Ambiguïté atectonique : *Lumière artificielle* explorait comment des articulations matérielles *atectoniques* précises dans l'espace et la lumière elle-même peuvent transformer et rabattre notre perception des limites physiques de l'espace architectural. Plus précisément, il explorait comment les surfaces des planchers, murs et plafonds peuvent être dématérialisées par un jeu soigneusement orchestré d'espace, de lumière artificielle et de verre réfléchissant coloré. De cette orchestration résultait finalement la création d'expériences de perception hyper-élémentaires quoique familières. En fait, le regardeur était confronté à une oscillation entre matérialité et immatérialité qui générait un sentiment d'ambiguïté déstabilisant.

Dirty Magic (Montréal, 2005)

Dirty Magic est une installation *in situ* inscrite dans une analogie littéraire. Il s'agit d'un lieu où le « dirty realism » se mêle au réalisme magique, où les banalités de la ville contemporaine se voient infiltrées par un potentiel calculateur de perception. L'installation est d'une simplicité désarmante, d'une complexité perceptive et d'une perplexité discrète. Elle a été construite à l'été 2005 dans le cadre de l'exposition *Paysages éphémères*.

Le site : Le site modeste de l'installation est un bord de trottoir sur une partie de la propriété de la station-service Esso qui se trouve à l'intersection de l'avenue du Mont-Royal et de la rue Boyer sur le Plateau Mont-Royal à Montréal. L'installation incorpore deux cabines téléphoniques et un pin incongru. L'apparence de ce curieux assemblage

forgettable and therefore fundamentally 'invisible,' residing somewhere between the space of pathos and the unwittingly amusing.

Basic Operations: The space of the tree and the telephone booths is enveloped in a blanket of amber laminated glass with a metallic honeycomb pattern. A deferential neighbour, the glass measures the same height as the telephone booths. An entrance on the perpendicular rue Boyer allows pedestrians to explore the space created by this odd accumulation.

Light, reflection and transparency: Our perception of the installation is ever-changing, depending on conditions of evening and daylight. Sometimes during the day, the glass appears golden, opaque and highly reflective – the honeycomb pattern clearly visible. At these times pedestrians are treated to the spectacle of their own mirror images, while vehicular traffic along avenue Mont-Royal casts sudden flashes of colour and light onto the reflective glass. At midday, when the sun is highest, the glass takes on a more transparent and subdued yellow-green hue. In the evening, the work is lit by the ambient light of the gas station, street lamps and telephone booths, as well as the nearby restaurants and shops. As most of this light is cast from outside the installation, the glass is transformed into a highly reflective and luminous gold. It is further transformed by coloured staccato reflections emanating from the passing vehicles.

Coloured Reflections (Grand-Métis, 2003)

For the fourth annual International Garden Festival (2003) at the Reford Gardens in Grand-Métis, Quebec, a forested section of the gardens was wrapped in an equilateral triangle (twenty feet by twenty feet by twenty feet) of yellow/green semi-reflective glass, capturing three existing birch trees within its confines. The form and limited dimensions of the wrapper create an intimate, courtyard-like enclosure that frames and intensifies the perception of the forest.

From within the enclosure, the colour of the glass establishes a sense of spatial definition, while its semi-reflective surfaces create surprising perceptual readings, thanks to the sixty-degree angle of glass corner intersections, the ever-changing conditions of daylight and seasons, and the position of trees within and outside the enclosure.

From outside the enclosure, the installation sometimes has a rather *indeterminate* quality, insinuating itself into its unaltered forest context like a chameleon. This is because it reflects its context of trees and visitors off itself,

ne retient pas du tout l'attention et est donc fondamentalement « invisible », résidant quelque part entre un espace de pathos et un autre d'une drôlerie involontaire.

Opérations de base : L'espace de l'arbre et des cabines téléphoniques est enveloppé dans une membrane de verre ambré, imprégné d'un motif métallique de nid d'abeille. Voisin respectueux, le verre a la même taille que les cabines téléphoniques. Une entrée sur Boyer, une rue perpendiculaire, permet aux piétons d'explorer l'espace créé par cette accumulation étrange.

Lumière, réflexion et transparence : La compréhension de l'installation change continuellement dépendant des conditions en soirée et en journée. Durant le jour, le verre semble parfois doré, opaque et très réflexif, et le motif de nid d'abeille est clairement visible. Aux piétons s'offre alors le spectacle de leurs propres images réfléchies, pendant que la circulation automobile sur l'avenue du Mont-Royal projette de soudains éclats de couleur et de lumière sur le verre réfléchissant. Le midi, lorsque le soleil est à son sommet, le verre se teint d'un jaune vert plus transparent et doux. Le soir, l'œuvre est illuminée par la lumière ambiante de la station-service, des lampadaires et des cabines téléphoniques, de même que des boutiques et restaurants avoisinants. Comme la majeure partie de cette lumière provient de l'extérieur de l'installation, le verre est transformé en un doré lumineux et hautement réflexif. Il est de plus transformé par les réflexions colorées et saccadées émanant des véhicules en mouvement.

Coloured Reflections (Grand-Métis, 2003)

Lors du quatrième Festival international de jardins (2003) qui se déroule aux Jardins de Métis, à Grand-Métis au Québec, une section boisée des jardins était enveloppée dans un triangle équilatéral (de six mètres de côté) de verre semi-réfléchissant d'un jaune vert, enserrant trois bouleaux existants dans ses limites. La forme et les dimensions limitées de cette enveloppe créent un enclôt intime, semblable à une cour, cadrant et intensifiant la perception de la forêt.

Depuis l'enclôt, la couleur du verre instaure une certaine définition spatiale, alors que les surfaces semi-réfléchissantes créent des lectures perceptives étonnantes, grâce aux intersections à soixante degrés des coins de verre, aux conditions sans cesse variables de la lumière du jour et des saisons et à la position des arbres dans l'enclôt et à l'extérieur.

Depuis l'extérieur de l'enclôt, l'installation a parfois une qualité plutôt *indéterminée*, s'insinuant dans sa forêt non modifiée comme un caméléon. C'est qu'elle réfléchit son contexte d'arbres et de visiteurs sur d'elle-même, créant le spectacle de gens

creating the spectacle of people watching people watching nature. Sometimes the semi-reflective glass surfaces even give the ambiguous impression that there *is* no installation. However, during different light conditions, the form is physically understood as an object, acting as a receptor for the intensely figural shadows cast by the trees.

The primary material is semi-reflective, laminated glass sandwiching an interlayer of coloured film. Triangular anodized aluminum edge beams stabilize the vertical glass panels both at the top of the installation and its base (hidden below the earth). Like a stack of cards, there is no visible vertical support, the whole being held together by structural silicone. In sum, the installation explores issues of visual perception within the context of nature, as well as how ambiguity within this context can result in unexpected richness.

en train de regarder des gens en train de regarder la nature. Il arrive parfois que les surfaces en verre semi-réfléchissant donnent l'impression ambiguë qu'il *n'y a pas* d'installation. Cependant, dépendant des conditions lumineuses, la forme est physiquement comprise comme un objet, agissant comme récepteur des ombres extrêmement figurales projetées par les arbres.

La matière première est du verre feuilleté semi-réfléchissant à film intercalaire coloré. Des poutres de rive triangulaires en aluminium anodisé stabilise les panneaux de verre verticaux au sommet de l'installation et à sa base (enfouie dans le sol). Comme dans un jeu de cartes, il n'y a pas de support vertical visible, tout l'ensemble étant retenu à l'aide de silicone structural. En somme, l'installation explore des questions de perception visuelle dans le contexte de la nature, de même que la manière dont l'ambiguïté dans ce contexte peut produire une richesse inattendue.

Rome Collage No. 24: *Signing*

Collages, *Modalities and the Representation of Meaning*

Col ges, *Modalités et représentation du sens*

Modalities and the Representation of Meaning

My study in Rome explored the representation of ideas across different semiotic systems or artistic media toward a deeper understanding of the possibilities for non-narrative meaning-making in architecture.

Whether Modernist or otherwise, there exist codings in a building that refer both to the internal architectural discourse and to the geographic, historical, social, political and economic context in which it was conceived. Explicit multi-modal reflections and metadiscourses regarding these intrinsic codings make for a richer work.

In exploring the representation of an idea in different media, a concept was variously realized according to the affordances of the particular mode. Foregrounding and backgrounding of specific subtexts became more or less possible, and each mode was found to have unique possibilities for elucidation of meaning. By exploring the semiotic grammar of a concept and then engaging in the transduction of meaning from one semiotic mode to another, resources are acquired that allow for clarity of communication of ideas across other visual, non-verbal media. In other words, honing expression of meaning, say, in art, allows for a keener understanding of the means by which the text of architecture can be written.

I wrote several short stories and created thirty-six collages and several three-dimensional constructs, each exploring a central idea played out across semiotic systems. As the study progressed, I became focused not only on this transmediation, but on the transference of meaning to the viewer. Umberto Eco calls the message a 'hollow form,' requiring the viewer to complete the meaning by bringing to it his or her set of socio-cultural understandings. Yuri Lotman's 'aesthetics of opposition' suggests that in interpreting a text, the receiver uses different codes from those of the sender, leading to a different meaning. I concentrated on the limits of non-verbal multi-modal communication, looking specifically at the critical importance and effect of context. Study of the intriguing possibilities of turning one interpretation of a text entirely into another by adding a fuller or different understanding of the context continues to inform all my creative acts.

One central theme emerged as I investigated more deeply the representation of meaning in different media: what is the *essence* of an idea, and how can it be portrayed without overt connotative symbolism? An example of sourcing the essence, in sculpture, is an event surrounding Carl Andre's *Equivalent VIII*, bought

Modalités et représentation du sens

À Rome, j'ai étudié la représentation des idées selon différents systèmes sémiotiques ou disciplines artistiques, pour une compréhension plus approfondie des possibilités de production de sens non narratif en architecture.

Les encodages modernistes ou autres d'un édifice font référence au discours architectural interne et au contexte géographique, historique, social, politique et économique dans lequel cet édifice a été conçu. Les réflexions multimodales explicites et les métadiscours liés à ces encodages intrinsèques contribuent à la richesse de l'œuvre.

En explorant la représentation d'une idée selon différents disciplines, j'ai mis un concept en application de plusieurs manières, selon les possibilités d'un mode donné. La mise au premier plan ou à l'arrière-plan de sous-textes précis est devenue plus ou moins possible, et il s'est avéré que chaque mode comportait des possibilités uniques d'éclaircissement du sens. En explorant la grammaire sémiotique d'un concept pour procéder ensuite à la transduction du sens d'un mode sémiotique à l'autre, des ressources ont été acquises en termes de clarté de communication des idées vers d'autres diciplines visuelles et non verbales. Autrement dit, l'affinement du sens en art, par exemple, permet une compréhension plus aiguisée des procédés d'écriture du texte de l'architecture.

J'ai écrit plusieurs nouvelles et créé 36 collages, ainsi que plusieurs constructions tridimensionnelles explorant une idée principale exprimée par des systèmes sémiotiques. Au fur et à mesure que l'étude avançait, je me suis concentré non seulement sur cette transmédiation, mais aussi sur le transfert du sens au regardeur. Umberto Eco parle du message comme une « forme creuse » qui commande au regardeur de compléter le sens en y apportant son bagage de repères socio-culturels. L'« esthétique d'opposition » de Yuri Lotman propose que lors de l'interprétation d'un texte, le destinataire utilise des codes différents de ceux de l'expéditeur, ce qui conduit à une signification différente. Je me suis concentré sur les limites de la communication multimodale non verbale, en examinant tout particulièrement l'importance critique et l'effet du contexte. L'étude des fascinantes possibilités de la transformation totale de l'interprétation d'un texte par l'adjonction d'une compréhension plus riche ou différente du contexte continue d'influencer tous mes actes de création.

Un thème important s'est dégagé lors de l'approfondissement de ma recherche sur la représentation du sens selon différentes disciplines : quelle est l'*essence* d'une idée, comment peut-elle être représentée tout en évitant un symbolisme de

by London's Tate Gallery in the 1970s. A set of regular firebricks laid out on the floor, it outraged the public, resulting in a spectator throwing blue food dye over it. Should the Tate, then, have gone to a lumberyard and bought more bricks (for a few dollars) or back to the sculptor to spend another $12,000 for a new sculpture? They did the latter. Was the art, then, in the idea, the signed artist's letter of authenticity (which is the only thing of monetary value) or the actual bricks? Where is the essence of the piece?

This extremely personal research richly influenced my work in various media, including architecture and screenplays. Each example here represents a different access point to the study. The collages were created in the Rome studio, and the screenplay and building were completed later, as outcomes of the research.

Roma Collage No. 24: 'Signing,' *40mm x 65mm, collaged photographs on paper*
The idea being explored in the non-verbal medium of collage is the multiple codings that can be subtly rendered in gestural language as a mother communicates with her autistic child. Dual codings of a single icon (hands) can be read simultaneously as hope/despair, public/private and real/imagined worlds. These were transmediated across slightly varied visual contexts in a series of works.

Other Projects

Paris Match, screenplay manuscript
I translated the investigation of 'context' and 'essence' into an optioned screenplay, *Paris Match*, a $35-million-budgeted movie. The script is about a maintenance contractor for the Eiffel Tower who gradually replaces all rusted steel members, but then continues on with the rest, rusty or not, ending up with the entire original tower as a kit of parts buried in a field outside of Paris. The question is, then, are there now *two* Eiffel Towers – the contextually site-specific, renovated one and the buried original? What is the essence of the tower? The real, original steel pieces – or site-specific construction in Paris?

connotation évident? Prenons un exemple de recherche de l'essence en sculpture: il s'agit d'un événement entourant la sculpture *Equivalent VIII* de Carl Andre, acquise par la Tate Gallery de Londres au cours des années 1970. Cet ensemble de briques ordinaires disposées à même le sol a indigné le public, à tel point qu'un spectateur l'a aspergé de colorant alimentaire bleu. Le conservateur du musée aurait-il dû se rendre dans un dépôt de matériaux de construction et acheter de nouvelles briques (pour quelques dollars), ou encore s'adresser au sculpteur et dépenser une autre somme de 12 000 $ pour une nouvelle sculpture? La seconde solution fut adoptée. L'art résidait-il dans l'idée, dans la lettre d'authenticité signée par l'artiste (qui était la seule chose ayant une valeur monétaire), ou dans les briques elles-mêmes? Où se trouve l'essence de l'œuvre?

Cette recherche toute personnelle a richement influencé mon travail dans différentes disciplines, dont l'architecture et l'écriture de scénarios. Chaque exemple documenté ci-dessous constitue un point d'accès différent de l'étude. Les collages ont été créés dans le studio de Rome; le scénario et l'édifice ont été complétés par la suite, comme résultats de la recherche.

Roma Collage No. 24: 'Signing'. *40 mm x 65 mm. Collage photographique sur papier.*
L'idée explorée par le biais de la technique non verbale du collage a trait aux encodages multiples qui peuvent être subtilement exprimés par le langage gestuel, lors de la communication entre une mère et son enfant autiste. Les encodages doubles d'une même icône (les mains) peuvent être lus simultanément comme signifiant espoir/désespoir, public/privé et monde réel/monde imaginé. Ces significations furent transmédiatisées dans une série d'œuvres, au sein de contextes légèrement différents.

Autres projets

Paris Match, manuscrit de scénario
J'ai transposé ma recherche sur le « contexte » et l'« essence » dans un scénario à options intitulé *Paris Match*, pour un film au budget de 35 millions de dollars. Le scénario traite d'un entrepreneur chargé de l'entretien de la tour Eiffel, qui remplace progressivement toutes les sections métalliques rouillées, puis continue à remplacer les autres, qu'elles soient rouillées ou non, si bien que la totalité de la tour est réduite à un kit de pièces enfouies dans un champ situé à l'extérieur de Paris. La question est alors de déterminer s'il existe *deux* tours Eiffel – la tour rénovée dans son contexte d'origine, et la tour originale enfouie? En quoi réside l'essence de la tour? Les éléments originaux en acier, ou la construction dans un lieu précis de Paris?

Kits Beach Restaurant and Lifeguard Facilities (Vancouver, 2005)
This built example explored the dual coding of a sign with two referents. A direct reference to Pierre Chareau's Maison de Verre is seen in the articulated bolted steel column detail that makes up a major part of the aesthetic of the interior. The detail and colour (red steel primer and grey) is simultaneously seen in the tankers in the ocean view beyond. This double coding at once situates the building within its modernist ideology and its site-specific context. The trick brings the strong focus of interest in the bay directly to a tangible, tactile forefront.

Restaurant et équipements de maîtres nageurs de Kits Beach (Vancouver, 2005)
Cet exemple de construction explorait l'encodage double d'un signe avec deux référents. On peut percevoir une référence directe à la *Maison de verre* de Pierre Chareau dans le détail de la colonne articulée en acier boulonné, qui occupe une grande place dans l'esthétique de l'espace intérieur. Ces détails et les couleurs (le gris et le rouge de l'apprêt pour l'acier) se retrouvent dans les pétroliers faisant partie du paysage marin qui s'offre à la vue. Ce double encodage situe en même temps l'édifice dans le cadre de l'idéologie moderniste et dans son contexte spécifique. Ce stratagème ramène directement le centre d'intérêt principal de la baie à un avant-plan au caractère tangible et tactile.

Kits Beach Restaurant and Lifeguard Facilities   Restaurant et installations de maîtres nageurs de Kits Beach

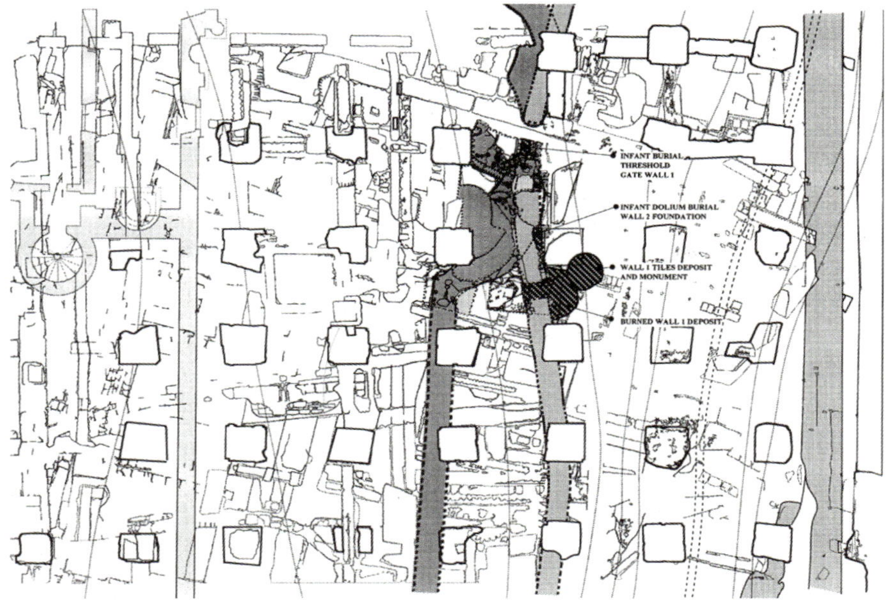

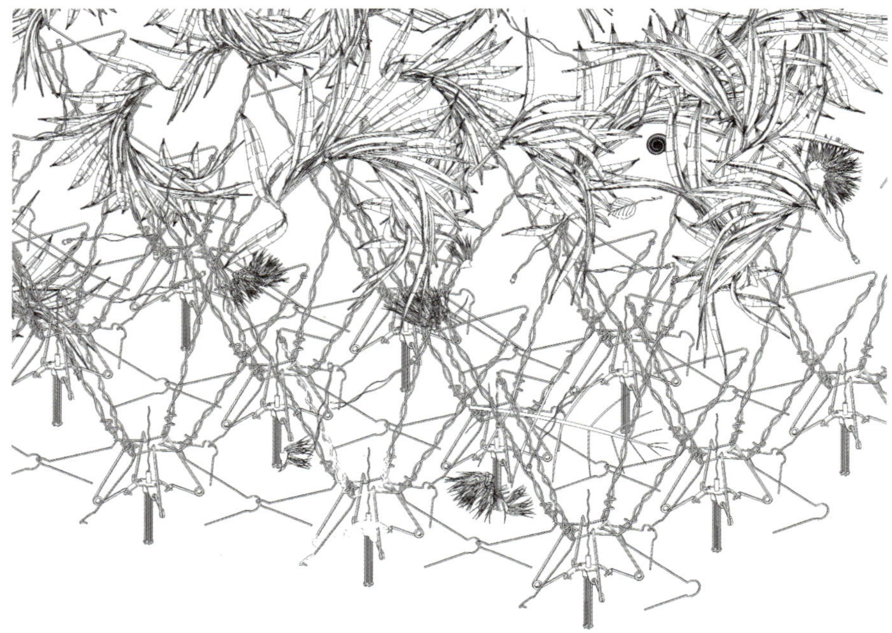

Palatine Burial, Chthonian Projects *Fouilles du Palatin, Projets chtoniens*

Chthonian Projects

Chthonian Projects, my 1995–96 program of work in Rome, resulted from several months spent with an archaeological team reconstructing a flank of the Palatine Hill, focusing on ritual deposits at the fortified boundary of the archaic city. During the excavation work, I encountered traces of human sacrifice, and the underground became the underworld.

Early work involved the preparation of accurate drawings and digital models of the site, recording the densely layered accretions of construction. Later, I probed the original deposits that, true to foundation myths, contained ritual burials of building materials, animals and humans. The work pursued a contemporary 'chthonian' based on the deep underground and the unconscious.

Porta Mugonia deposits (1995–1996)

I studied the excavation and reconstruction of the original foundations of archaic Rome with a team directed by archaeologists Nicola Terrenato and Andrea Carandini. Our focus was a site identified as the Porta Mugonia, one of three original gates to the city dating from its founding in the eighth century B.C. Multiple burial deposits were discovered at the site, two containing traces of the bodies of infants, apparently sacrificed and buried beneath the ancient wall. This find appears to confirm foundation rituals described by Tacitus and Livy in which the first fruit of the first family of the city was sacrificed to appease Terminus, the god of boundaries.

The sacrifice made a *mundus*, a little world replacing the world around. Beneath the wall at the edge of the city, a pit was dug into the volcanic mudstone tufa. Sifted earth was used to line the pit and make a nest for a clay dolium, a vessel enclosing a tiny body. Fragments remained: a brooch, a tooth. What material could possibly be adequate for covering this place?

First, I generated precise digital models from photographs and hand-drawn measurements to reconstruct original details of the foundation deposits. Site research at a larger scale yielded a series of section drawings showing the topography of the Palatine Hill stretching from the Roman Forum to the Circus Maximus, which revealed the original nature of the hill as a gentle, rolling agricultural terrain surrounded by marshland. Dense layers added in the following millennium transformed this boundary into a synthetic precipice towering above the Forum.

Projets chtoniens

Les *Projets chtoniens*, qui représentaient mon programme de travail à Rome en 1995–1996, résultent de plusieurs mois passés à travailler avec des archéologues à la reconstruction d'un versant du mont Palatin, en m'intéressant particulièrement aux dépôts rituels près de l'enceinte fortifiée de la ville archaïque. Durant les fouilles, j'ai rencontré des traces de sacrifice humain et le monde souterrain est devenu le monde des enfers.

Chaque opération a requis la préparation de dessins adéquats et de modèles numériques du site, en enregistrant la sédimentation dense des couches de construction. Plus tard, j'ai examiné les dépôts originaux qui, conformément aux mythes fondateurs, portaient la trace de rites funéraires autour d'animaux et d'êtres humains. Mon travail a pris la forme d'une recherche contemporaine « chtonienne » fondée sur les profondeurs du monde souterrain et de l'inconscient.

Dépôts de la Porta Mugonia (1995–1996)

J'ai appris les méthodes de fouilles et de reconstitution des fondations originales de la Rome archaïque avec une équipe dirigée par les archéologues Nicola Terrenato et Andrea Carandini. Nos recherches ont porté sur un site identifié comme la Porta Mugonia, l'une des trois portes originales de la ville datant de sa fondation au huitième siècle avant notre ère. Ce site a livré de nombreux dépôts funéraires dont deux contenaient des traces de corps d'enfants qui avaient apparemment été sacrifiés et enterrés sous l'ancien mur. Cette découverte semble confirmer l'existence des rituels de fondation décrits par Tacite et Tite Live, selon lesquels le premier enfant de la première famille de la ville a été sacrifié afin d'apaiser Terminus, le dieu des frontières.

Le sacrifice a donné forme à un "mundus", un petit monde remplaçant le monde environnant. Sous le mur à la limite de la ville, un trou a été creusé dans le tuf volcanique. À l'aide de terre tamisée, il a été tapissé de manière à former un nid pouvant recevoir un dolium ou vase en argile, dans lequel un petit corps a été déposé. Il restait des fragments : une broche, une dent. Quel matériau allait recouvrir ce lieu de manière adéquate?

J'ai commencé par élaborer des modèles numériques précis à partir de photographies et d'indications tracées à la main afin de reconstruire les détails originaux des dépôts de fondation. Des recherches sur le site à une plus grande échelle m'ont conduit à réaliser une série de tracés de section montrant la topographie du Palatin qui s'étend du Forum au Circus Maximus : j'ai découvert qu'à l'origine la colline était un terrain agricole à pente douce entouré de marécages. L'accumulation des couches qui se sont ajoutées durant le millénaire suivant a transformé cet endroit en un à-pic synthétique dominant le Forum.

Palatine Burial Installations and Drawings (1996–)
Alongside these objective records, I developed personal responses to the Porta Mugonia excavations by creating a textile cover for the archaeological site. The *Palatine Burial* series was conceived as a hybrid burial shroud, constituted as artificial living turf akin to the massive Republican and Imperial accretions of the Palatine Hill itself. The structure was a spreading geotextile reinforcing the soil and fostering new growth. The hollow core of this matrix was designed for infinitesimally slow mechanical absorption and digestion of organic matter. The structure made a grotto of densely massed barbed-wire shards with individual links configured to grasp and puncture adjacent surfaces. To the interior, suspended vessels were fitted with serrated hollow needles. To the outside, angled crampons were set with hair-trigger antennae. Open joints in the enclosing skeleton contained guides that encouraged tangling and automatic assembly with neighbours. The enveloping mass made a fertile turf. This linking and clumping motion accumulated mass over time, controlled at first by the geometric arrays of the structure, but growing darker, toward formlessness, as matter was ingested and decomposed.

Other Projects

Several years of built and experimental work drawing directly on the Rome prize research followed this formative period. Experimental compositions have concentrated on vital, seething qualities built up from intensive repetition of miniature parts. My buildings attempt to create a density born of lightweight construction. Installation works tend toward a porous, ephemeral space in which living functions are implied. These installations have recently taken the form of interlinking matrices manufactured by digital rapid-prototyping equipment and activated by arrays of sensors and actuators. In the next phase, my work will pursue physical interaction with viewers and the capacity for autonomous primitive intelligence, suggesting an altered psychology that might change our relationship with the things we build.

Hybrid Landscapes
Building on the *Palatine Burial* shroud, I have worked on several generations of lattice structures. Lightweight geodesic systems form the core of installations that use short-fabrication runs of mass-produced components. Evolving features

Palatine Burial Installations and Drawings (1996–)
Parallèlement à ces comptes rendus objectifs, j'ai développé des réponses personnelles aux fouilles de la Porta Mugonia en créant une couverture textile pour le site archéologique. La série intitulée *Palatine Burial* a été conçue comme un linceul funéraire hybride, formée comme un gazon vivant artificiel semblable aux accrétions massives accumulées sur le Palatin durant la période de la République et celle de l'Empire. La structure formait une couverture géotextile, renforçant la terre et y suscitant une nouvelle croissance. Le noyau creux de cette matrice a été conçu de manière à pouvoir absorber et digérer mécaniquement de la matière organique à un rythme d'une lenteur infinitésimale. J'ai conçu la structure comme une grotte faite d'un tissu serré de tessons en fil de fer barbelé, dotés de liens individuels ajustés de manière à accrocher et perforer des surfaces adjacentes. À l'intérieur, on avait suspendu des vases pourvus d'aiguilles creuses dentelées. À l'extérieur, des crampons pointus ont été placés avec des antennes très sensibles. Des charnières ouvertes dans l'armature contenaient des guides favorisant l'enchevêtrement et la tendance à s'agglutiner avec les éléments voisins. La masse enveloppante a donné naissance à un gazon fertile. Avec le temps, l'entremêlement et l'agglutination ont entraîné la formation d'une masse d'abord contrôlée par les ensembles géométriques de la structure, mais qui a pris ensuite une couleur plus foncée et est devenue de plus en plus informe à mesure que la matière était ingérée et décomposée.

Autres projets

Après plusieurs années de réalisations et de travaux directement reliés au Prix de Rome, plusieurs recherches ont succédé à cette période formative. J'ai expérimenté des compositions centrées sur des qualités vitales et grouillantes obtenues à partir de la répétition intensive d'éléments miniatures. Mes édifices tentent de faire naître la densité à partir d'une construction légère. Mes installations tendent vers un espace poreux et éphémère dans lequel sont impliquées les fonctions vitales. Ces installations ont récemment pris la forme de matrices interreliées, fabriquées par des appareils numériques favorisant le prototypage rapide et activées par des dispositifs de capteurs et d'actionneurs. Dans une prochaine phase, mes recherches se concentreront sur l'interaction physique avec les regardeurs et la capacité à développer l'intelligence primitive autonome, dans la perspective d'une psycholcgie modifiée qui pourrait transformer notre relation avec les choses que nous construisons.

Haystack Veil

Erratics Net

Implant Matrix

include filtering and trapping details, sensing mechanisms and responsive control systems.

In *Haystack Veil*, I used primitive components and focused on creating a lightweight structure integrated within a landscape. The project was a terrain of 30,000 sapling twigs cut and bundled into a knit veil floating over a moss- and lichen-covered cliff alongside the Atlantic Ocean. Developed in 1998 in collaboration with Philadelphia artist Warren Seelig and textile students at the renowned Haystack Mountain School of Crafts in Maine, *Haystack Veil* was constructed on the glacier-formed shore cliffs near the school. The structure bore on the land following primordial topography, a cloak over the earth. A quarter-acre in size, the fabric was a tri-axial lattice structure made from a network of repeating sapling tripods carrying long bundled twig fibres that aggregate into a continuous meshwork floating about sixteen inches above the ground. The firmly planted feet of each tripod stood toe to toe and braced each other. This resilient anchoring made the fabric behave like a second skin for the ground.

By adding filtering and clamping elements to this kind of lightweight, landscape-scaled network, I developed hybrid geotextiles. *Erratics Net* (1998) was an interlinked wire fabric mounted on a glacier-scoured terrain. Working with Waterloo architect Caroline Munk and students at the Dalhousie University School of Architecture in Halifax, I developed a soil-reinforcing mesh for the ocean shore, a widespread net anchoring into the granite surface. This artificial reef encouraged turf growth by means of a myriad of hooked clips catching wind-blown plant matter, holding and amassing a matted matrix serving as synthetic soil. The textile was organized in a pillowed form of alternating peaks and valleys, presenting barbs outward for catching new material and inward for anchoring beneath. These anchors held the net just above the bare rock, making a shallow film of still, sheltered air allowing delicate growth to emerge.

Implant Matrix (2006), a temporary gallery installation in Toronto, was an experimental building skin equipped with layers of miniature valves and clamping mechanisms that might convert surrounding material into a fertile living wall. Arrays of whisker-sensors and shape-memory alloy actuators were arranged in chained, rolling swells that made subtle grasping and sucking motions. This motion created diffuse 'peristaltic' pumping that pulls air and organic matter through space. The work used laser cutting direct from digital models and simple interactive systems controlled by Peripheral Interface Controller microprocessors. The processors, sensors and actuator systems supported a primitive

Paysages hybrides

En développant le linceul du *Palatine Burial*, j'ai travaillé à plusieurs générations de structures maillées. Des systèmes géodésiques légers forment le noyau d'installations qui utilisent des séries spéciales des composants fabriquées en grande quantité. Certaines caractéristiques encore en développement comprennent aussi bien des détails de filtrage et de captage que des mécanismes des senseurs et des systèmes de contrôle sensibles.

Dans *Haystack Veil*, j'ai entrepris de créer à partir de composantes naturelles une structure légère intégrée dans un paysage. Le projet consistait à disposer 30 000 brindilles de manière à former un treillis pouvant recouvrir à la façon d'un voile flottant un rocher de mousse et de lichen sur les bords de l'Atlantique, dans le Maine. Développé en 1998 en collaboration avec l'artiste Warren Selig de Philadelphie et des étudiants en textile issus de la célèbre Haystack Mountain School of Crafts dans le Maine, *Haystack Veil* a été construit près de l'école, sur des rochers formés par le mouvement des glaciers. La structure épouse la topographie du lieu, à la manière d'un manteau recouvrant la terre. Mesurant environ mille mètres carrés, le tissu consiste en une structure maillée triaxiale faite d'un réseau de petits trépieds de bois portant de longs rameaux de fibres liées qui s'agrègent pour former une membrane continue flottant à quarante centimètres au-dessus du sol. Leurs extrémités étant fermement ancrées, les trépieds sont placés côte à côte de manière à se renforcer mutuellement. Cet ancrage élastique a permis au tissu de se comporter comme une seconde peau pour le sol.

En ajoutant des éléments de filtrage et de bridage à ce genre de réseau léger et adapté au paysage, j'ai développé les géotextiles hybrides. *Erratics Net* (1998) était un grand filet fait d'un fil de métal entrelacé installé sur un terrain érodé par les glaciers. En collaboration avec l'architecte Caroline Munk (Waterloo) et des étudiants de la Dalhousie University School of Architecture de Halifax, j'ai créé un réseau adapté au rivage de l'océan et capable de renforcer le sol, un immense filet qui s'ancre dans la surface de granit. Ce récif artificiel a encouragé la croissance de gazon au moyen d'une myriade de petits crochets capables de capter de la matière végétale transportée par le vent, maintenant et amassant une matrice feutrée servant de sol synthétique. Adoptant une forme de coussin où les bosses alternent avec les creux, le textile est pourvu de pointes tournées vers l'extérieur pour capter de nouvelles matières et d'autres tournées vers l'intérieur pour permettre l'ancrage en-dessous. Ces ancres maintiennent le filet juste au-dessus du rocher nu, formant une mince pellicule d'air calme et protégé qui permet à la croissance délicate d'avoir lieu.

French River Visitor Centre   Centre d'acceuil de French River

Niagara Credit Union   Caisse populaire Niagara

intelligence that animated the structure. The project challenged our relationship with nature by creating an artificial system showing a mechanical empathy, reacting to human occupants as a kind of erotic prey.

Built Work

The projects that have developed from my Prix de Rome work imply an intertwined world that moves beyond closed boundaries. These installations and gallery-based works have in turn acted as a laboratory for built work. The interior of the French River Visitor Centre (Parry Sound, Ontario, 2006), designed in collaboration with Baird Sampson Neuert Architects as a major gateway to northern Ontario, uses strategies similar to the sculpture projects that began on the Palatine. The building has an immersive interior that evokes collective voices amid a densely layered history. Interactive exhibits for children and acoustic environments offering voices of historical figures flow within this structure. Stories of many cultures passing through this ancient place amid vast movements of water and ice form the core themes of the exhibit. This design seeks to generate an experience of depth from thin layers of material. The exhibits are supported by multiple layers of glass, folded layers of stone and openwork lattice skeletons. The design features an expressive topography of layered thin-set stone integrated with densely layered, curved lattice screens that trace out the topography of ice-scoured granite.

Similarly, the latticework structure running through the main hall of the Niagara Credit Union building in Virgil, Ontario (2001), is derived from interlinking structures in installation work from Rome. Standing on a site that acts as the gateway to Niagara-on-the-Lake, this new banking centre was required to conserve the historic character of the area. The building fronts a new suburban development and invites questions about authenticity and substance: can enduring, rooted qualities be achieved using commercial construction? A hybrid structural system that employs interlinking laminated and stranded-timber members forms a lightweight structural meshwork supporting the main roof and a canopy extending outward to the surrounding site. Tall, branching timber columns support this structure and frame the heart of the building, a light-filled great hall. A front verandah and treelike groves of shade supports along outdoor walkways create a streetscape that encourages interaction with the public. Reinforcing this lightweight skeleton, thin skins of ledge rock and limestone present elongated,

Implant Matrix (2006), une installation temporaire présentée dans une galerie à Toronto, était une enveloppe de bâtiment expérimentale pourvue de couches de pores miniatures et de mécanismes de crampage pouvant convertir du matériel environnant en un mur vivant et fertile. Des matrices de capteurs microscopiques et des actionneurs en alliage à mémoire de forme ont été disposés en renflements enroulés faisant des mouvements subtils de captation et de succion. Ce mouvement créait un pompage péristaltique diffus qui aspire l'air et la matière organique dans l'espace. Pour cette œuvre, on a utilisé la découpe au laser à partir de modèles numériques et de systèmes interactifs contrôlés par des microprocesseurs de type Peripheral Interface Controller. Les processeurs, capteurs et actionneurs soutiennent une intelligence primitive qui anime la structure. Le projet questionne notre relation à la nature en créant un système artificiel capable d'empathie mécanique, réagissant aux êtres humains comme une sorte de proie érotique.

Constructions réalisées

Les projets développés grâce à mon expérience romaine impliquent un monde fondé sur l'interrelation et qui déborde des frontières clairement définies. Présentées dans des galeries, les installations et les œuvres auxquelles ils ont donné lieu ont à leur tour servi de laboratoire pour des réalisations architecturales. Conçu en collaboration avec Baird Sampson Neuert Architects comme une passerelle majeure vers le nord de l'Ontario, l'intérieur du centre d'acceuil de French River (Parry Sound, Ontario, 2006) recourt à des stratégies similaires aux projets de sculpture qui ont débuté sur le Palatin. L'intérieur de l'édifice produit un effet immersif qui suggère des voix collectives au cœur d'une histoire dont les couches de sédimentation sont denses. Des expositions interactives pour les enfants et des environnements acoustiques faisant parler des figures historiques emplissent sa structure. Les histoires des nombreuses cultures qui ont grandi au milieu du mouvement des glaces et des eaux fournissent les thème principaux. Ce design tente de générer une expérience de profondeur à partir de fines couches de matériel. Les expositions impliquent le recours à de multiples couches de verre et de pierre plissée ainsi qu'à des armatures ajourées. Le design figure une topographie expressive de fines couches de pierre qui s'intègrent à celles, denses et courbes, de réseaux grillagés, soulignant la topographie de granit érodé par la glace.

De même, la structure en treillis qui traverse le hall principal de l'édifice Caisse populaire Niagara à Virgil, Ontario (2001) dérive des structures interreliées développées dans les installations conçues à Rome. Édifié sur un site qui sert de passerelle vers Niagara-on-the-Lake, ce nouveau centre bancaire devait conserver le caractère historique

folded planes that extend the thickness of the enclosing walls. Using thin, interlinking materials, the project pursues depth.

Expanded Relationships

In my work, I have tried to develop a stance in an intertwined world that moves beyond closed systems. In the broadest terms, a rational, Renaissance view of the world might stretch out in a geometric array that reinforces human control; conversely, a Romantic stance might see overwhelming presence lurking above and below, far beyond human control. Such polarized relationships are not exclusive to architecture: we could say they run wherever we hear opposing terms used to describe complex situations: subject/object, self/other, form/function, organic/inorganic, observer/observed, static/dynamic. I hope the projects described here move toward dissolving some of these artificial distinctions. My pursuit is of a hybrid that, instead of reconciling opposing forces, pursues complex and ambivalent relationships.

Karl Marx wrote in *The Communist Manifesto* that 'all that is solid melts into air,' implying that matter itself was somehow anachronistic, the stuff of the ruling class that he was working to sweep away. Yet a persistent pursuit of substance runs through the past century, standing in stark contrast to new orthodoxies of 'light as air' building details. Depth is arguably a contemporary partner to transparency. In my own work, a continuum runs between the initial deposits of a densely massed landscape in Rome and my current attempt to regain fertile mass and substance. Even as it melts into air.

du lieu. Faisant face à une nouvelle zone suburbaine, le bâtiment suscite un questionnement sur l'authenticité et la substance : la dimension de permanence et d'enracinement est-elle possible avec une construction commerciale ? Un système de construction hybride faisant appel à des éléments combinés en bois laminé et torsadé a permis d'obtenir une structure légère pour supporter le toit principal et un auvent déployé au-dessus du site environnant. De grandes colonnes en bois convergentes supportent cette structure et encadrent le cœur de l'édifice, un grand hall très lumineux. Une véranda à l'avant et des supports ramifiés offrant de l'ombre disposés le long de passerelles extérieures crée un effet de rue qui encourage l'interaction avec le public. Renforçant cette structure légère, de minces couches de rocher et de calcaire forment des plans allongés et plissés qui prolongent l'épaisseur des murs environnants. Jouant sur la finesse et l'interconnexion des matériaux, le projet recherche la profondeur.

Relations étendues

Mon travail est une tentative d'ouvrir une voie dans un monde fait d'entrelacements qui va au-delà des systèmes fermés. Considérée dans les grandes lignes, une vue du monde rationnelle et conforme à l'esprit de la Renaissance pourrait prendre la forme d'un agencement géométrique renforçant le contrôle humain ; à l'inverse, l'approche romantique privilégie une omniprésence écrasante bien au-delà de tout contrôle humain. Cette polarisation des relations n'est pas l'apanage de l'architecture : nous pouvons la repérer partout où l'opposition des termes est utilisée pour décrire des situations complexes : entre le sujet et l'objet, le soi et l'autre, la forme et la fonction, l'organique et l'inorganique, l'observateur et l'observé, le statique et le dynamique. J'ai l'espoir que les projets décrits ici peuvent contribuer à éliminer plusieurs de ces distinctions artificielles. Mes recherches sont de nature hybride et, loin de réconcilier des forces opposées, portent plutôt sur les relations complexes et ambivalentes.

Dans le *Manifeste communiste*, Karl Marx a écrit que « tout ce qui est solide se dissout dans l'air », rappelant ainsi que la matière elle-même est quelque chose d'anachronique, une substance entre les mains de la classe dirigeante au pouvoir de laquelle il s'attaquait. Le siècle dernier est marqué par une quête persistante de la substance, qui contraste fortement avec les nouvelles orthodoxies prônant une construction « légère comme l'air ». La profondeur est sans doute le partenaire contemporain de la transparence. Dans mon propre travail, un fil continu relie les dépôts rituels primitifs d'un paysage romain au relief dense à mes tentatives actuelles de retrouver la fertilité de la masse et de la substance. Même si tout cela se dissout dans l'air.

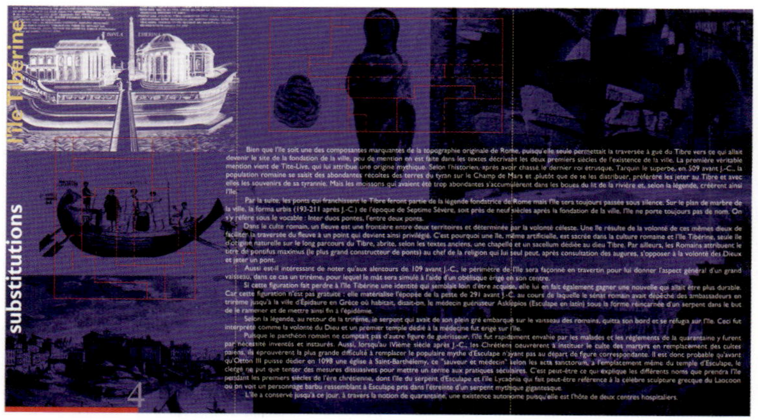

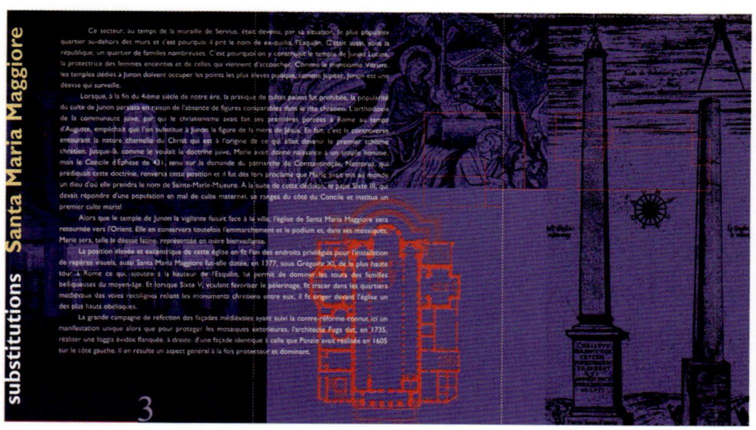

Mock-ups, *Persistences* Cartons, *Persistances*

Persistences

Rome

'"Cities also believe themselves to be borne of the spirit or by chance, but neither of these sufficiently holds up their walls. You do not enjoy a city for its seven or seventy wonders, but for the answers it offers to one of your questions."

"Or for the question it asks you."'

– Kublai Khan in conversation with Marco Polo in Italo Calvino's *Invisible Cities*

Much has been said, and will be said, on Rome and its history, our history. These multiple narratives have posited many successive and sometimes concurrent Romes. Whatever each narrative is worth, it is precisely through this consciousness-raising over three millennia that Rome remains a pertinent object of analysis.

It is therefore Rome – a city that is not only eternal, but rather eternally rebuilt and reinterpreted; a city not only of sediment but of substrata – that is the object of this exploration.

Rome, which has seen the succession, cohabitation and integration of many cultures, from the regional (Etruscan, Southern European, Latin) to the distant (Greek, Carthaginian, Semitic, barbarian and, finally, Christian), remains unique in its foreknowledge, a type of consciousness borne of continuity and mutation. In *The Metamorphoses*, didn't Ovid, a self-appointed chronicler of the truly Roman, decree that all passion leads to transformation?

Ruins

'Sensation is produced when we submit phenomena in the world around us to coherent distortion.'

– Maurice Merleau-Ponty

In the centre of this passion lies the ruin. It is the ruin, by virtue of its being, that bears witness to what was and what can no longer be. The ruin was a source of fascination even during the Roman Empire: not only the ruin that was left behind after a conquest, but especially the ruin whose origins are shrouded in mystery. In 80 BC, when Sulla's troops returned from their conquests in Egypt, the ruins they saw along the Nile were thousands of years old. These imposing monuments,

Persistances

Rome

« 'Les villes aussi se croient l'œuvre de l'esprit ou du hasard, mais ni un ni l'autre ne suffisent pour faire tenir debout leurs murs. Tu ne jouis pas d'une ville à cause de ses sept ou soixante-dix merveilles, mais de la réponse qu'elle apporte à l'une de tes questions.'

'Ou de la question qu'elle te pose.' »

– Dialogue entre Kublai Khan et Marco Polo dans : Italo Calvino ; *Les villes invisibles*

Beaucoup a été dit et se dira sur la ville de Rome et son histoire, notre histoire. Ces multiples formulations ont inventé plusieurs Rome successives et parfois même concurrentes. Quelque soit la valeur respective de chaque formule, c'est précisément à travers cette quête de conscience explicite presque trois fois millénaire que lui sera toujours assurée sa pertinence comme objet d'analyse.

C'est donc Rome, ville non pas éternelle, mais éternellement reconstruite et réinterprétée, ville non pas du sédiment mais du substrat, qui est ici l'objet de cette exploration.

Ce lieu qui a vu se succéder, cohabiter et puis s'intégrer plusieurs cultures d'abord régionales (étrusques, sabines, latines) puis distantes (grecques, carthaginoises, sémites, barbares et finalement chrétiennes) reste unique par une conscience prématurée qui nous est parvenue des notions de passage et de mutation. En écrivant « Les métamorphoses » Ovide, qui se fait chroniqueur d'une véritable romanité, n'entend-il pas décréter que toute passion mène à la transformation?

Ruines

« Il y a production de sens lorsque nous soumettons les phénomènes du monde qui nous entoure à une distorsion cohérente. »

– Maurice Merleau-Ponty

Au centre de cette passion, la ruine. C'est la ruine, qui en étant, témoigne de ce qui fut et ne pourra plus être. Déjà sous l'empire romain, la ruine fascinait : la ruine qu'on laissait derrière soit au terme d'une conquête certes mais surtout celle dont le mystère soustendait les origines. Lorsque les troupes de Sulla reviennent des conquêtes d'Égypte en 80 av. J-C, les ruines qu'ils ont vues le long du Nil sont déjà millénaires. Ces monuments démesurés, soumis au processus d'érosion et la lente fusion de l'artifice et du naturel

subject to erosion and the slow integration of artifice and nature that ensues, were to become the prototypes of an architecture worthy of Rome's ambitions, one that would release it from the Greek and Etruscan canons.

When in AD 312 the Emperor Constantine searched for a way to depict in stone the Christian obsession with martyrdom, he situated his first Christian basilica halfway beneath the dais of an abandoned circus where the Apostle Peter was likely persecuted. Thus he created the prototype of the Christian basilica whose commemorative motif draws, from the ruin, a sense of the passing of time. At the behest of this industrious transmogrification in architecture, the historical will linger, monumentalizing itself as a ruin.

The historical period known as Humanism, as it was called in the later Middle Ages, owes its birth to history's understanding of the ruin. Didn't Petrarch, to whom we credit this initial awakening, this spark that would lead to the fiery energy of the Renaissance, spend his time decoding Latin inscriptions he found scattered about the brambles near temples humbled by a forum since labelled the Campo Vaccino (Cow Pasture)?

The feudal and clerical powers behind this new era would come to assess themselves after a nostalgia for faded glory had passed. Their need to see the extent to which their dominions could be expressed in the built environment would reach the same excesses described by those laboriously decoded ancient texts. And those power centres would then demand the capacity to reproduce what is no more. In their attempts to meet this challenge, a generation of artists, educated by the first libraries of the dukedom, created tools that enabled interpretation of and invited speculation about original features of these formless masses of brick and vegetation that the city had accommodated. Invented by Raphael to *relevé* the ruins of Nero's Golden Palace, the first tool – the plan – would act as the fundamental ingredient for a new architectural consciousness: the Renaissance.

Pliny the Younger's descriptions of his own villas were a major influence during the Renaissance, despite the fact that no traces of constructed material remain. Hundreds of architectural interpretations of these texts proliferated during the period, each distinct from the next, as a result of various mistranslations of the Latin. The Villa Madama is a built representation of the Renaissance fascination with texts from Antiquity. Partially completed by Raphael for Leo X, who interrupted work due to the 1527 pillaging, this villa was inspired by two of Pliny's descriptions and in turn influenced, in its erudition, the work that comprises the reconstruction of contemporary Rome.

qui en résulte, sera source d'une architecture véritablement à l'échelle des ambitions romaines qui pourra dès lors s'affranchir des canons grecs et étrusques.

Quand, en 312 après J.C., l'empereur Constantin cherche à matérialiser l'obsession chrétienne du martyr dans l'immuabilité de la pierre, il inscrit sa première basilique chrétienne à moitié sous les estrades d'un cirque abandonné où l'apôtre Pierre avait été vraisemblablement persécuté. Il crée ainsi le prototype de la basilique chrétienne dont le motif de commémoration puise dans la ruine, le sens du passage.

Au gré de cette industrieuse transfiguration architecturale, l'histoire s'attardera à faire de cet empire lui-même une monumentale ruine et à sa seule présence peut-on accréditer l'émergence de ce qui s'appellera, au terme du Moyen-âge, l'ère de l'humanisme. Pétrarque à qui l'on attribue cet éveil, simple étincelle qui mènera aux feux de la Renaissance, ne passait-il pas ses jours à déchiffrer les inscriptions latines parsemées dans les ronces des temples effondrés d'un forum qui s'appelle désormais le champ des vaches, Campo Vaccino?

Lorsque la puissance féodale et cléricale de cette nouvelle ère s'évaluera suite à la nostalgie d'une grandeur évanouie, le désir de voir s'exercer son dominion par le bâti avec la même démesure que ce que les textes anciens laborieusement déchiffrés décrivent n'exigera-t-il pas la capacité de reproduire ce qui n'est plus? C'est pour faire face à ce défi qu'une génération d'artistes, éclairés par les premières bibliothèques ducales, inventera des outils permettant d'interpréter et souvent de spéculer sur l'aspect original de ces masses informes de briques et de végétation dont la ville s'est accommodée. Inventé par Raphaël, afin de « relever » les ruines de la maison dorée de Néron, ce premier instrument, le plan, servira de fondement à une nouvelle conscience architecturale : celle de la Renaissance.

Quelle vaste influence ont eu à cette époque les descriptions que Pline le jeune faisait de ses villas dont plus aucune trace construite ne subsiste! Des centaines d'interprétations architecturales de ces textes ont parsemé la Renaissance et elles se distinguent les unes des autres par l'erreur qu'on y faisait ça et là dans la traduction du latin. La villa Madama est un exemple de cette fascination de la renaissance pour les textes de l'Antiquité. Construite en partie par Raphaël pour Léon X qui dut interrompre les travaux au moment du sac de 1527, cette villa qui est inspirée des deux textes descriptifs de Pline influença à son tour par son érudition les œuvres qui constitueront la reconstruction de la ville de Rome contemporaine.

Si les princes de la Renaissance, pour des motifs politiques, ont induit chez leurs artistes le goût de l'analyse scientifique des textes anciens et des ruines, en revanche leurs successeurs du baroque y ont développé le goût de l'irrégulier, et exacerbé son

If, for political reasons, the Renaissance princes encouraged in artists a taste for scientific analysis of the ancient texts and ruins, their Baroque successors rebelled and developed a highly irregular mode of inquiry that championed imperfection. Ruins were to become a great source of inspiration within the discourse of reason. It shouldn't come as a surprise that Michelangelo should finish his days on earth after he scaled the ruins of the Forum.

The last two centuries have seen the ruin objectified by science. Dissected, ruin instigates schisms at the heart of various disciplines too contrarian in their orthodoxy to ever exhaust their subjects. The discipline of studying exotic horticulture was put forward to develop the *Flora Colisea* of 1813 and *Flora of the Colosseum* of 1855. These works have recorded 420 species of exotic plants that grow around the ruins of the Colosseum and that have been traced back to the residual seeds excreted by wild animals that were imported for the circus, where Romans were entertained 1,700 years earlier.

Mock-ups

'Whatever else we do, we always reconstruct the monument as we see fit. But it's already saying something to use only real stones.'

– Marguerite Yourcenar, *Les Mémoires d'Hadrien*

In solidarity with this position, and in the spirit of the long empirical tradition of the recipients of the Rome grant, *Persistences* assembles seven examples, depicted in the form of cardboard mock-ups, from some 300 randomly selected subjects, in the manner of Stendhal's impromptu dictum to follow 'no project, no science, only the momentary impulse.'

Each of these cardboard mock-ups endorses a single method – 'folding' – to dwell on a given subject in order to pinpoint it, describe it and distill it to its most basic conditions of invention, variations of which, over time, have been mastered in Rome. In a didactic way, these syntheses aim to uncover the persistent nature of the intentions behind the project, a goal that is, admittedly, tantamount to the creation of a Roman lexicon of architectural transformation.

état d'imperfection. Du champ d'exercice de la raison, la ruine deviendra le lieu de l'inspiration. Aussi ne faut-il pas s'étonner si c'est à arpenter les ruines du forum romain que Michel-Ange finira ses jours.

Les deux derniers siècles ont vu la ruine soumise à l'objectivation de la science. Disséquée, elle provoque des schismes au sein des disciplines trop contraintes dans leur orthodoxie pour épuiser sa matière. On a dû invoquer l'horticulture exotique pour réaliser les ouvrages que sont *Flora Colisea* de 1813 et *Flora of the Colosseum* de 1855. Ces ouvrages ont répertorié 420 espèces de plantes exotiques couvrant de leur branches les ruines du Colisée et dont on a fait remonter les origines aux semences résiduelles qui se trouvaient dans les déjections des animaux sauvages importés au cirque pour le plaisir du peuple romain mille sept cent ans plus tôt.

Cartons

« Quoiqu'on fasse, on reconstruit toujours le monument à sa manière. Mais c'est déjà beaucoup de n'employer que des pierres authentiques ».

– Marguerite Yourcenar, *Les mémoires d'Hadrien*

Dépositaires de cette réflexion, et inscrite dans la longue tradition empirique des boursiers de Rome, l'exposition *Persistances* recueille sous forme de cartons-maquette sept exemples choisis parmi les quelques trois cent sujets recueillis au hasard de la découverte et, à la façon de Stendhal, « sans projet ni science et uniquement en suivant l'impulsion du moment ... »

Chacun de ces cartons-maquettes souscrivant à une seule méthode, le pliage, s'attarde pour un sujet donné à repérer, décrire et condenser en gestes de fabrication, les mutations dont la longue durée, à Rome, s'est faite maître d'œuvre. Didactiques, ils visent dans la synthèse qu'ils font chacun de la persistance des intentions à la source du projet, le but avoué de constituer un lexique romain de la transformation architecturale.

Other Projects

Chapiteau des arts (TOHU; Montreal, 2004, Schème consultants, L'Architecte Jacques Plante, Jodoin Lamarre Pratte et associés)

In 1997, Cirque du Soleil built its headquarters near a disused landfill site on the periphery of Montreal. Since then, the École nationale du cirque – a school for circus arts – and other performance groups have joined Cirque du Soleil in establishing the Cité des arts du cirque (TOHU), a complex for producing and promoting the circus arts. In addition, TOHU invites reflection on environmental issues by serving as the gateway to the Complexe environnemental de Saint-Michel, a vast urban park being developed on the former landfill site.

The project is conceived along two developmental axes: that of culture, represented by the circus arts, and that of environmental quality and recycling. It integrates in a single construction a performance space – or permanent big top – with a seating capacity for 840 spectators, as well as a recycling research and interpretive centre. A public square serving as a four-season venue for various forms of entertainment, such as temporary circus shows, land-art installations and other events, will be developed on the building's 27,000-square-metre site.

Two furrows in the ground symbolize TOHU 's founding principles and serve as a reference for orienting the axes of the project. South to north, the environmental axis points to the excavation site of the stone quarry that supplied much of the city's building material, this same city in turn filling the quarry with domestic refuse. This link marks the entrance from the city to the park, which will be one of the largest in Montreal. East to west, a track, or *piste* – which in French also designates the circus ring – links the various citizens of TOHU and marks its cultural axis. Jimbo, a recycled gantry crane from the Port of Montreal, moves along this path and lives again, both as a mobile stage and a symbolic device; just as Jumbo the Elephant once did for the circus, Jimbo embodies TOHU and expresses its soul.

Evoking the site's geology, the building refers to the fertile stratification of soil in constant evolution. This is achieved mainly through the performance hall's emerging, cylindrical volume, its surface fashioned out of concrete strata imprinted with wood and canvas elements, fossil-like and reminiscent of the structure and history of the big tops of yore. Around it, rectangular wood-clad forms reminiscent of performers' caravans host backstage activities, exhibition space, interpretation areas and offices. An open, light-filled foyer serves as the heart of this grouping and as the reception and meeting area for all TOHU activities.

Autres projets

Chapiteau des arts (TOHU ; Montréal, 2004, Schème consultants, L'Architecte Jacques Plante, Jodoin Lamarre Pratte et associés)

En 1997, le Cirque du Soleil a construit son siége social en périphérie de Montréal. Depuis ce temps, l'École nationale du cirque et autres groupes ont établi, avec le Cirque du Soleil, la Cité des arts du cirque (TOHU), un complexe pour la production et promotion des arts du cirque. Le projet doit servir comme accueil au complexe environnemental de Saint-Michel (CESM), dont il occupe la partie sud de la couronne. Site d'une ancienne carrière, depuis trente ans deuxième site d'enfouissement en milieu urbain en importance en Amérique, le CESM est appelée à devenir le deuxième plus grand parc montréalais après le Mont-Royal.

Évoquant l'organisation traditionnelle des roulottes de cirque autour du grand chapiteau, les différentes fonctions du projet ont, par conséquent été regroupées à l'extrémité ouest du site de façon à marquer cette limite de la Cité des Arts du cirque comme celles du quartier Saint-Michel. La disposition des volumes permet également d'instaurer une grande piste à l'échelle urbaine qui associe d'est en ouest tous les citoyens de la Cité des arts du cirque (le Cirque du Soleil, l'école nationale du cirque, le regroupement en piste). Cette piste multifonctionnelle sera bientôt animée par une gigantesque grue à portique désaffectée qui trouvera une seconde vie dans le monde ludique du cirque.

Au bout de la piste, la matière du grand chapiteau affiche par sa variété de tons de gris les strates de la carrière Miron dont les teintes sont celles des édifices de Montréal qu'elle a contribué à construire. Les textures de ces panneaux de béton font quant à elles référence à l'histoire des constructions de cirque : pierre, bois et textiles. Marquant les ruptures de couleur et de texture, des insertions de LEDS multicolores assurent une signalisation ludique, économe d'énergie et sans pollution nocturne du ciel. Mais la véritable innovation technologique dont la construction de cette salle de 840 places fait preuve est la grande économie de matière dont sa paroi est constituée. Fidèle à cette démarche environnementale qui vise à réduire la quantité de matériaux utilisés en construction, les murs de la salle ne sont fait que de ces seuls panneaux de béton préfabriqués, dans lesquels, tous les professionnels ont sû trouver les qualités nécessaires à leur discipline respectives : la structure, l'acoustique, l'absorption de la réverbération, la masse thermique solaire, l'isolation thermique et, bien sûr, l'esthétique du bâtiment.

Un dernier aspect environnemental qui fait le lien entre le ludique et l'environnemental concerne la réutilisation de matériau. Outre la grue à portique, une collection de gigantesques poutres de différentes tailles et provenance forment la structure de la toiture du grand foyer, le revêtement festif d'un kiosque d'auto-tamponneuses d'un

Chapiteau des Arts (TOHU)

Centre d'histoire de Montréal (2001, Schème consultants, Toboggan Design, Faux-Trio, Sono Design)
The goal of having the museum space itself be the engine driving the principal exhibition strategy led the Societé de developpement de Montréal to commission the multidisciplinary atelier Schème to design the permanent exhibition for the Centre d'histoire de Montréal. My team brought together museologists, museographers, historians, filmmakers and educators to work alongside the core project team from Schème.

The project mandate was to establish new exhibition content, to define a new museological and museographic approach and to renovate the existing building in order to reposition the Centre d'histoire de Montréal within the vast panorama of historical museums in Montreal as a significant place and not just a significant collection.

The intervention sought to establish an appropriate response to the historic site of Place d'Youville, on the edge of Old Montreal, and to transform an existing fire hall into an interpretive centre. The fire hall, which was in a sense a machine for surveillance, has become instead a machine to see, opening up to the landscape of Place d'Youville. In addition, it was necessary to establish a circulation and occupation strategy, as well as identifying the potential for recuperation of certain original architectural fragments, to establish exhibition content appropriate to the space.

Atwater (Montreal, 1997–2002)
Atwater is one of five nodes that the Service des Parcs, Jardins et Espaces Verts identified as key components of the economic health of districts in southwest Montreal that border the Lachine Canal. Schème was commissioned to design the market square, two public squares, a park-school and two neighbourhood parks, and to coordinate an archaeological inventory of the sector. A critical analysis of parking and circulation systems resulted in their general reorganization, improving the legibility of urban spaces. We also conducted an analysis of the daily activities of the Atwater Market and considered its potential for future development. Street furniture addressing the needs of merchants and users was developed.

An analysis of the neighbourhood's history revealed it to be a microcosm of nineteenth-century development in Montreal, and a program of public art was devised that would pay tribute to this history. Working with artist Jacek

parc d'amusement devient l'escalier de la mezzanine et des attaches de chemin de fer renaissent en surfaces extérieures de divertissement et sous différentes formes de mobilier urbain.

Centre d'histoire de Montréal (2001, Schème consultants, Toboggan Design, Faux-Trio, Sono Design)
C'est dans le but que la conception de l'espace même du musée devienne le moteur principal de la stratégie d'exposition que la SDM a confié le mandat du renouvellement de l'exposition permanente du Centre d'histoire de Montréal à l'atelier transdisciplinaire Schème. L'équipe a regroupé muséologues, muséographes, historiens, cinéastes et éducateurs au sein de l'équipe pivot de Schème.

Le mandat était de constituer un nouveau contenu, de définir une nouvelle approche muséologique et muséographique et à intervenir de façon signifiante sur le bâtiment existant de façon à repositionner le Centre d'histoire de Montréal dans le vaste panorama des musées d'histoire montréalais en tant que lieu plutôt qu'en tant que collection.

L'intervention a donc favorisé avant tout que soit posée une réflexion sur l'ancrage d'un récit d'histoire dans ce lieu significatif qu'est la Place d'Youville en bordure des limites de la vieille cité et sur la transformation architecturale d'une caserne de pompier en espace d'interprétation. La caserne qui était en quelque sorte une machine à surveiller devient ainsi machine à voir s'ouvrant sur le paysage de la Place d'Youville dont elle devient elle-même l'instrument d'interprétation à travers divers dispositifs in situ.

Atwater (Montréal, 1997–2002)
Le pôle Atwater est un des cinq pôles que le bureau de projet du canal de Lachine du Service des Parcs, Jardins et Espaces Verts a identifié pour assurer la relance économique des quartiers du sud-ouest de Montréal en bordure du canal de Lachine. Schème a été mandatée pour la planification et la réalisation de la place du marché, de deux places publiques, d'un parc-école et de deux parcs de quartier, ainsi que la coordination des services de caractérisation des sols et d'inventaires archéologiques sur l'ensemble du secteur soumis aux interventions. Une analyse critique des études de stationnements et des circulations a mené à une réorganisation générale des schémas de circulations et de stationnements en misant sur la clarté et la lisibilité des espaces urbains. Schème a procédé à une analyse en substance du fonctionnement quotidien du marché Atwater, de ses besoins spécifiques et de son potentiel de développement futur. L'invention de dispositifs urbains adaptés aux besoins des marchands et des utilisateurs a nécessité de nombreux ajustements avec les différents services de la ville impliqués.

Centre d'histoire de Montréal

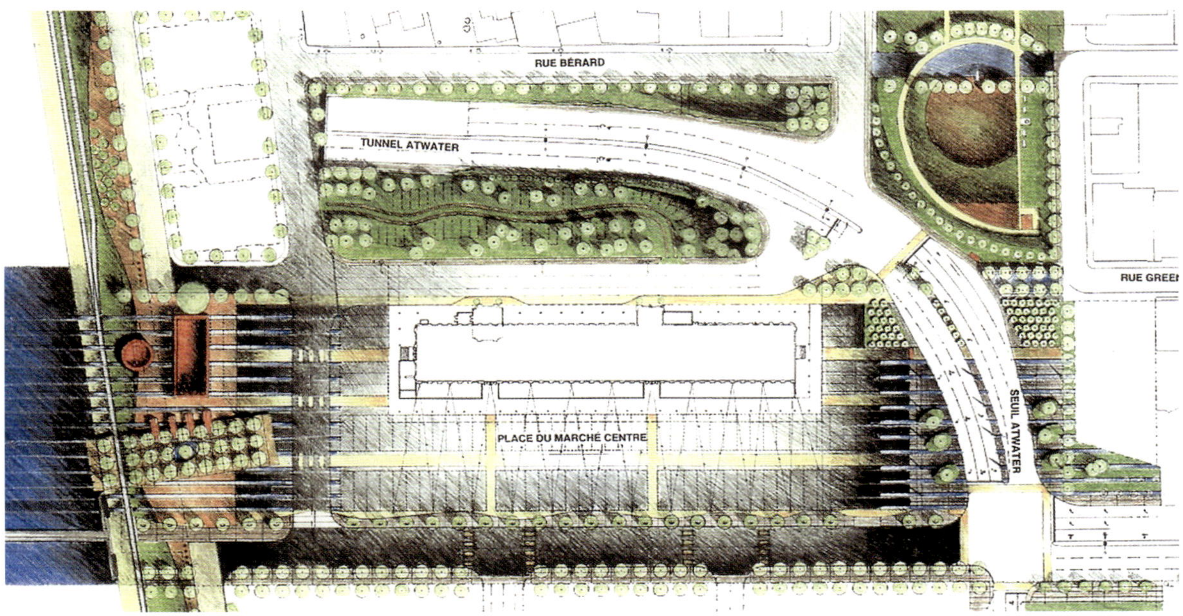

Atwater

Jarnuszkiewicz, museologist Nicole Cloutier and historian Jean Bélisle, we developed an integrated approach to urban design where familiar landscape elements are transformed into evocative objects.

Argent sacré! Sacré argent! (2005, with Anne-Marie Matteau)
The project consists of the design of an exhibition, an atmospheric universe evoking the magical power of money. Throughout the exhibition hall, the entire space is visible, reinforcing unity and underlining the moral, philosophical and social complexity of an everyday object like coinage. The various zones within the exhibition cross and touch each other, creating a sense of ambiguity between the various subjects.

The exhibition is organized around two big ideas: money as an object and money as a concept. Colour and materiality are treated differently within the two zones. The zone where money is treated as an object is, like its subject matter, made of natural materials – wood and metal – its supports firmly anchored to the floor. The zone where money is treated as a concept reflects this more ephemeral character. Screens and globes, part of artist Ingo Günter's installation, float above the ground, evoking global perspectives, while a basin of water with virtual fish suggests the realm of dreams.

Montreal Botanical Garden (Montreal, 2004)
In 2004, following a call for proposals, the Montreal Botanical Garden appointed Schème to prepare a new plan for circulation and entries for the important historic institution. This inspired reflection on what exactly constituted the heritage value of the Botanical Garden, by means of an analysis of the evolution of the site and client needs over seventy-five years of operation. This analysis led to a proposal that seeks to re-establish the original concept devised by the garden's original designers, Teuscher and Marie-Victorin. The essentially diagrammatic proposal involves a new circulation strategy that seeks to eliminate conflict between functional circulation for researchers and employees, service vehicles and visitors (both pedestrians and tour buses).

Suite à l'analyse de l'histoire du quartier effectuée par Schème la découverte d'une véritable histoire du développement urbain du XIXe siècle a fait l'objet d'un programme d'intégration d'art public d'un type nouveau. Schème, de concert avec l'artiste contemporain Jacek Jarnuskiewicz, la muséologue Nicole Cloutier et l'historien Jean Bélisle, a développé une approche intégrée de l'aménagement urbain où les dispositifs familiers du paysage sont transformés en objets d'évocation.

Argent sacré! Sacré argent! (2005, avec Anne-Marie Matteau)
Le projet est un univers atmosphérique qui évoque le pouvoir magique de l'argent. En tous points dans la salle, l'ensemble du lieu est visible, renforçant l'unité et soulignant la complexité morale, philosophique et sociale d'un objet aussi courant que la monnaie. Les zones se croisent et se touchent, laissant apparaître certaines ambiguïtés ou rapports entre les sujets traités.

L'ensemble de l'exposition s'organise autour de deux grandes idées, l'une étant celle de la l'argent-objet et l'autre celle de l'argent-concept. Couleur et matérialité se précisent différemment dans les deux zones : la zone de l'argent-objet, comme son sujet, est de matière organique, de bois et de métal. Ses supports sont fermement ancrés au sol. La zone de l'argent-concept reflète le caractère plus immatériel du sujet. Des écrans et des globes, faisant partie de l'intervention artistique d'Ingo Günter, flottent au dessus du sol évoquant les perspectives mondiales, tandis qu'un bassin d'eau où nagent des poissons virtuels ouvre la perspective vers le monde intime des souhaits et des rêves. Par le choix des matériaux et sa composition, cette zone est celle du miroitement et de l'illusion.

Jardin botanique de Montréal (Montréal, 2004)
En 2004, suite à un appel de candidatures, la direction du Jardin botanique de Montréal faisait appel à Schème pour proposer un plan de réaménagement des circulations et des entrées de la célèbre institution patrimoniale. S'en suivit une réflexion sur ce qui constitue en réalité le patrimoine du Jardin botanique, à travers une analyse portant sur l'évolution des lieux et celle des besoins de la clientèle au courant des soixante-quinze années d'opérations. Une grille d'analyse a été instituée afin de trier, dans l'ensemble, des gestes posés au long des années ceux qui étaient contradictoires et a ainsi permis de recentrer l'essentiel de l'intervention sur un concept simple, mais qui rétablissait un lien avec le concept original de Teuscher et Marie-Victorin. Autour de cette proposition, essentiellement diagrammatique, une nouvelle stratégie de circulation a été mise en place pour éliminer les conflits entre circulations fonctionnelles (chercheurs et employés), de service (urgences) et touristique (piétonnes et navettes).

Argent sacré! Sacré argent!

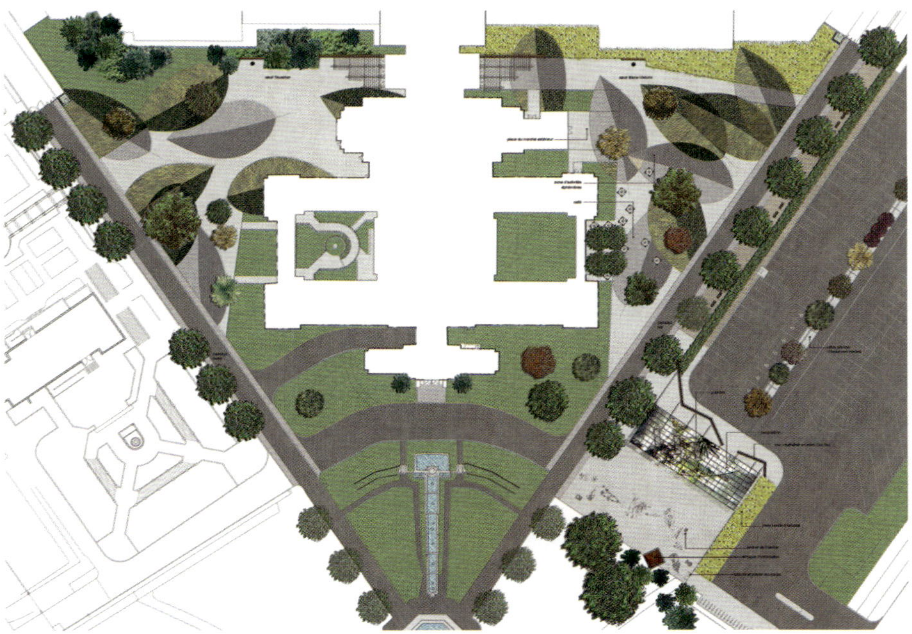

Montreal Botanical Garden Jardin botanique de Montréal

La Villa

Sketches of Rome Esquisses de Rome

Sketches of Quebec Esquisses de Québec

The stroll

Rome showed me otherwise unsuspected aspects of life. The murmur from the Piazza Santa Maria in Trastevere wakes me. I sleep in the room at the very back of the apartment. The light filters through the blinds and creates sharp lines on the wall. I watch this slow movement, enchanted. Another day opens up for me. I open the blinds and contemplate, to the right, the animated piazza and the terrace at the Caffè di Marchio. Once dressed, I leave my room for my morning stroll, a veritable architectural revelation. From the rectangular room, I move into the almost square kitchen with its immense arch, and further, to open the door that gives way to the terrace I share with the café's proprietor, in order to check the weather. Quite often, I stop here to eat a piece of fruit. From the terrace, I move back through the kitchen to get to the studio through a tiny opening, which I must duck into. When I straighten up, I see the fragments of a fresco that ornaments the ceiling. The studio seems more imposing each time I perform this simple ritual. I pick up a book or notebook on the massive table in the centre of the room. I watch the morning light that has been playing through the leaves of a tree visible from the topmost windows. I go back through the tiny door to regain the entryway and open a door that gives onto the huge stairwell, which I descend slowly. From the stair, I feel life beating in the heart of the palais. Various sounds and smells come over me as I move from one floor to the next until I emerge in the grand entryway of the building, where I greet a woman who works as a porter. I open a door that looks cut out of a larger doorway, which gives access to the outside. I find myself in the little square from which I have been watching the Piazza Santa Maria in Trastevere. I look at a few of the headlines of newspapers arranged in the newsagent's kiosk. Santa Maria's bells reach my ears just as I walk alongside the fountain steps.

Then I take up my place on the terrace at the Caffè di Marchio to order my cappuccino. The short time elapsed since I've sprung from bed has afforded me a tremendously diverse set of spatial experiences. Before I've taken my first sip of coffee, my body is already awoken by a voyage rich in impressions that are in stark contrast to the ritual of waking up that I became accustomed to from life on another continent. Rome is a terrain of infinite discovery. Thus I was able to launch myself effortlessly into drawing. So many places stimulated my imagination.

In Rome, the rhythm of life is different. I have the time to observe spaces, places the city has collected. Rome offers me time travel. A few millennia behind

La déambulation

Rome m'a enseigné des aspects insoupçonnés de la vie. La rumeur de la piazza Santa Maria in Trastevere me réveille. Je dors dans la chambre tout au fond de l'appartement. La lumière filtre à travers les volets et fait des lignes très géométriques sur le mur. Je regarde ce lent mouvement avec ravissement. Une autre journée s'offre à moi. Je vais ouvrir les volets et contemple du côté droit l'animation de la piazza et de la terrasse du café di Marchio. Une fois habillé, je quitte ma chambre pour ma déambulation matinale, véritable découverte architecturale. De la chambre rectangulaire, je passe à la cuisine presque carrée avec son immense arche et en profite pour ouvrir la porte, qui donne sur la terrasse que je partage avec le propriétaire du café, pour mieux connaître le temps. J'y fais fréquemment une pause pour y manger un fruit. De la terrasse, je repasse par la cuisine pour gagner l'atelier par une minuscule ouverture qui m'oblige à me pencher. En relevant la tête, j'aperçois les fragments de fresque qui ornent le plafond. A chaque fois, l'atelier me parait plus imposant par ce simple rituel. Je ramasse un livre ou un cahier sur l'immense table qui occupe le centre. J'observe la lumière matinale qui joue déjà dans les feuilles de l'arbre qu'on aperçoit depuis de hautes fenêtres. Je repasse par la petite porte pour regagner l'entrée et ouvrir la porte qui donne sur l'immense escalier que je descends lentement. Depuis l'escalier, je sens la vie battre au cœur du palais. Des sons divers, des odeurs, me parviennent en changeant d'un étage à un autre avant de déboucher dans la grande entrée de l'immeuble où je salue la concierge. J'ouvre une porte qui semble découpée dans la très grande qui est le véritable accès. Je me retrouve sur la petite place d'où j'observe déjà la piazza Santa Maria à Trastevere. Je regarde quelques titres sur les journaux que présente le kiosque du vendeur. Les cloches de Santa Maria résonnent à mes oreilles au moment où je longe les marches de la fontaine.

Puis je vais prendre place à la terrasse du café di Marchio pour commander mon cappuccino. Les quelques minutes qui se sont écoulées depuis mon saut du lit m'ont procuré une grande diversité d'expériences spatiales. Avant d'avaler ma première gorgée de café, mon corps est déjà en éveil par ce périple riche en impression qui contraste avec mon réveil auquel m'a habitué la vie sur un autre continent. Rome est un terrain de découverte infinie. Je me suis donc remis sans effort à dessiner. Tant de lieux stimulaient mon imagination.

À Rome, le rythme de la vie est différent. J'ai le temps d'observer les espaces, les lieux que la ville a accumulés. Rome m'offre un voyage dans le temps. Quelques millénaires derrière moi. J'observe quotidiennement les strates de l'histoire d'une cité. Je ressens aujourd'hui une émotion intense lorsque je vois la pluie qui couvre le sol con-

me. Daily, I see the strata of the history of a city. I feel the effects of an intense emotion when I see the rain falling on ground built almost 2,000 years ago. The eye in the cupola lets the rain into the temple ...

Back to my country in winter for a few meetings: I have plunged into the immense whiteness. To heighten the sense of emigration, I will spend a few days in the Parc des Grands Jardins, a small taiga island north of Quebec. Walking along a frozen lake, I look at mountains weathered by hundreds of millions of years, and they seem to gush out of the snow. My whole body offers up another voyage in time. In my country, it is nature, not architecture, that marks the passage of time. I walk in the snow and, by observing this landscape, I have a sense of walking on the earth's skin. Between Rome and the snow, an intense contrast allows me to see with even more clarity the power of the changing seasons on our land. Out of the drawings of Rome on ochre, I sketch a few lines on white in order to render the former more permanently onto paper. It's at this moment that the idea for large installations in snow germinates. As I sit on a rock and look at the snow or on a bench in the Campo di Fiori, sketching allows me to contemplate and to understand a place, a landscape ... I have a unique keenness of insight. Rome taught me to take my time. On the large table in the studio, there are photos of Rome, photos of rivers, trees ... The proximity of these universes on paper is inspiring, their juxtaposition surprising. Walking on the site of Hadrian's Villa, I am fascinated. A tree has grown among the ruins. There is a permutation, where traces of human construction lie, with nature adding a layer. The site of the villa is for me, today, far more inspiring than what the mock-ups faithful to Hadrian's time show us. Time's passing has created another landscape in which I stroll while tasting the present with intensity.

This year in Rome changed my life by introducing a new creative process into my way of moving about: the stroll. Every one of my projects is an opportunity to discover a site: its history, its intrinsic qualities and a client's vision. As I walk, sketch and take the time needed to harness discovery, a project takes shape in one of my sketchbooks. Since Rome, notwithstanding the importance of mock-ups and computer-assisted drawing, it's been in one of my hundreds of sketchbooks that the birth of intentions for future projects takes place. Since Rome, I have rediscovered the world around me with a greater keenness of insight.

struit il y a presque deux mille ans. L'oculus de la coupole laisse la pluie s'introduire à l'intérieur du temple ...

De retour au pays à l'hiver pour quelques rencontres : je suis plongé dans l'immensité blanche. Pour accentuer le dépaysement, je vais passer quelques jours dans le parc des Grands Jardins, un îlot de taïga au nord de Québec. Marchant sur un lac gelé, j'observe les montagnes, usées par des centaines de millions d'années, qui semblent jaillir de la neige. Tout mon corps m'offre un autre voyage dans le temps. Dans mon pays c'est la nature et non pas l'architecture qui marque le passage du temps. Je marche dans la neige et, en observant ces paysages, j'ai un peu l'impression de marcher sur l'épiderme de la terre. De Rome à la neige, l'intense contraste me permet de percevoir avec encore plus d'acuité le pouvoir de transformation des saisons sur notre territoire. Des croquis ocre de Rome, je fais quelques traits sur le blanc pour rendre cet autre infini sur le papier. C'est à ce moment que germe l'idée de grandes installations dans la neige. Assis sur une roche à regarder la neige ou sur un banc du Campo di Fiori, dessiner me permet de contempler et de comprendre un lieu, un paysage ... Je suis dans un état d'acuité unique. Rome m'a enseigné à prendre le temps. Sur la grande table de l'atelier, il y a des photos de Rome, des photos de rivières, d'arbres ... La proximité de ces univers sur le papier est inspirante, leur juxtaposition, surprenante. En marchant sur le site de la villa d'Hadrien, je suis fasciné. Un arbre a poussé sur les ruines. Il y a une permutation, sur les traces de construction de l'homme, la nature ajoute une strate. Le site de la villa est pour moi, aujourd'hui, beaucoup plus inspirant que ce que les maquettes nous donnent à voir du temps d'Hadrien. L'altération du temps crée un autre paysage dans lequel je déambule en goûtant intensément le moment présent.

Cette année à Rome a changé ma vie en réintroduisant un nouveau processus de création dans ma démarche : la déambulation. Chacun de mes projets est l'occasion de découvrir un site : son histoire, ses qualités intrinsèques et le désir d'un client. En marchant, en dessinant, en prenant le temps pour la découverte, le projet prend forme dans un de mes cahiers de croquis. Depuis Rome, sans négliger l'importance de la maquette et des modélisations informatiques, c'est dans l'un de mes centaines de cahiers de croquis que naissent les intentions des projets à naître. Depuis Rome, j'ai redécouvert avec une plus grande acuité le monde qui m'entoure.

Other Projects

Villa on Lac du Castor (Grandes-Piles, Quebec, 2000)

Situated on Lac du Castor (Beaver Lake) in rural Quebec, this 4,000-square-foot, four-season refuge will eventually serve as a permanent residence. The project accommodates three bedrooms, a workroom, an office and large living spaces. The site is in the heart of a forest with no visible traces of human presence, a place where time seems to pulsate to rhythms other than our own. Customary references are non-existent in a land untouched for years, perhaps centuries.

Beavers are the masters of this habitat. Around the lake, trees are gnawed and stripped; damming has waterlogged and drowned parts of the forest floor. The environmental effects of these builders guided the project's development. Made up of four distinct blocks, the house is linked by a wall of logs delineating a corridor, a backbone for the villa. Four roofs appear to float over the four blocks like giant parasols, held in place by slanted wooden poles that echo and meld into the surrounding landscape.

Inside the house, trees become columns that vertically intersect both living spaces and corridor, giving rise to a dialogue between the rational logic of the villa and nature's organic counterpart. Outside, wooden floors reach out to the lake and become a terrace, met by the outer columns, which mirror surrounding trees. Through large bay windows, the house's primary structure – roof, columns and floor – gently deconstruct into rudimentary shelter, then forest.

The villa is an extension of its environment, wide and generous at times, closed and careful at others, offering a lifestyle that incorporates nature in its very essence, melding the inside and the outside into one.

Cistercian Abbey of Saint-Jean-de-Matha (Quebec, completion 2007)

The new Cistercian Abbey of Saint-Jean-de-Matha strives to express the harmony and inner simplicity sought by Cistercian monks in their daily lives. At the centre of monastic life, hospitality, contemplation and prayer hold a privileged place. The seven daily offices punctuate a way of life regulated by prayer, while the passing of the seasons marks time.

The new abbey of Saint-Jean-de-Matha addresses the complementary imperatives of introversion and extroversion. The sequential organization of functions within the project encourages inner reflection and privacy for both monks and guests, while the volumetric purity of the abbey responds to the landscape in a gesture that promotes the intertwining of natural and built elements.

Autres projets

La villa du Lac du Castor (Grandes-Piles, Québec, 2000)

Situé sur le Lac du Castor dans la campagne québécoise, ce refuge de quatre mille pieds carrés, habitable à l'année, est appelé à servir de résidence principale. Le projet comprend trois chambres, un espace de travail, un bureau et de grands espaces vitaux. Le site est au cœur d'une forêt où la présence humaine ne se fait pas sentir, un endroit où le temps semble suivre un rythme différent du nôtre. Toute référence usuelle n'existe pas sur cette terre qui est demeurée intacte depuis des années, voire des siècles.

Les castors sont les maîtres de cet habitat. Autour du lac, les arbres ont été rongés et dépouillés ; les barrages ont détrempé et inondé en partie le sol de la forêt. Les effets environnementaux produits par ces constructeurs ont guidé l'élaboration du projet. Composée de quatre volumes distincts, la maison est réunie par un mur de rondins qui délimitent un corridor, la base de la villa. Quatre toits semblent flotter au-dessus des quatre volumes, tels des parasols géants maintenus en place par des poteaux en bois inclinés faisant écho au paysage environnant et s'y fondant.

À l'intérieur de la maison, les arbres deviennent des colonnes qui traversent à la verticale les espaces vitaux et le corridor, établissant un dialogue entre la logique rationnelle de la villa et la contrepartie organique de la nature. À l'extérieur, les planchers en bois se prolongent jusqu'au lac pour devenir une terrasse, où se trouvent d'autres colonnes qui répondent aux arbres tout autour. Par ses grandes fenêtres en baie, la structure principale de la maison – le toit, les colonnes et le plancher – se déconstruit en abri rudimentaire, puis en forêt.

La villa s'inscrit dans le prolongement de son environnement, parfois vaste et généreux, parfois fermé et prudent, offrant un style de vie qui incorpore la nature dans son essence même, ne faisant qu'un de l'intérieur et de l'extérieur.

L'abbaye cistercienne de Saint-Jean-de-Matha (Québec, achèvement : 2007)

La nouvelle abbaye de Saint-Jean-de-Matha se veut l'expression de l'harmonie et de la simplicité intérieure que recherchent les moines cisterciens dans leur vie quotidienne. Au centre de la vie monastique, l'accueil, le recueillement et la prière occupent une place privilégiée. Les sept offices quotidiens ponctuent une manière de vivre réglée par la prière, alors que le passage des saisons marque le temps.

La nouvelle abbaye à Saint-Jean-de-Matha aborde les impératifs complémentaires de l'introversion et de l'extraversion. L'organisation séquentielle des fonctions encourage la réflexion intérieure et l'intimité pour les moines ainsi que leurs invités, alors que la pureté volumétrique de l'abbaye répond au paysage dans un geste qui favorise l'intrica-

Thus, walkways, paths and corridors are impregnated with multiple sensations that see the subtle changes of landscape imparted to daily life.

In accordance with the way of life of Cistercian monks, the spaces of the new abbey largely encompass the cloister and culminate at the church – the focal point and heart of the project. The shape of the complex, with one wing in extension, indicates naturally the main entrance of the monastery, underscored by the prolongation of the wide roof of the church. Under the roof, a mineral garden serves as a square for the church and the guest house.

Originating beyond the pond, the landscape successively becomes a garden for guests, a reception area, a contemplative garden within the cloister walls and, finally, at the extreme south, a garden of reflection and meditation exclusively for monks. Reaching to the sky, the stone volume of the church is panelled with a wood interior that controls the light and intensifies the acoustics. Glass openings in the stone walls and on the roof bring zenithal light to this site of celebration and communion.

Winter Gardens (Parc de Conservation des Grands Jardins, Charlevoix, Quebec, 2004)
Six temporary winter installations were conceived to offer an enhanced appreciation of seven main lakes in the Parc de Conservation des Grands Jardins. Consisting only of ice, snow, light, canvas, metal, wooden stilts, electric material, camping equipment and candles, these installations, realized over the winter of 2004, introduce fleeting, ephemeral phenomena to a natural, apparently immutable environment of staggering proportions. The project seeks to modify our perception of landscape without permanently altering the environment.

The conservation park is a site protected from human intervention. Consequently, it is not subject to time as perceived within a human framework, and is modified only by its own evolutionary cadence. *Winter Gardens* reflects time as it occurs within a specific, natural landscape. The project's interventions act as fugitives: gardens of snow, ice and light come to rest softly on a ground just as impermanent – the frozen lakes of winter.

BLUE LINE
Project duration: two months
Materials: blocks of ice, light
Blocks of ice taken from the lake are aligned in a progressive and increasingly close-knit chain that extends from one side of the lake to the other like a spinal

tion des éléments naturels et bâtis. Ainsi, les sentiers pédestres, les allées et les corridors s'imprègnent des sensations multiples que procure au quotidien l'évolution subtile du paysage.

En accord avec le mode de vie des moines cisterciens, les espaces de la nouvelle abbaye englobent largement le cloître et culminent avec l'église, point de convergence et cœur du projet. La forme du complexe, dont une aile qui s'étend, indique naturellement l'entrée principale du monastère, soulignée par le prolongement du large toit de l'église. Sous le toit, un jardin minéral sert de place à l'église et à l'hôtellerie.

Commençant au delà de l'étang, le paysage devient progressivement un jardin pour les invités, un lieu d'accueil, un jardin contemplatif à l'intérieur des murs du cloître et, finalement, à l'extrémité sud, un jardin de réflexion et de méditation à l'usage exclusif des moines. S'élançant vers le ciel, le volume de pierres de l'église est recouvert de panneaux de bois à l'intérieur qui contrôlent la lumière et intensifie l'acoustique. Des ouvertures en verre dans les murs de pierres et sur le toit procurent un éclairage zénithal à ce lieu de célébration et de communion.

Jardins d'hiver (Parc de conservation des Grands Jardins, Charlevoix, Québec, 2004)
Six installations hivernales temporaires ont été conçues pour améliorer l'appréciation des sept lacs principaux du Parc de conservation des Grands Jardins. Composées uniquement de glace, de neige, de lumière, de tissu, de métal, de pilotis de bois, d'éléments électriques, d'équipement de camping et de chandelles, ces installations, réalisées durant l'hiver 2004, insèrent des phénomènes éphémères et fugaces dans un environnement naturel, apparemment immuable, aux proportions stupéfiantes. Le projet vise à changer notre perception du paysage sans modifier l'environnement de façon permanente.

Le parc de conservation est un site à l'abri de toute intervention humaine. Conséquemment, il n'est pas assujetti au temps tel que nous le percevons dans un cadre humain et il n'est modifié que par le rythme de sa propre évolution. Les Jardins d'hiver reflètent le temps tel qu'il se déroule dans un paysage naturel spécifique. Le projet pose des gestes fugitifs : des jardins de neige, de glace et de lumière se déposant doucement sur un sol tout aussi transitoire, soit les lacs gelés de l'hiver.

LIGNE BLEUE
Durée du projet : deux mois
Matériaux : blocs de glace, lumière
Des blocs de glace ont été pris dans le lac et sont alignés en une chaîne progressive et de

Villa on Lac du Castor La villa du Lac du Castor

Cistercian Abbey L'abbaye cistercienne, Saint-Jean-de-Matha

Winter Gardens *Jardins d'hiver*

column. During the day, the formation might resemble the top of a wall jutting up through the frozen expanse. At night, the ice takes on a blue glow; it becomes a bridge or a road, a reference point in the dark.

Blue Line is an enquiry into the vacillation of nature and culture, into our ability to see common elements in different lights, according to their location and presentation. In the city, ice is a natural, uninformed element; within this project, here in the wild, it becomes entirely organized. At its farthest ends, the dotted chain of blocks appears to be a naturally occurring phenomenon; at its centre, it is undeniably man-made. Categorization is blurred.

CONSTELLATION

Project duration: approximately ten nights, one hour per night

Material: snow, candles, fifty people

The shape of the lake is redefined by 2,000 candles laid in an orthogonal grid over its entire surface. For one hour every night, fifty people light what are in essence beacons, each one protected from the wind by a small well of snow. Each evening, the project lasts as long as it takes for all the candles to burn. Part of an outdoor activity organized by the park's director, the lake, for a short period of time, takes on the guise of a reflected night sky, but closer, as though seen through a magnifying glass. It is an analogy of time's relativity: lighting a candle and watching it go out within the much slower and bigger context of nature in its entirety.

ICEBERGS

Project duration (execution): one week

Material: ice

Rectangular plaques of ice are selectively cut out of the lake and placed next to the slots thus created. Lake water is brought to light and remains so until the gaps freeze over again. The ice cuttings, as vestiges, are vertically erected in circular formation, evocative of drifting icebergs and of ancient, monolithic blocks whose shapes are nonetheless contemporary.

In voluntarily exhibiting raw ice shorn with regular precision and unmasking what is seasonally hidden from view, *Icebergs* brings to the forefront the interplay between human intervention and natural order. Time and place prevail. The holes in the lake will indeed freeze over, the sun will undoubtedly melt the blocks of ice, and snow will again cover any trace of human intervention.

plus en plus serrée qui s'étire d'un côté du lac à l'autre à la manière d'une colonne vertébrale. Le jour, la formation pourrait ressembler au sommet d'un mur émergeant de l'étendue gelée. La nuit, la glace se teinte d'une lueur bleue ; elle devient un pont ou une route, un point de référence dans l'obscurité.

« Ligne bleue » est une exploration du vacillement entre nature et culture, de notre capacité de voir des éléments ordinaires sous des éclairages différents, dépendant de leur emplacement et de leur présentation. En ville, la glace est un élément naturel, anonyme ; dans ce projet-ci, dans la nature, elle devient complètement structurée. À ses extrémités les plus lointaines, la chaîne pointillée de blocs semble un phénomène produit par la nature ; au centre, elle est indéniablement artificielle. Les catégories s'estompent.

CONSTELLATION

Durée du projet : approximativement dix nuits, une heure par nuit

Matériaux : neige, chandelles, cinquante personnes

La forme du lac est redéfinie par 2,000 chandelles disposées selon une grille orthogonale couvrant toute sa surface. Chaque nuit, pendant une heure, cinquante personnes allument ce qui sont essentiellement des phares, chacun protégé du vent par un petit puits de neige. Chaque soir, le projet dure aussi longtemps que le temps requis pour faire brûler les chandelles. Durant cette activité extérieure organisée par le directeur du parc, le lac, pendant une brève période, prend l'allure d'un ciel nocturne qui serait réfléchi, mais de plus près comme à travers une loupe. Il s'agit d'une analogie de la relativité du temps : allumer une chandelle et la regarder s'éteindre dans le contexte beaucoup plus lent et vaste de la nature dans sa totalité.

ICEBERGS

Durée (exécution) du projet : une semaine

Matériaux : glace

Des plaques rectangulaires de glace sont ponctuellement découpées dans le lac et déposées à côté des ouvertures ainsi créées. L'eau du lac est ainsi mise en lumière et le demeurera jusqu'à ce que les fentes regèlent. Les découpes de glace, tels des vestiges, sont dressées à la verticale pour former un cercle, évoquant des icebergs à la dérive et d'anciens blocs monolithiques dont les formes sont toutefois contemporaines.

En exposant délibérément de la glace à l'état brut, coupée avec une précision régulière, et en dévoilant ce qui est normalement dissimulé à ce temps de l'année, les « Icebergs » mettent en relief l'interaction entre intervention humaine et ordre naturel.

RHAPSODY

Project duration: two weeks

Materials: wind, 750 flutes with rotating heads

Seven hundred and fifty flutes are installed in a regular grid over the entire surface of the lake. As the wind blows, air is caught in the flutes, producing a melody whose momentum varies according to the wind's strength and direction. The lake sings in the winter silence.

The heads of the flutes rotate, a triangular sail attached to each turning with the wind. As the canvases move, a zoned rippling effect is produced, evocative of the way wind can trouble water in precise places, at precise times, never the same anywhere. The effect is a visual response to the sound already being created as wind passes through the mouths of the flutes.

CARAVAN

Project duration: one night

Material: fifty dome camping tents, fifty campers, fifty flashlights

Winter camping is characterized by its close proximity to the landscape. Tents, the traveller's temporary refuge, meld into their environment and appear to be a part of it. Their shapes are reminiscent of igloos; they are small polyester domes, covered with snow.

Aligning tents across the surface of a lake at twenty-metre intervals strips winter camping of its discretion. Through the unbroken line of the tents, transient human presence is sublimated and the tents become either caravan or road, crossing the lake and the forest, reaching out for the horizon.

At night, inside their shelters, the campers light flashlights. The illuminated chain that results resembles an electric line slicing through the wilderness, a succession of lanterns on the ground. The intervention addresses the sheer physical immensity of the site and the impact of individual gestures, however small, on the landscape. It modifies our perception of an apparently banal piece of survival equipment, affording it renewed meaning.

REFUGES

Project duration: one month

Material: tree trunks, posts, wooden beams, plywood

The project begins with a series of tree trunks planted in such a way as to blend in with the surrounding natural growth. These gradually become highly squared

Le temps et le lieu l'emportent. Les trous pratiqués dans la glace regèleront en effet, le soleil fera sans aucun doute fondre les blocs de glace et la neige couvrira à nouveau toute trace d'intervention humaine.

RAPSODIE

Durée du projet : deux semaines

Matériaux : vent, 750 flûtes avec têtes rotatives

Sept cent cinquante flûtes sont installées selon une grille régulière couvrant toute la surface du lac. Alors que le vent souffle, l'air passe par les flûtes, produisant une mélodie dont la dynamique varie dépendant de la force et de la direction du vent. Le lac chante dans le silence de l'hiver.

Les têtes des flûtes pivotent, chacune d'entre elles étant dotée d'une voile triangulaire qui tournent au gré du vent. Le mouvement des toiles produit un effet de réverbération localisée, évoquant la manière dont le vent peut agiter l'eau à des endroits et à des moments précis, jamais de la même manière. L'effet est une réponse visuelle au son qui a déjà été créé par le passage du vent dans les embouchures des flûtes.

CARAVANE

Durée du projet : une nuit

Matériaux : cinquante tentes dômes de camping, cinquante campeurs, cinquante lampes de poche

Le camping d'hiver se caractérise par une grande proximité avec le paysage. Les tentes, refuges temporaires du voyageur, se fondent à l'environnement et semblent en faire partie. Leurs formes font penser à des igloos ; il s'agit de petits dômes en polyester, couverts de neige.

L'alignement de tentes sur la surface d'un lac à intervalles de vingt mètres enlèvent au camping d'hiver sa discrétion. À travers la ligne continue des tentes, une présence humaine passagère est sublimée et les tentes deviennent soit une caravane, soit une route, traversant le lac ou la forêt, s'étendant vers l'horizon.

La nuit, à l'intérieur de leurs abris, les campeurs allument des lampes de poche. La chaîne illuminée qui en résulte ressemble à une ligne électrique entrecoupant la nature, une suite de lanternes posées sur le sol. L'intervention aborde la pure immensité physique du site et l'impact des gestes individuels, même les plus petits, sur le paysage. Elle modifie notre perception d'une pièce d'équipement de survie apparemment banale et lui donne un sens renouvelé.

posts, followed by cubes of wood until small plywood houses mounted on stilts sit right on the lake.

The progression of the constructed emerging from the non-constructed questions the point of rupture between nature and culture, highlighting tensions between both and underscoring the absence of tangible limits.

An impermanent building plot on a frozen lake is a gesture that denies the lake's presence. Water becomes ground. Although the houses look like small shelters in the middle of a field, in reality they are shoreline structures that have drifted off, lured by the ice. As temporary refuges, they offer visitors the possibility of experiencing a shift in nature, untenable in any other circumstances, afforded and reinforced by a vast, sleeping landscape.

REFUGES

Durée du projet : un mois

Matériaux : troncs d'arbres, poteaux, poutres de bois, contreplaqué

Le projet débute avec une série de troncs d'arbres plantés de façon à se confondre avec ce qui pousse naturellement tout autour. Ceux-ci deviennent graduellement des poteaux équarris, puis des cubes de bois et, enfin, de petites maisons en contreplaqué sur pilotis posées directement sur le lac.

La progression du bâti qui émerge du non-bâti met en cause le point de rupture entre la nature et la culture, soulignant les tensions qui existent entre elles, de même que l'absence de limites tangibles.

Proposer un terrain à bâtir éphémère sur un lac gelé est un geste qui nie la présence du lac. L'eau devient le sol. Bien que les maisons aient l'apparence de petits abris au milieu d'un champ, en réalité elles sont des structures littorales qui ont dérivé, sous l'attrait de la glace. En tant que refuges temporaires, elles offrent aux visiteurs la possibilité de faire l'expérience d'un glissement dans la nature, intenable dans d'autres circonstances, permise et renforcée par un paysage vaste et endormi.

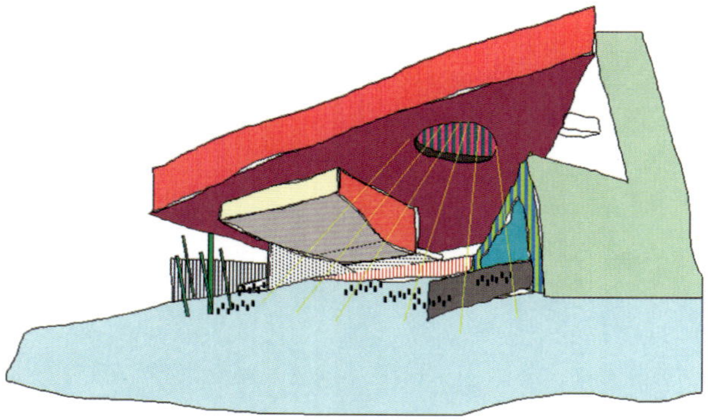

Convention Centre   Palais des Congrès

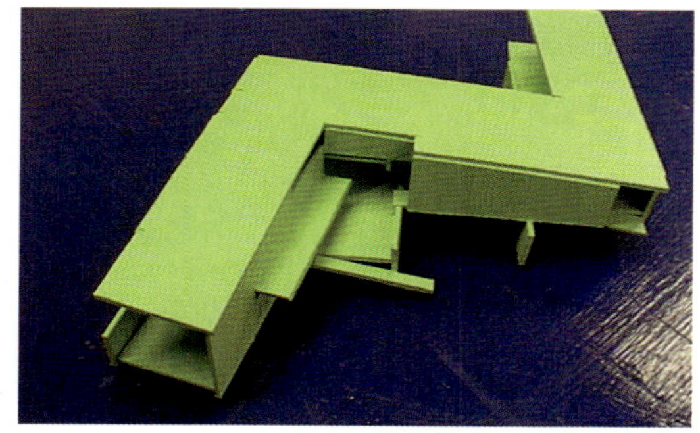

Residence, Lac Brompton

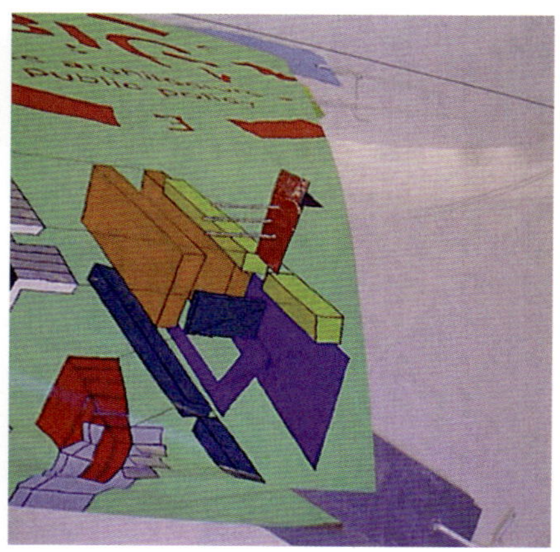

The Sac of Rome   *Le sac de Rome*

The Electric, Expanding, Elastic Studio

The focus of our research in Rome (as it is in our practice) was to *be* the architectural project. Our intention was to examine the potential for using computer-mediated communication to operate an architectural practice both internationally and from Montreal. The Prix was seen as an ongoing exchange, with Atelier Big City learning from the Roman and European context while bringing with us an active practice with intentions of working and collaborating in Europe.

The architectural project – whether interpreted as a proposal for a building, an exhibition, a competition, an installation or a design studio in a School of Architecture – has always been fundamental to our methods of working and conducting research. The main projects undertaken by Atelier Big City while in Rome stretched different aspects of our studio's elasticity and our architectural interests.

Our proposal for a new Convention Centre in Rome involved discussion about a large program fitting into a site with subtle topographic opportunities. This project was conducted simultaneously in Rome and in a design studio at McGill University in Montreal.

The development of a single-family house in Lac Brompton, Quebec, involved detailed design development and feedback with a client an ocean away.

A travelling exhibition of our work was produced, then installed in Rome and at several other sites across Europe and North America.

A site-specific installation at the AMA Gallery in Rome involved working with local materials and a more direct interaction with other architects and an existing context.

We also collaborated with the Roman architectural collective Stalker on several projects, including a city-wide installation in Genazzano.

As a design collective, collaboration is the cornerstone of our working method. The exchange that takes place during all stages of our design process has created a body of work that responds to a wide range of interests and critical directions. The partial displacement or extension of our office into Rome required a refinement of our collaborative working methods. The fluidity of the World Wide Web allowed us to plug into the collaborative process whether the network was contained within a single office in Montreal or at multiple points around the world.

Le studio élastique, électrique, en expansion

L'objectif de notre recherche de Rome (comme c'est le cas de notre pratique) était d'être le projet architectural. Nous avons voulu évaluer le potentiel de la communication par ordinateur dans le but de gérer une pratique architecturale, à la fois sur une base internationale et depuis Montréal. Nous avons envisagé le Prix comme un lieu permanent d'échanges, dans le cadre duquel l'Atelier Big City tirait des enseignements du contexte romain et européen, tout en apportant une pratique active avec l'intention de travailler et de développer des collaborations en Europe.

La notion de projet architectural – qu'il soit interprété comme un projet d'édifice, une exposition, un concours, une installation ou un atelier de design dans une école d'architecture – a toujours occupé une place prépondérante dans notre méthode de travail et de recherche. Les principaux projets entrepris par l'Atelier Big City à Rome prolongeaient différents aspects de l'élasticité de notre studio et de nos préoccupations architecturales.

Notre projet pour un nouveau palais des congrès à Rome a impliqué des discussions au sujet d'un vaste programme inscrit dans un site aux possibilités topographiques subtiles. Ce projet a été mené simultanément à Rome et dans un atelier de design de l'université McGill, à Montréal.

Le développement d'une résidence unifamiliale au Lac Brompton, Québec, a exigé l'élaboration d'un plan détaillé et des échanges avec un client par delà l'océan.

Nous avons produit une exposition itinérante sur notre travail, qui fut montée par la suite à Rome et dans plusieurs autres lieux en Europe et en Amérique du Nord.

La présentation d'une installation *in situ* à la AMA Gallery de Rome a demandé un travail avec des matériaux locaux, ainsi qu'une interaction plus directe avec d'autres architectes et un contexte existant.

Nous avons également travaillé en collaboration avec le collectif architectural Stalker de Rome sur plusieurs projets, dont une installation dans toute la ville de Genazzano.

En tant que collectif de design, la collaboration est l'aspect fondamental de notre méthode de travail. Les échanges qui surviennent à toutes les étapes du processus de design ont constitué un corpus de travail en réponse à un large éventail d'intérêts et d'avenues critiques. Le déplacement partiel ou le prolongement de notre bureau à Rome nous a demandé de raffiner nos méthodes de travail en collaboration. La fluidité du Web nous a permis de nous connecter au processus de collaboration, peu importe si le réseau était contenu dans un seul bureau à Montréal ou réparti en plusieurs points à travers le monde.

ATELIER BIG CITY

The classic interpretation of the Prix de Rome was as an extended trip, a separation from one's home base in order to educate oneself. Not having the inclination to close up shop for a year, Atelier Big City, the first group of architects to receive the prize, used the opportunity to continue our practice in Montreal while exploring an expansion of activities into Europe.

Other Projects

Head in the Clouds (Jardins de Métis, Reford, Quebec, 2004)
An installation originally conceived for the 2004 Reford Garden Festival, *Head in the Clouds* draws on the idea of roof gardens, simultaneously functional and contemplative spaces. It also evokes the ancient tradition of the suspended garden. *Head in the Clouds* takes the visitor on an architectural promenade that begins in a collective public space with seating areas and reflective water pools tucked beneath the expressive roof forms. From the centre of this sheltered place, a ramp rises up to a private elevated vantage point from which the roof's planted surface is visible. This promenade highlights the potential for a visual and sensual appropriation of these often inaccessible spaces in lieu of actual physical occupation, transforming the planted roof into a suspended garden, an explosion of colour and fragrance.

Y des Femmes (Montreal, 2005)
Y des Femmes is a low-cost, twenty-one-unit housing project located in downtown Montreal. The residents are women undergoing readjustments or transitions in their lives, so personal privacy and protection had to be combined with a positive sense of building community. Central to these ideas was a collective courtyard accessed from all units. This courtyard, onto which the building's communal spaces as well as each apartment all face, is clad in a light green metal. This space offers up the possibility for selective or complete group participation in such casual events as conversations between balconies as well as more organized group dinners and gatherings.

Unity 2 (Montreal, 2005)
Unity 2 is a new housing development in the Paper Hill neighbourhood of downtown Montreal. Sited atop an existing underground parking garage on an irregular corner site, the building sits immediately south of the original historic Unity Building.

L'interprétation classique du Prix de Rome correspondait à un voyage de longue durée, à une séparation du point d'attache pour accéder à une formation. N'ayant aucune envie de fermer boutique pendant un an, l'Atelier Big City, premier lauréat collectif du prix, s'est servi de l'occasion pour poursuivre sa pratique à Montréal tout en travaillant au développement de ses activités en Europe.

Autres projets

La tête dans les nuages (Jardins de Métis, Reford, Québec, 2004)
Cette installation, conçue à l'origine pour le Festival international de jardins de 2004 aux Jardins de Métis, s'inspire de la notion de toiture-jardin, offrant des espaces à la fois fonctionnels et méditatifs. Elle fait également référence à la tradition antique des jardins suspendus. *La tête dans les nuages* amène le visiteur dans une promenade architecturale qui débute dans un lieu public collectif, garni de sièges et de miroirs d'eau aménagés sous les formes expressives du toit. Une rampe s'élève au centre de cet endroit abrité, en direction d'un point d'observation élevé et privé, d'où l'on peut voir la surface fleurie du toit. Cette promenade souligne le potentiel d'appropriation visuelle et sensuelle de ces espaces souvent inaccessibles, plutôt que leur occupation physique réelle, ce qui transforme le toit de verdure en un jardin suspendu, véritable explosion de couleurs et de parfums.

Y des Femmes (Montréal, 2005)
Y des Femmes est un projet de 21 habitations à loyer modéré, situé dans le centre de Montréal. Ses locataires sont des femmes qui vivent une réorganisation ou une transition, si bien qu'il fallait combiner un caractère privé et protégé avec un sentiment positif de construction d'une communauté. En lien avec ces idées, la cour collective et accessible depuis toutes les unités jouait un rôle essentiel. Les espaces communs de l'édifice et tous les appartements donnent sur cette cour au revêtement de métal vert pâle. Cet espace permet une participation du groupe – en tout ou en partie – à des événements informels comme des conversations d'un balcon à l'autre, ou à des repas et des rencontres de groupe plus structurées.

Unity 2 (Montréal, 2005)
Unity 2 est un nouvel ensemble résidentiel du secteur Paper Hill, au centre de Montréal. Située au-dessus d'un parking souterrain déjà existant, sur un lot irrégulier en angle, cette construction se trouve immédiatement au sud de l'édifice historique original Unity.

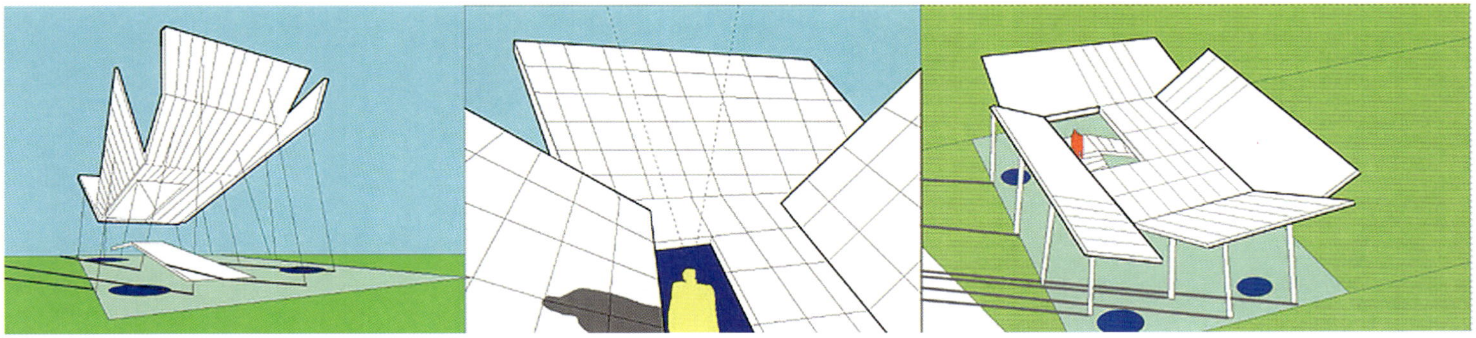

Head in the Clouds   Le tête dans les nuages

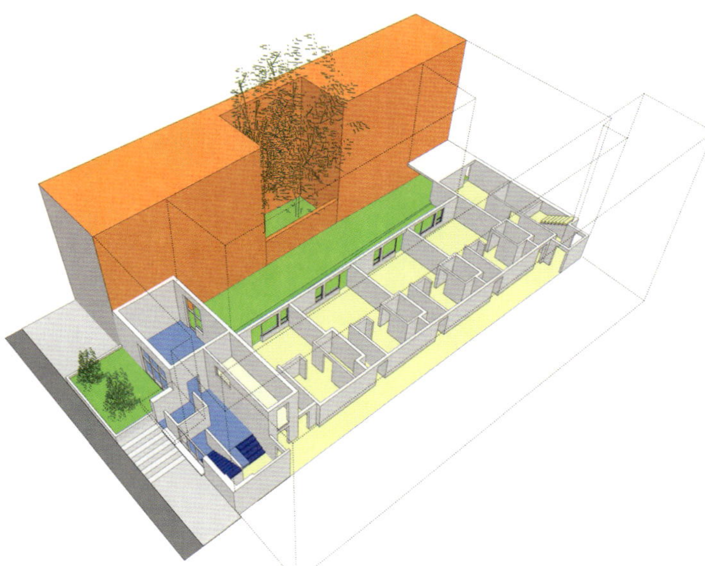

Y des Femmes

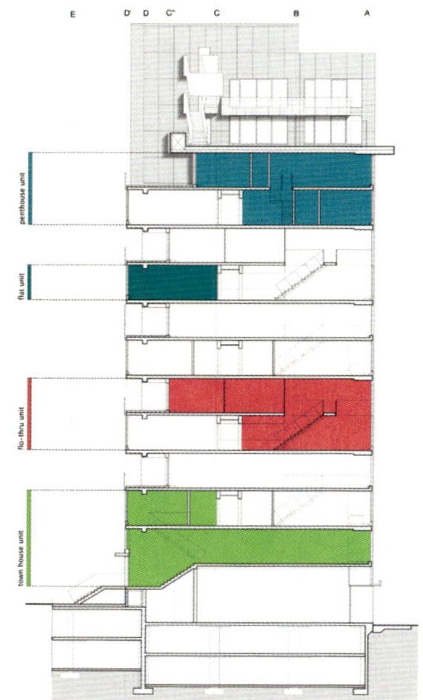

Unity 2

Reflecting Atelier Big City's desire to intensify the experience of the city and to extend the public realm, Unity 2 draws the public into the courtyard. Surrounding this courtyard, five main unit types include grade-related courtyard townhouses, stacked two-storey through units and penthouse units. The through units offer opportunities for natural daylighting and ventilation, and facilitate a variety of public and private conditions in this dense neighbourhood.

While Unity 2 pays homage to its earlier namesake by aligning with its cornice and reinterpreting its tripartite composition, its expression is resolutely contemporary, its facade conceived as a screen with an irregular rhythm created by flipping double-height living spaces, mitigating the differences in floor heights between the two buildings. The facade composition is based on the simple strategy of entirely glazing each unit except for a brick panel corresponding to the living room fireplace. Double-height windows introduce natural light deep into the building, and, wherever possible, units above are flipped, resulting in a syncopated pattern of openings on the facade.

Le public est attiré dans la cour intérieure du Unity 2, en accord avec le désir de l'Atelier Big City d'intensifier l'expérience de la ville et de prolonger le domaine public. Cinq types principaux d'unités entourent cette cour, incluant des maisons en rangée donnant sur la cour intérieure, des unités superposées à deux niveaux et deux issues, ainsi que des appartements-terrasses. Les unités à deux issues offrent un éclairage et une ventilation naturelles, et permettent différentes conditions publiques et privées dans un quartier densément peuplé.

Bien que Unity 2 rende hommage à l'édifice homonyme plus ancien en s'alignant sur sa corniche et en réinterprétant sa composition tripartite, son expression est résolument contemporaine ; sa façade est conçue comme un écran au rythme irrégulier, créé en inversant des espaces d'habitation de double hauteur, ce qui atténue les différences de hauteur des planchers entre les deux édifices. La composition de la façade est basée sur la simple stratégie de vitrer entièrement chaque unité, à l'exception du muret de brique correspondant au foyer du salon. Des fenêtres de double hauteur laissent pénétrer profondément la lumière naturelle et les unités sont inversées, partout où cela est possible, ce qui procure un motif syncopé d'ouvertures en façade.

Karl: An Architectural Fiction   Karl : une fiction architecturale

PETER YEADON

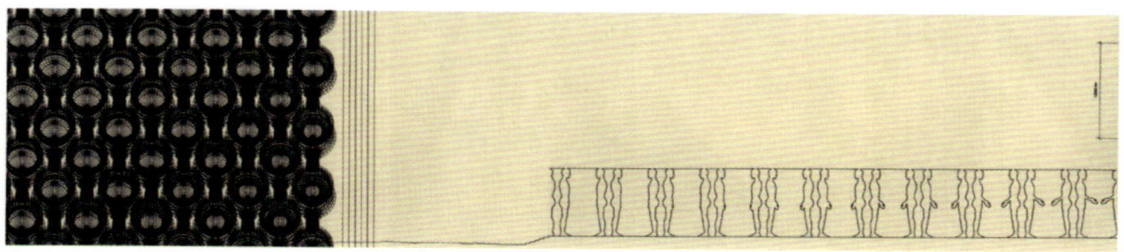

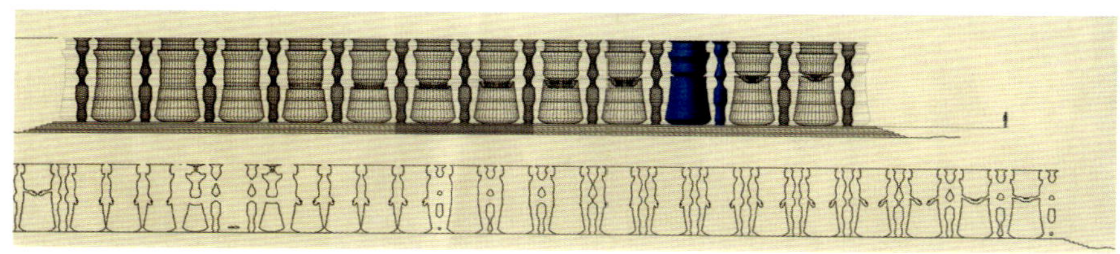

Karl: An Architectural Fiction   Karl : une fiction architecturale

Architectural Fictions

How Canadians view themselves and their culture is significantly influenced by perceptions from afar. It is quite common to hear Canadians speak comparatively of their nation in terms of what it is not. Perhaps this is a peculiar method for distinguishing a culture, but it does tend to welcome possibilities, rather than restrict one to a definitive point of view. Northrop Frye employed this tactic during his 1967 Centenary Lecture, when he drew Canadian culture into perspective by talking about movements that were happening elsewhere: 'One most reassuring quality in Canadians, and the one which, I find, chiefly makes them liked and respected abroad, when they are, is a certain unpretentiousness, a cheerful willingness to concede the immense importance of the non-Canadian part of the human race.'

Whether cheerful or not, to be abroad means to be immersed in a place between expectation and experience, between the familiar and the strange. It provides a fresh vantage point from which the concerns and potential of Canadian culture can be considered. It is from this perspective that we have been successful in expressing our stories abroad through music, film and literature, Canadian cultural forms for which the world holds great affinity. Our writers, in particular, have successfully created Canada as a nation of nations – a country built on the memory of, and eternal longing for, other places.

As an architect who has created a large body of work that posits architecture as a form of storytelling, I experienced Rome as a city of incomparable inspiration. In addition to its rich mythological foundation, Rome bears immense evidence of fiction into form. The city is an invaluable reservoir of translations, from tales and legends to drawings and buildings. It is a city where architecture carries the responsibility of containing the memory of its citizens and conveys their stories to posterity, making legends manifest in built form.

The Prix de Rome in Architecture presented me with a splendid opportunity to be abroad and consider how architecture might represent Canadian stories. While many authors represent the Canadian immigrant experience, I was provided with the unique opportunity to create a new architectural fiction that represents the story of an emigrant, Karl, who builds in the space between here and there, then and now, reflecting on his own familiar culture while slowly adapting to, and eventually adopting, his new land.

Fictions architecturales

La vision qu'ont les Canadiens d'eux-mêmes et de leur culture est fortement influencée par des perceptions venus d'ailleurs. On entend souvent les Canadiens parler de leur pays en termes comparatifs, pour ce qu'il n'est pas. On pourrait dire que c'est une méthode inusitée de distinguer une culture, mais elle a l'avantage de s'ouvrir aux possibilités, plutôt que de se limiter à un point de vue arrêté. Northrop Frye a utilisé cette tactique lors d'une conférence soulignant le centenaire de la Confédération canadienne en 1967, lorsqu'il a mis en perspective la culture canadienne en évoquant des mouvements se produisant ailleurs : « Les Canadiens possèdent une qualité très rassurante, et je trouve que c'est vraiment ce qui fait qu'ils sont estimés et respectés à l'étranger : une certaine absence de prétention, un joyeux empressement à accorder une immense place à la partie non canadienne de la race humaine ».

Joyeux ou non, le fait d'être à l'étranger signifie être plongé dans un lieu situé entre l'attente et l'expérience, entre le familier et l'inconnu. Cela procure un nouveau point de vue pour examiner les intérêts et le potentiel de la culture canadienne. C'est depuis cette perspective que nous avons réussi à faire connaître nos histoires à l'étranger par le biais de la musique, du cinéma et de la littérature, des formes canadiennes d'expression culturelle que le monde apprécie tout particulièrement. Nos écrivains et écrivaines ont notamment réussi à créer un Canada qui est une nation de nations, un pays bâti sur la mémoire et la nostalgie continuelle d'autres lieux.

En tant qu'architecte ayant créé un vaste corpus où l'architecture est conçue comme une forme de narration, j'ai fait à Rome l'expérience d'une ville incomparablement inspirante. Au delà de ses riches fondements dans la mythologie, Rome a largement démontré comment il est possible de passer de la fiction à la forme. Cette ville est un réservoir inestimable de traductions, allant des récits et des légendes jusqu'aux dessins et aux bâtiments. Ici, l'architecture est responsable de l'archivage de la mémoire de ses citoyens tout en transmettant leurs histoires à la postérité, en donnant aux légendes une forme bâtie.

Le Prix de Rome en architecture m'a offert une superbe occasion de passer du temps à l'étranger et de réfléchir sur la manière de représenter des histoires canadiennes par le biais de l'architecture. Alors que de nombreux auteurs illustrent l'expérience canadienne de l'immigration, j'ai eu l'occasion unique de créer une nouvelle fiction architecturale qui présente l'histoire de Karl, un émigré qui inscrit ses constructions dans l'espace entre ici et là, entre jadis et maintenant, réfléchissant sur sa propre

Karl: An Architectural Fiction Karl : une fiction architecturale

During the year-long sojourn, I designed a series of works and wrote complementary narratives that represented Karl's transformation from visitor to citizen. The text fragments begin and end mid-sentence. As a series, the fragments are as disconnected from each other as pages randomly torn from a book. The original texts in English were translated into Italian by Riccardo Duranti, Professor of English Literature at the University of Rome *La Sapienza*. Duranti's Italian text was then back-translated into English by Lawrence Venuti, Professor of English at Temple University. The translations and back-translations emphasize the emigrant's loss of his own native language as he adopts a second language and culture.

Translations

CITY Narrative

... stopping at the town of Nothing, Arizona, where the citizens had erected a humble road sign that declared 'We are Nothing.' Karl left her a few days later, unaware, her silence deaf by sleep.

When he arrived in Rome, it was not the city he remembered from his youth. In fact, he had never been to Rome before. When he was young, his parents would take Karl to places closer to home and would tell him they were visiting great cities abroad, inventing strange names and facts that made the ordinary Canadian streets seem exotic. He was never really sure, now, what cities he had visited and what cities he hadn't.

In the belly of the Colosseum, Karl experienced this familiar void between his memories and what was before him. As he suspected, the ruin he had visited in 1975 was not this Colosseum, but another, the incomplete Olympic Stadium in Montreal. It, too, was a large carcass and seemed to be under constant maintenance. He suspected that their family tour of Hadrian's Impenetrable Colonnade was likely at a convenient grain silo along the Tiber of Montreal. He was almost correct.

Emigrating to Rome provided Karl with a new beginning. He could redress the gift of displacement that his parents had ...

Peter Yeadon

culture, tout en s'adaptant lentement à une nouvelle contrée qu'il finira par adopter.

Durant ce séjour d'un an, j'ai conçu des œuvres et écrit des récits complémentaires représentant le passage de visiteur à citoyen en la personne de Karl. Les fragments de texte débutent et se terminent en milieu de phrase. En tant que série, les fragments sont aussi dissociés les uns des autres que ne le sont des pages déchirées au hasard dans un livre. Les textes anglais originaux ont été traduits en italien par Riccardo Duranti, professeur de littérature anglaise à l'université *La Sapienza* de Rome. Les textes italiens de Duranti ont ensuite été de nouveau traduits en anglais par Lawrence Venuti, professeur d'anglais à la Temple University. Les deux niveaux de traduction mettent en lumière la perte de la langue maternelle chez l'émigré qui adopte une deuxième langue et culture.

Traductions

CITY Narrative

[...] s'arrêtant dans la ville de Nothing, en Arizona, où les citoyens ont érigé un humble panneau routier déclarant : « We are Nothing » (Nous sommes rien). Karl la quittait quelques jours plus tard, sans savoir, son silence assourdi par le sommeil.

À son arrivée à Rome, il se rendit compte que ce n'était pas la ville dont il se souvenait du temps de sa jeunesse. En fait, il n'avait jamais mis les pieds à Rome. Lorsqu'il était jeune, ses parents amenaient Karl à des endroits proches de leur domicile, tout en lui racontant qu'ils étaient en train de visiter de grandes villes à l'étranger ; ils inventaient des noms et des faits bizarres qui rendaient exotiques les banales rues canadiennes. Dès lors, il n'était jamais vraiment certain s'il avait visité une ville ou non.

Dans le ventre du Colisée, Karl ressentait un vide, qui lui était familier, entre ses souvenirs et ce qui se présentait devant lui. Comme il s'en doutait, la ruine qu'il avait visitée en 1975 n'était pas ce Colisée-ci, mais un autre : le stade olympique inachevé de Montréal. C'était également une grande carcasse qui semblait faire l'objet d'un entretien constant. Il soupçonnait que la visite familiale de la colonnade impénétrable d'Hadrien s'était plutôt déroulée autour d'un commode silo à grain, situé le long du Tibre de Montréal. Il avait presque raison.

En émigrant à Rome, Karl amorçait un nouveau virage. Il allait pouvoir redresser l'héritage de déplacement que ses parents lui avaient [...].

Peter Yeadon

... una sosta nella città di Nulla, in Arizona, dove gli abitanti avevano messo sù un modesto cartello stradale che dichiarava: 'Noi siamo Nulla.' Karl la lasciò qualche giorno dopo, senza che lei se ne rendesse conto, nel silenzio reso sordo dal sonno.

Quando poi arrivò a Roma, non era la città che ricordava da giovane. Anzi, a Roma non c'era mai stato prima. Quand'era ragazzo, i genitori portavano Karl a visitare posti vicino casa dicendogli che si trovavano in grandi città all'estero e inventandosi nomi e circostanze strane che davano una patina esotica a strade canadesi quanto mai normali. Perciò, ora, non era mai del tutto sicuro di quali città aveva visitato e quali no.

Nel ventre del Colosseo, Karl provò il familiare senso di vuoto che si apriva tra i suoi ricordi e quello che si trovava davanti. Come sospettava, i ruderi che aveva visitato nel 1975 non erano questo Colosseo, bensì un altro, l'incompiuto Stadio Olimpico di Montreal. Anche quello era un'enorme carcassa e pareva essere in perenne restauro. Karl sospettava anche che la gita che aveva fatto con la famiglia all'Impenetrabile Colonnato Adrianeo, con ogni probabilità aveva avuto luogo in un silos per lo stoccaggio del frumento molto più a portata di mano, lungo le rive del Tevere di Montreal. E non era molto lontano dalla verità.

Il trasferimento a Roma aveva fornito a Karl l'occasione di ricominciare da capo. Poteva così risarcire il dono spiazzante che i genitori gli avevano ...

Riccardo Duranti

... a stop in the city of Nothing, Arizona, where the inhabitants had erected a modest roadside sign that declared: 'We are Nothing.' Karl lit out a few days later, and Nothing failed to notice it, in the sleep-deafened silence.

When he arrived in Roma, it wasn't the town he recalled from his youth. In fact, it just wasn't the same town at all. When Karl was a boy, his parents took him to visit places near home, telling him that they had travelled to great foreign cities, inventing strange names and situations that endowed the most mundane Canadian streets with an exotic patina. At this point, however, he wasn't entirely sure which cities he had visited and which he hadn't.

In the belly of the Colosseum, Karl experienced the familiar sense of emptiness that yawned between his memories and whatever he found himself in front of. As he suspected, the ruins he had visited in 1975 weren't this Colosseum, but another one, the unfinished Olympic Stadium in Montreal. That too was an enormous carcass that seemed as if it were always being restored. Karl also

suspected that the trip he had taken with his family to the inscrutable Hadrian's Column had occurred much closer to home, in all probability, at one of the grain silos along the banks of the Tiber in Montreal. He wasn't very far from the truth.

The transfer to Roma had provided Karl with a chance to start over again. He could thus make good the gift his parents had given ...

Lawrence Venuti

CITY GATE Narrative

... other things, was the inventor of: an unsuccessful mechanical cheese grater, the chEASY™, that was powered by mice turbines, the Brutus™ series of sex toys for men, and the Periscopic City Gate – one of which was installed in the new city wall surrounding Rome.

The new city wall was to bring new definition to the city. The wall was not built to keep people out; rather, it was to keep people in. The wall was made to contain development, to make the city more dense. Although, as it could only be built on land that the Soprintendenza Archeologica deemed insignificant, it followed a path that seemed to entirely avoid Rome.

The Periscopic City Gate was quite simple in idea, but difficult in resolution. The Gate consisted of a clutch of tubes that quickly dispersed to various destinations about the city. Each tube contained the reflected image of its destination; one simply drove into an image to be delivered at its place of origin. No further signage was necessary. This was the inventor's finest invention.

Karl often wondered why he was given the same name as that celebrated innovator. Imagine the dread of writing your own name in a crossword puzzle. He would always be known, now, for who he is not. Nothing would become of him. Among other ...

Peter Yeadon

... le altre cose, aveva inventato: una grattugia meccanica per formaggio che non aveva avuto molto successo, la CacioFacile™, azionata da turbine a propulsione topesca, la collezione di gingilli sessuali per uomini Brutus™ e la Porta Periscopica Urbana – una delle quali era installata nella nuova cinta di mura che circondava Roma.

Questa nuova cinta di mura aveva lo scopo di ridefinire la città. Le mura non erano state costruite per tenere fuori la gente, bensì per tenerla dentro. Le mura erano state erette per contenere lo sviluppo della città, per renderla più densa.

CITY GATE Narrative

[...] autres choses, il était l'inventeur du fromACTIF™, une râpe à fromage mécanique, actionnée par des turbines à souris, qui n'a pas marché ; de la collection Brutus™ de jouets sexuels pour hommes ; et de la Porte urbaine périscopique, dont un exemplaire a été installé dans le nouveau mur d'enceinte de Rome.

Le nouveau mur d'enceinte avait pour objectif de donner une nouvelle définition à la ville. Il n'a pas été construit pour maintenir les gens à l'extérieur, mais pour les garder à l'intérieur. Sa fonction était de contenir le développement, d'accroître la densité de la ville. Cependant, ne pouvant être construit que sur un terrain insignifiant aux yeux de la Soprintendenza Archeologica, il a été érigé selon un parcours où Rome a semblé complètement évitée.

La Porte urbaine périscopique était basée sur un concept très simple, mais de réalisation complexe. La Porte se composait d'un faisceau de tubes qui se dispersaient rapidement vers différentes destinations dans la ville. Chaque tube contenait l'image réfléchie de sa destination : il suffisait de naviguer dans l'image pour arriver à son lieu d'origine. Aucune autre signalisation n'était nécessaire. C'était la meilleure invention de l'inventeur.

Karl se demandait souvent pourquoi il avait reçu le même nom que ce célèbre innovateur. Imaginez comme c'est étrange d'écrire son propre nom dans des mots croisés. Désormais, on le connaîtrait toujours pour ce qu'il n'était pas. Il ne ferait jamais rien de bon. Entre autres [...].

Peter Yeadon

Anche se, siccome potevano essere costruite solo su terreni che la Soprintendenza Archeologica considerava insignificanti, finivano per seguire un percorso che pareva evitare completamente Roma.

La Porta Periscopica Urbana era abbastanza semplice come idea, ma di ardua risoluzione. La Porta consisteva di un fascio di tubi che permettevano di raggiungere rapidamente varie destinazioni in città. Ciascun tubo conteneva l'immagine riflessa della sua destinazione; non si doveva dunque far altro che puntare dritti all'immagine per uscire poi al suo punto d'origine. Non c'era bisogno di nessun altro tipo di segnaletica. Questa era la più raffinata invenzione dell'inventore.

Karl si chiedeva spesso perché gli era stato assegnato lo stesso nome di quel celebre innovatore. Immaginate il terrore di scrivere il vostro nome in uno schema di parole crociate. Ormai, sarebbe stato sempre noto come chi non era. Non sarebbe mai diventato nulla. Tra le altre ...

Riccardo Duranti

... things, he had invented: a mechanical cheese grater which did not meet with much success, the CheeseWhiz™, operated by rat-driven turbine; the Brutus™ collection of sexual toys for men; and the Urban Periscopic Portal – one of which was installed in the new perimeter wall that surrounded Roma.

This new perimeter wall was designed to redefine the city. It was constructed not to keep people out, but to keep them in. It was erected to bottle up the spread of the city, to render it more thick. Even if – because the wall could be constructed only on land that the Office of Archaeological Works considered insignificant – it wound up following a route that seemed to skirt Roma completely.

The Urban Periscopic Portal was fairly simple in conception, but arduous in execution. It consisted of a cluster of tubes that rapidly transported you to various destinations in the city. Each tube contained the reflected image of its destination, so all you had to do was to point straight at the image in order to exit at the point of its origin. No other signage was necessary. This was the inventor's most elegant invention.

Karl often asked himself why he had been saddled with the same name as that renowned innovator. Imagine the uncanniness of writing your own name in a crossword puzzle. Now he'd always be taken for some guy he wasn't. He'd never amount to anything. Among other ...

Lawrence Venuti

Exhale

Signals: Pavilion for Video Art *Signals : Un pavillon pour l'art vidéo*

Other Projects

Exhale

Martina Decker and I created this proposal in response to the 9/11 World Trade Center Memorial competition call for submissions. The proposal features bubbles that are released from Ground Zero and disperse throughout the site and the city. As such, the bubbles carry the significance of the memorial beyond the physical boundaries of the given site, where citizens from ninety-two countries perished on September 11, 2001. The project received a Boston Society of Architects Award and was published in *Architecture Boston* magazine.

Signals: Pavilion for Video Art (Calgary, 2004)

The *Signals* pavilion was developed as an innovative approach to disseminating contemporary video art to pedestrians in Calgary, Alberta. The work was commissioned for Calgary's annual Artcity festival in 2004 and will be activated every year during future festivals.

The pavilion consists of a monitor and a DVD player that are housed within a modified pedestrian crosswalk signal, whereby the art *is* the signal. Pivoting arms allow the pavilion to be adjusted for optimal viewing and a remote control provides the curator with a means to operate the system.

Although the *Signals* pavilion operated continuously during the festival, it was always considered temporary. It was meant to be dismantled after the festivities were over and its messages delivered. Nevertheless, *Signals* was conceived as a work that would belong to the citizens and would mark their commitment to the arts by becoming part of the very infrastructure that supports life and movement in the city. It was accessible to all. The electricity that powered it was paid for by all. And through its reinstallation during future festivals, it represents a civic commitment that will be reaffirmed every year.

Autres projets

Exhale

Martina Decker et moi-même avons conçu ce projet en réponse au concours pour un monument commémorant la tragédie du World Trade Center. Il comprenait des bulles qui étaient libérées de Ground Zero pour se disperser sur le site et dans la ville. Comme telles, les bulles transportaient le sens de la commémoration au delà des limites physiques du site proprement dit où des citoyens en provenance de 92 pays ont péri, le 11 septembre 2001. Le projet a mérité un Boston Society of Architects Award et a été publié dans le magazine *Architecture Boston*.

Signals: Un pavillon pour l'art vidéo (Calgary, 2004)

Le pavillon *Signals* a été élaboré comme méthode novatrice de diffuser la vidéo d'art actuelle aux piétons de Calgary, en Alberta. Le projet a été commandé par le festival annuel Artcity de Calgary en 2004, et sera en opération lors de chaque édition annuelle à venir.

Le pavillon comprend un moniteur et un lecteur DVD installés dans un feu de signalisation pour piétons, qui a été trafiqué, et dans lequel l'art *est* le signal. Des bras pivotants permettent d'ajuster le pavillon pour un visionnement optimal, tandis qu'une télécommande permet au commissaire de faire fonctionner le système.

Même si le pavillon *Signals* a fonctionné continuellement durant le festival, il a toujours été considéré comme étant temporaire. Il devait être démonté à la fin des festivités, une fois ses messages transmis. Néanmoins, *Signals* a été conçu comme une œuvre qui appartiendrait aux citoyens et démontrerait leur engagement envers les arts en devenant partie intégrante de l'infrastructure qui soutient la vie et la circulation dans la ville. L'œuvre est accessible à tous. L'électricité qui la fait fonctionner est payée par tous. Sa réinstallation lors des festivals à venir constitue un engagement civique qui sera renouvelé chaque année.

GEORGE YU/JASON KING

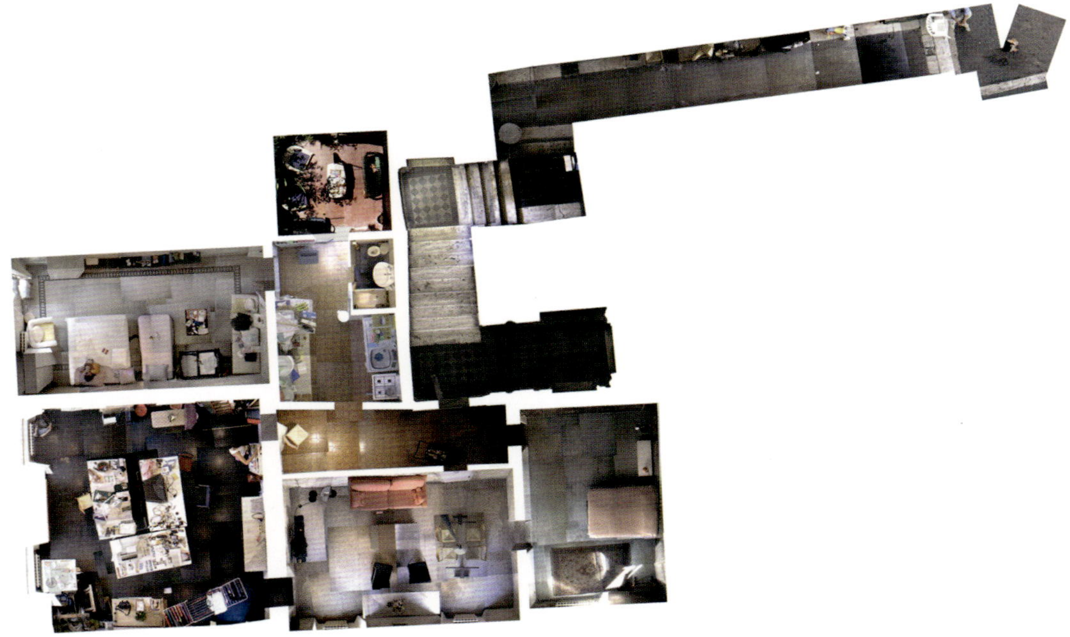

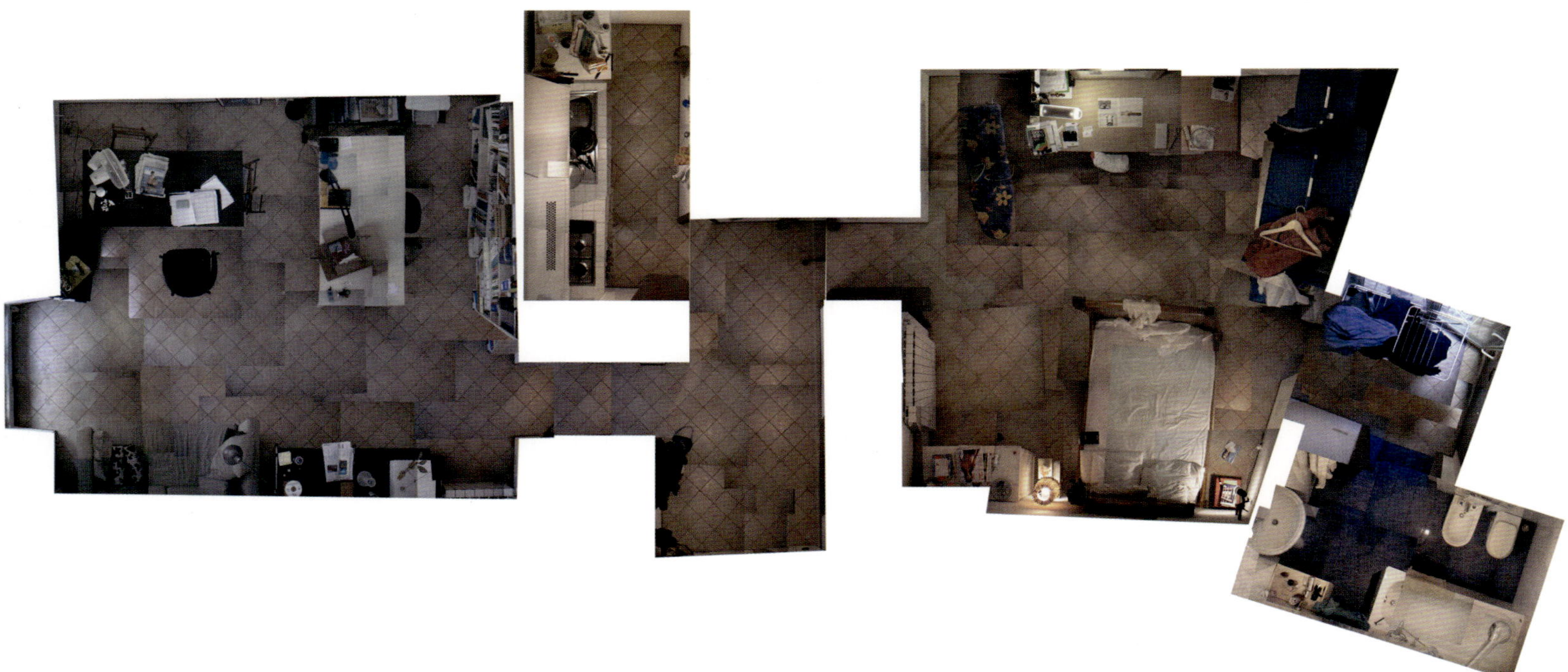

*Close-up/*Location Plan   *Plan rapproché/*Plan du site

GEORGE YU
Close-Up

My experience of living in Rome was a constant shift between feeling the textures of the ancient city and the artifacts of daily life. Our apartment/studio was built in the sixteenth century, but it is now a vessel for life in the twenty-first century. I wanted to find a way to represent this reality.

The images I made are like extremely high-resolution satellite photos that somehow see into the interiors of buildings to capture a level of texture, colour and detail that is much more comprehensive than that of a typical photograph, plan drawing or map. The artifacts of daily life – magazines, dirty dishes, clothes, cereal boxes, furniture – seen from an unfamiliar perspective tell stories that conventional representations do not.

The maps are a representation of space in the city of Rome. They are a close-up view of a piece of the urban fabric, but unlike, say, the Nolli plan of Rome, they reveal what exists in the *poché* that was considered 'private.' In Rome, the relationship between public and private is much more seamless than in North American cities. I wanted to convey how, when I opened my living room window, our apartment essentially became spatially connected to my neighbour's kitchen. There is a very thin buffer between interior and exterior, room and street, private and public.

During the summer of 2001, I created maps of three apartments in Trastevere, a medieval area of Rome. One of the apartments was occupied by a family with two children, another a family with one child, and a third by a young man.

The Rome prize project informed my subsequent work as well, encouraging me to think about the city in terms of effects, especially those of scale and publicity. For example, in the Shop Lift project for Richmond, BC, we explored the possibilities of a continuous urban section in order to achieve higher densities in mixed-use developments. The Rome project has also encouraged a provocative tension in our methods of representation between realism and abstraction. I think this happens in the Shop Lift exhibition model for the Venice Biennale, especially in the choices made for materials and finishes.

The Prix de Rome experience in general led to an appreciation of the messy, mixed-up nature of urbanity that is not solely dependent on the formal techniques of architects. The form of buildings in the city as vessels for life in constant transformation is the goal of my design – allowing and encouraging that transformation.

GEORGE YU
Plan rapproché

Tout au long de mon séjour à Rome, mon attention a constamment basculé des textures de la ville ancienne aux artifacts du quotidien. Notre studio-appartement a beau dater du seizième siècle, il constitue aujourd'hui un vaisseau pour la vie au vingt-et-unième siècle. C'est cette réalité que je voulais tenter de représenter.

Les images que j'ai réalisées sont semblables aux photographies de satellite à haute résolution qui pénètrent à l'intérieur d'édifices pour y capter une texture, une couleur ou un détail avec un niveau de qualité bien supérieur à celui d'une photographie habituelle, d'une carte ou d'un plan. Vus dans une perspective inhabituelle, les artefacts de la vie quotidienne – magazines, vaisselle sale, vêtements, boîtes de céréales, meubles – racontent des histoires que les représentations conventionnelles ne livrent pas.

Les cartes représentent l'espace dans la ville de Rome. Elles sont le plan rapproché d'un morceau de tissu urbain, mais contrairement par exemple à la carte de Rome de Nolli, elles révèlent ce qui existe dans le poché, cet interstice du « privé ». À Rome, le passage du public au privé s'opère de manière beaucoup plus fluide que dans les villes nord-américaines. Je voulais montrer la façon dont notre appartement se connectait spatialement à la cuisine de mon voisin aussitôt que j'ouvrais la fenêtre du salon. La paroi qui sépare l'intérieur de l'extérieur, la chambre de la rue, le privé du public est très mince.

Durant l'été 2001, j'ai réalisé les cartes de trois appartements dans le Trastevere, un quartier médiéval de Rome. L'un des appartements était occupé par une famille avec deux enfants, l'autre par une famille avec un enfant et le troisième par un jeune homme.

Le projet du prix de Rome a nourri mes recherches subséquentes, m'encourageant à penser la ville en termes d'effets, en particulier ceux d'échelle et de publicité. Ainsi, dans le projet Shop Lift à Richmond, C-B, nous avons exploré les possibilités offertes par une section urbaine continue lorsque l'on veut obtenir des densités supérieures dans les développements à usage mixte. Ce projet nous a également encouragés à introduire dans nos méthodes de représentation une tension provocante entre le réalisme et l'abstraction. C'est le cas pour la maquette de Shop Lift que nous avons présentée à la Biennale de Venise, surtout en ce qui concerne le choix des matériaux et de la finition.

De manière générale, l'expérience du Prix de Rome m'a permis d'observer la façon dont la nature désordonnée et hybride de l'urbanité ne dépend pas uniquement des techniques formelles des architectes. Je me suis fixé pour objectif de concevoir les édifices dans la ville comme des vaisseaux pour la vie en constante transformation, en permettant et en encourageant celle-ci.

Other Projects

Shop Lift: Rethinking Retail

Shop Lift proposes an integrated multi-format retail development mixed with residential and public spaces. The key to the proposal's success is its ability to be implemented on dense urban sites as an infill/redevelopment strategy, as well as its suitability for greenfield 'town centre' situations. The proposal includes three separate types of land use, along with associated infrastructure and common areas: Retail, Residential and Public Space.

Retail: The key innovation in the approach is the ability to combine the demands of retail spaces suitable for power centres with lifestyle shopping formats. Power centre developments, which are tied to one or more large format or 'big box' retailer, are land consumptive by nature and require the consumer to arrive by automobile in order to take advantage of the scale and scope of products offered. The profit margin is relatively small and typically cannot support the development costs associated with dense urban environments. At the same time, urban infill sites represent one of the most desirable markets for this category. Concomitant with the shift to value-oriented retail has been the growth of lifestyle retail products. In this case the consumer is seeking to acquire status items or consumer goods and experiences that are congruent with their concept of 'lifestyle.'

Residential: During the 1990s, many communities and developments looked to multiplex cinemas and other entertainment uses to extend the economic life of the project. Recently there has been an attempt to include residential development in various retail contexts, but in many cases the units are hoisted over the retail store and not integrated into the overall development. The principal challenge facing such developments is how to buffer the residential from the big box below. Shop Lift accomplishes this via integration with a permeable space that is itself an urban attractor, rather than walling the two uses off on the same site.

Public Space: By including public space as a part of the development program, Shop Lift allows the project to be connected to the broader city in both physical and financial terms. The distributed park and open space not only serves as a flexible membrane between the project elements and the city itself, but creates an amenity-rich environment that is mutually supportive of premium rents for both the lifestyle retail and residential portions of the project. Finally, these public spaces serve as opportunities for public/private partnerships in securing development financing. This proposal allows for a flexible mechanism

Autres projets

Shop Lift : Repenser le commerce de détail

Shop Lift est un projet multiforme de développement intégré combinant le commerce de détail aux espaces privés et publics. Le succès de la proposition repose aussi bien sur sa capacité à s'implanter dans des sites urbains à forte densité selon une stratégie de remplissage/redéveloppement que sur son applicabilité dans le cas de terrains encore libres situés dans le centre-ville. La proposition inclut trois types d'usage de terrains différents, en plus de l'infrastructure et des aires communes qui y sont associées : le commercial, le résidentiel et l'espace public.

Commercial : L'innovation clé est la capacité à combiner les demandes d'espaces de vente convenant à des centres de grandes surfaces avec des modèles de magasins plus adaptés au style de vie. Les développements de mégacentres, qui sont liés à des commerces de plus grande envergure, exigent par définition de très grands terrains et supposent des consommateurs pourvus d'une automobile pour pouvoir tirer profit de l'échelle et de l'éventail des produits offerts. La marge de profit relativement mince ne suffit pas pour assumer les coûts de développement associés à des environnements urbains à forte densité. En même temps, les sites urbains encore disponibles représentent l'un des marchés les plus convoités de cette catégorie. Parallèlement au changement en faveur des produits de qualité, les produits de consommation axés sur le style de vie ont pris une place plus importante : ils visent le consommateur cherchant à acquérir des objets synonymes de statut ou des produits et des expériences de consommation conformes à son concept de « style de vie ».

Résidentiel : Durant les années 1990, de nombreuses communautés et propositions de développement se sont intéressés aux complexes de salles de cinéma et autres activités récréatives en vue d'allonger la vie économique de leur projet. Il y a eu récemment des tentatives d'inclure des espaces résidentiels dans différents contextes commerciaux mais, dans de nombreux cas, les unités sont superposées au magasin et non pas intégrées à l'ensemble du projet. Le défi principal auquel se heurte ce type de projet est de savoir comment créer un tampon entre l'espace résidentiel et la grande surface en-dessous. Shop Lift résout ce problème en intégrant dans le projet un espace perméable qui agit comme un pôle d'attraction urbain, plutôt que de plaquer les deux utilisations d'espace telles quelles sur le site.

Espace public : En incluant l'espace public dans le programme de développement, Shop Lift a l'avantage de se connecter à l'ensemble de la ville aussi bien au niveau physique que financier. Non seulement la distribution des jardins et des espaces ouverts sert de membrane flexible entre les éléments du projet et la ville elle-même, mais elle crée aussi un

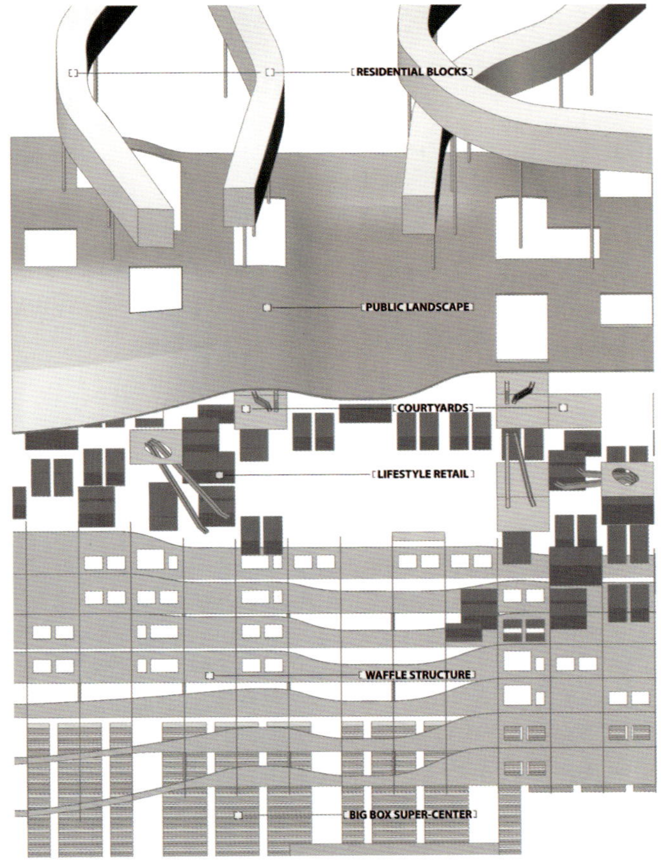

Shop Lift: Rethinking Retail   Repenser le commerce de détail

for bringing this kind of high-quality development to a broad array of cities and development contexts.

JASON KING
Ten Seconds in the City in Ten Seconds

'How to engage all the complexity and indeterminacy of the city through the methodologies of a discipline so committed to control, separation and unitary thinking? We thrive in cities precisely because they are places of the unexpected, products of a complex order emerging over time.'

– Stan Allen

The purpose of this research is to articulate an emergent urbanism by concentrating on the effects of technological, economic, political and cultural dynamics on the space of the city. It is not a rejection of the traditional topographical study of the city that locates political and economic power through a centrifugal geography reinforced by monuments of cultural signification (such as in ancient Rome). Examining a city in terms of its built topography, while fruitful for understanding long-term trends, is no longer an adequate tool in a global digital era. This topographic representation is made obsolete by factors that move faster than architecture: shifts in power, shifts in economics, shifts in networks at a global scale that affect use of the city at the local scale. Instead the city is acknowledged as the relevant locus for such representations, but operating through much faster and more immaterial means. The city has become the site of new micro-respatializations that are enacted by the everyday use of technology and the 'weak' practices of millions of global citizens acting locally. In this view, digital space is embedded in the larger social and cultural space of lived experience.

While scholars continue to find new interpretations of the ancient city and technology advocates have long declared that place no longer matters, it is clear that one will not find the significant forces of the present city by considering these either/or scenarios. What is important to this research is the coexistence of both arguments, of mapping the complexity and the moments of overlap, the moments of dissonance and those of correspondence. How is the physical inflected by the digital and vice versa? I set out to make a short film

environnement confortable avec des loyers élevés s'appliquant aussi bien au commerce de prestige qu'aux espaces résidentiels du projet. Enfin, ces espaces publics offrent des opportunités de partenariats public/privé autour du financement du développement. Le mécanisme flexible de cette proposition favorise l'intégration de ce type de projets de grande qualité dans un large éventail de villes et de contextes de développement.

JASON KING
Dix secondes dans la ville en dix secondes

« Comment aborder toute la complexité et le caractère indéterminé de la ville à l'aide des méthodes d'une discipline à ce point vouée au contrôle, à la séparation et à la pensée unitaire ? Nous nous épanouissons dans les villes justement parce qu'elles sont les lieux de l'imprévisible, les produits d'un ordre complexe qui se dessine avec le temps ».

– Stan Allen

Cette recherche vise à l'articulation d'un urbanisme naissant en se concentrant sur les effets de la dynamique technologique, économique, politique et culturelle sur l'espace de la ville. Il ne s'agit pas de rejeter l'étude topographique traditionnelle qui, pour situer le pouvoir politique et économique, s'aide d'une géographie centrifuge renforcée par les monuments d'importance culturelle (comme dans la Rome antique). Il peut être utile d'examiner une ville sous l'angle de sa topographie construite pour comprendre les tendances à long terme, mais cette option a perdu de son efficacité à l'ère du numérique.

Cette représentation topographique est rendue obsolète par des facteurs qui évoluent plus rapidement que l'architecture : les changements dans le pouvoir, dans l'économie et dans les réseaux à un niveau mondial qui affectent l'usage de la ville à l'échelle locale. La ville est plutôt identifiée comme un lieu pertinent pour de telles représentations, mais qui opère à travers des moyens beaucoup plus rapides et plus immatériels. Elle est devenue le lieu de nouvelles micro-spatialisations mises en œuvre par l'usage quotidien de la technologie et par les pratiques « faibles » de millions de citoyens du monde agissant localement. Dans cette perspective, l'espace numérique s'enchâsse dans l'espace social et culturel plus large de l'expérience vécue.

Même si des spécialistes continuent à produire de nouvelles interprétations de la ville ancienne et que les défenseurs de la technologie ont affirmé depuis longtemps que le lieu n'a plus d'importance, il est clair qu'on ne découvrira pas les forces signifiantes de la ville actuelle en envisageant ces scénarios comme des alternatives entre lesquelles il faut choisir.

Detail, *matrix 3030*

natural spring and must be in constant flow in pipes made of a homogeneous material deemed 'natural' by *Halachah*. In constructing the mikvah vessels, a single material is to be used, such that when all separate parts are removed, the vessel will still hold water. For the modern mikvah, this usually means casting the vessel out of concrete in a single pour. The Mei Menachem Mikvah involves the adaptive reuse of a nineteenth-century carriage house located behind a typical Brooklyn brownstone. In this mikvah we have augmented the ritual through the architecture by fine-tuning and attenuating the experiential procession, carefully orchestrated to reconnect the ritual back to nature and the material world, to allow more time to contemplate the ritual and become mindful of the context of one's faith.

OfficeWare (2005)

OfficeWare is a new hybrid experience-product-environment providing a new way for office workers to work in the age of high-speed/bandwidth Internet and communications technology. Our conception and design of OfficeWare is as a patented product that could be optimally deployed in any number of situations and spatial configurations, such as an existing high-rise office building or a retrofit 'big box' store. The principal premise is that OfficeWare doesn't reside in any one place, scale or level, but arises through the synchronization of many levels – both in the technology and the architecture. OfficeWare is also the result of a new form of architectural practice, one that utilizes research and design intelligence to critically engage the messiness of changing, real-world issues, synthesizing human-factors research, technology, architecture, real estate, business models and product branding.

Thalassocracy (2003)

Thalassocracy is a short film created in collaboration with the musical group the Beards and published on Sympathy for the Record Industry. The film examines and explicates issues of time and how time today is compressed or attenuated given prevailing technologies and social practices. *Thalassocracy* was chosen as an Official Selection of the 2003 Cibara Film Festival, Cibara, Cuba.

ceux qui pratiquent ce bain rituel ne sont pas supposés entrer en contact l'un avec l'autre. L'eau, qui doit provenir de la pluie ou d'une source naturelle, doit circuler constamment dans des tuyaux faits d'un matériau homogène déclaré « naturel » par l'Halachah. La construction des bassins du mikvé doit se faire avec un seul matériau ; ainsi, lorsque ses différentes parties sont démontées, le bassin pourra toujours conserver l'eau qui y a été versée. Pour un mikvé moderne, cela signifie qu'il faut couler d'une seule traite le bassin dans du béton. Nous avons réalisé le Mei Menachem Mikvah en réutilisant une ancienne remise pour voitures à chevaux du dix-neuvième siècle située à l'arrière d'un bâtiment de grès brun typique de Brooklyn. L'architecture a été utilisée de manière à accentuer la dimension rituelle du lieu : nous avons retravaillé et atténué la phase de la procession, qui est soigneusement orchestrée de manière à reconnecter le rituel à la nature et au monde matériel et à accorder plus de temps à la contemplation du rituel ainsi qu'à la prise de conscience du contexte de sa foi.

OfficeWare (2005)

OfficeWare est un nouvel environnement de produit de nature hybride qui facilite le travail d'une entreprise à l'ère de la technologie de l'Internet haute vitesse et des communications rapides. Notre conception de OfficeWare a abouti à un produit breveté pouvant idéalement servir dans n'importe quel type de situation et de configuration spatiale, aussi bien dans un bureau situé dans un immeuble de grande hauteur que dans une grande surface remise aux normes. L'idée principale est que OfficeWare ne se rattache pas à un lieu, une échelle ou un niveau unique, mais prend forme à travers la synchronisation de nombreux niveaux – à la fois dans la technologie et l'architecture. OfficeWare est aussi le résultat d'une nouvelle forme de pratique de l'architecture qui utilise un modèle intelligent de recherche et de design pour aborder de manière critique la dimension chaotique des enjeux du monde réel en pleine transformation, un modèle capable de faire la synthèse de l'étude des facteurs humains, la technologie, l'architecture, l'immobilier, les modèles d'affaires et les stratégies de marque.

Thalassocracy (2003)

Thalassocracy est un court métrage créé en collaboration avec le groupe musical The Beards sous le label Sympathy for the Record Industry. S'intéressant aux enjeux du temps, le film explique la façon dont celui-ci est aujourd'hui comprimé ou atténué à cause des technologies et des pratiques sociales existantes. En 2003, le film a fait partie de la Sélection officielle du Festival du film de Cibara à Cuba.

Thalassocracy

S-Office (2003)
S-Office™ is a prototype environment that won first place in a competition held by the Presidenza del Consiglio dei Ministri of the Government of Italy and the Rome Order of Architects. It is an architectural solution for a new interface for the public with the 'front' office of any government institution, or wherever the public endures long lineups and uninspired service. SOffice™ is a new architectural prototype capable of adapting to a wide range of existing environments. It employs a strategic combination of new and existing technologies to enable fluid and secure transactions and communication. The design provides the citizen/customer with a never-before-seen experience of government/corporation – one of accessibility, flexibility, mutability, responsibility and openness.

DESIGN OFFICE

Other Projects

IBM (2000; George Yu and Jason King: Design Office with Imaginary Forces)
The IBM Centres for e-Business Innovation are designed to convey and reinforce the essence of the IBM e-Business brand through the creation of a day-long, technologically immersive, educational and interactive experience. The centres are facilities where companies can access all of the expertise needed to strategize, develop, implement and manage Web-based e-business solutions. All of the physical and experiential aspects of the centres represent a convergence of architecture, immersive media and 'smart' technology. The environment is flexible and changes over time. Continuity and spatial extension are expressed through transparency and layering, and media screens are juxtaposed with real views to reinforce the simultaneity of Web space and real space.

Jusco (2002; George Yu and Jason King: Design Office with Arai Architects)
Jusco is a new kind of shopping centre prototype that focuses on a young, media-savvy age group, creating a more conducive environment to engage the marketplace, be entertained and build community. We introduced new spatial and formal species to the standard mall ecology, producing hybrids, mutations and other products of a healthy ecosystem. Unlike conventional mall models, which reduce the multiplicity of logics in their ecosystems, our strategy entails heterogeneity and the emergence of diverse experiences. Each space has an 'interface,' be it a facade seen from a moving train, a storefront, or an advertising or media element that promotes a different speed and scale of experience.

S-Office (2003)
S-Office^{MD} est un prototype d'environnement qui a gagné un premier prix lors d'un concours organisé par le Président du Conseil des Ministres du gouvernement italien et l'Ordre des architectes de Rome. Dans le domaine de l'architecture, il offre au public une nouvel interface avec le « guichet » de n'importe quelle institution gouvernementale ou avec tout endroit où le public doit supporter de longues attentes et un service mal adapté. Il combine de manière stratégique les nouvelles technologies existantes pour rendre fluides et sécuritaires les transactions et la communication. Le design procure au citoyen/client une façon inédite d'expérimenter avec le gouvernement/la corporation un contact fondé sur l'accessibilité, la flexibilité, la mutabilité, la responsabilité et l'ouverture.

DESIGN OFFICE

Autres projets

IBM (2000 ; George Yu et Jason King : Design Office avec Imaginary Forces)
Les centres d'innovation e-Business d'IBM sont conçus pour véhiculer et renforcer le noyau de la marque IBM e-Business par la création d'une expérience éducative, interactive et technologiquement immersive qui dure l'espace d'une journée. Les centres sont des installations où les entreprises peuvent trouver les compétences nécessaires pour la stratégie, le développement, la mise en œuvre et la gestion de solutions d'affaires électroniques fondées sur Internet. Tous les aspects physiques et expérimentés des centres représentent le point de convergence de l'architecture, des médias immersifs et de la « fine » technologie. L'environnement est flexible et évolue avec le temps. La continuité et l'expansion spatiale s'expriment au moyen de la transparence et de l'organisation en couches ; les écrans médiatiques sont juxtaposés à côté de vues réelles pour renforcer la simultanéité de l'espace du Web et de l'espace réel.

Jusco (2002 ; George Yu et Jason King : Design Office avec Arai Architects)
Jusco est un nouveau genre de prototype de centre commercial qui cible un groupe d'individus jeunes et ferrés en relations médiatiques, créant un environnement plus favorable à l'intégration du marché, au divertissement et à l'esprit communautaire. Nous avons intégré à l'écologie du centre commercial typique de nouveaux dispositifs spatiaux et formels, produisant des hybrides, des mutations et d'autres produits propres à un écosystème sain. À la différence de modèles conventionnels de centres commerciaux, qui réduisent la multiplicité des logiques dans leurs écosystèmes, notre stratégie génère de l'hétérogénéité et des diverses expériences. Chaque espace dispose d'une « interface », que ce soit une façade vue depuis un train en mouvement, la vitrine d'un magasin ou une publicité ou un élément médiatique faisant la promotion d'une vitesse et d'une échelle d'expérience différente.

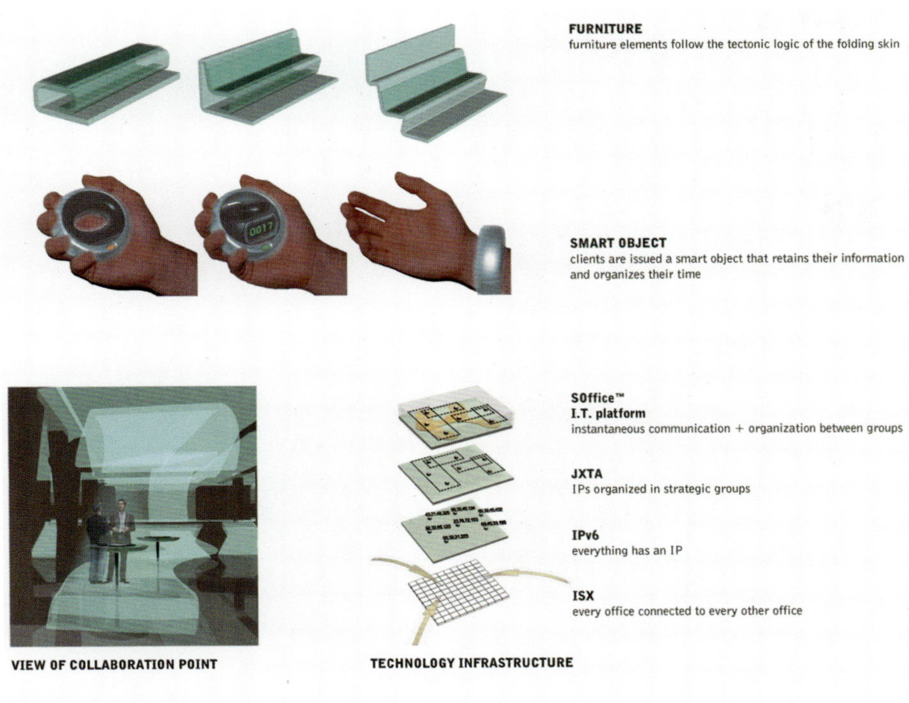

S-Office

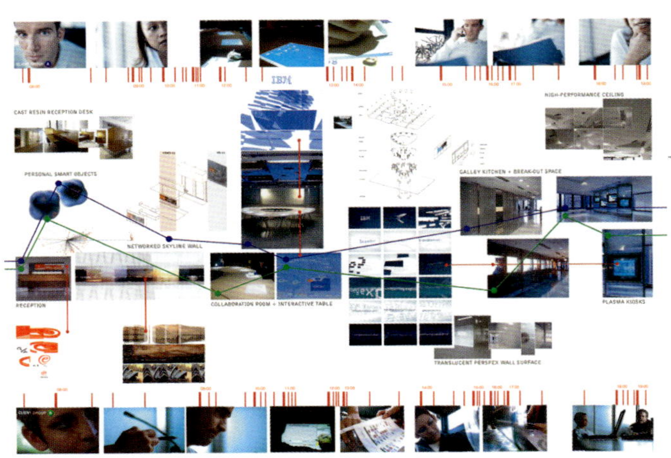

IBM

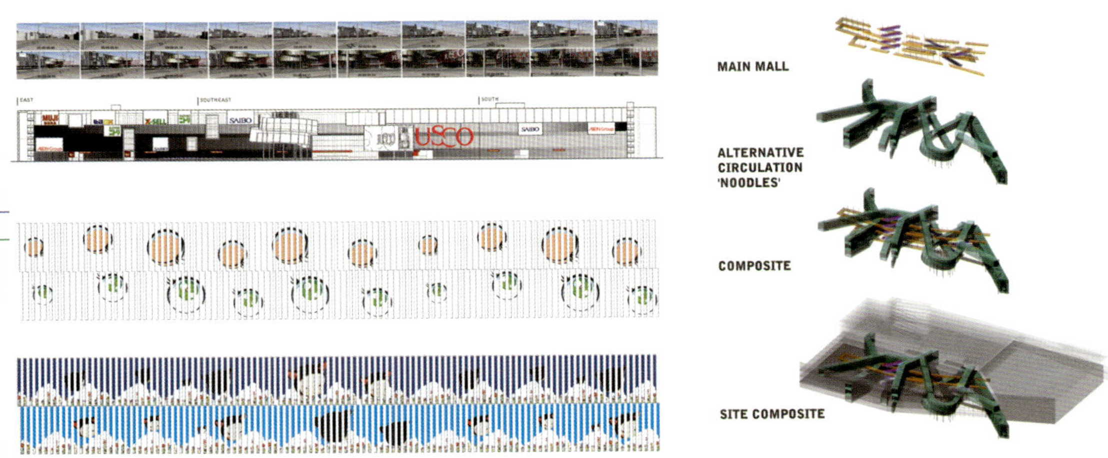

Jusco

1: Tempietto

1: Vicolo

1: Panteone

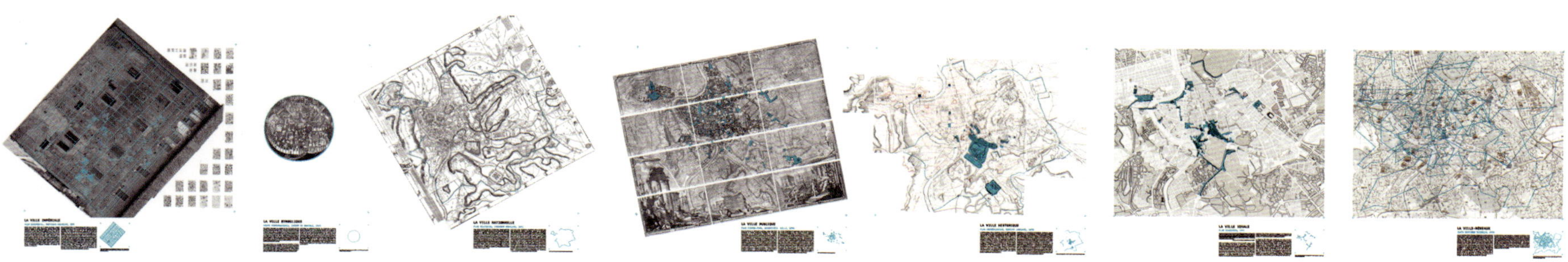

The Cities of Rome   Les villes de Rome

Annie Lebel, Stéphane Pratte + Geneviève L'Heureux
Cartographier Rome

During our stay in Rome, we developed our own individual reflections in the context of a common body of research based on the notion of cartography. Revisiting this classic method of representation, we related various aspects of the city, at once perceived by the senses and understood by the spirit, with the goal of revealing an original reading. Notions of scale, temporality and point of view inform each of the individual projects.

ANNIE LEBEL

1:Rome

Movement through the modern city offers little corporeal engagement. Modern space, typical of large North American cities, permits rapid movement of bodies by means of its large circulation systems organized in orthogonal grids. Contemporary with the invention of the modern city in the nineteenth century, the obsession with hygiene, which brought with it the fear of touching, goes hand in hand with the sterile tactility of the city. Speed and hygiene provoke the numbing of the senses and the smoothness of surfaces. By contrast, the morphology of Rome encourages tactile engagement. The urban forms that comprise the heart of the city – its streets and squares – embody sensuality by means of their irregular geometry and intimate scale, conducive to the slow movement of bodies.

1:Rome explores the cartography of a slow and tactile experience of the city. Slowly walking the streets, a tactile experience in itself, permits the eye to touch the horizontal and vertical surfaces in fine detail. Moving slowly exacerbates the relationship between vision and touch in the urban architectural experience. The ground and walls become like large maps traversed by physical and visual contact. *1:Rome* proposes a cartography where the scale of representation corresponds to the actual scale of the city. Portions of surfaces of the ground and walls in different locations in the city were transferred to paper by means of 'frottage' – a technique attributed to the surrealist Max Ernst – resulting in full scale maps that can be read in real time. The maps, which oscillate between reality and representation, become abstract through the hyperrealism that they evoke. The lines thicken and decompose, while the scale of exterior public spaces, brought inside, explodes.

Annie Lebel, Stéphane Pratte + Geneviève L'Heureux
Cartographier Rome

Pendant notre séjour à Rome, nous avons développé individuellement nos réflexions dans le cadre d'une recherche commune sur la notion de cartographie, revisitant cette méthode de représentation classique en mettant en relation des aspects de la ville, à la fois perçus par les sens et compris par l'esprit, afin d'en faire émerger une lecture originale. Les notions d'échelle, de temporalité et de point de vue se recoupent d'un projet individuel à l'autre.

ANNIE LEBEL

1:Rome

Les déplacements dans la ville moderne engagent très peu corporellement. L'espace moderne, propre aux grandes villes nord-américaines, permet un mouvement rapide des corps par ses larges espaces de circulation organisés en grille orthogonale. Contemporaine de l'invention de la ville moderne du XIXe siècle, l'obsession pour l'hygiène, qui mène à la peur de toucher, va de paire avec une stérilisation tactile de la ville. Vitesse et hygiène provoquent l'engourdissement des sens et le lissage des surfaces. Par contraste, la morphologie de la ville de Rome engage tactilement. Les formes urbaines qui composent le coeur de la ville – rues, places – incarnent la sensualité par leur géométrie irrégulière et l'intimité de leurs dimensions, lesquelles épousent et induisent un mouvement lent des corps.

Le projet *1:Rome* explore la cartographie d'une expérience tactile et lente de la ville. Fouler le sol en marchant est une expérience tactile en soi. Se déplacer lentement permet à l'oeil de toucher les surfaces horizontales et verticales dans leurs moindres détails. La lenteur exacerbe la relation entre vision et toucher dans l'expérience architecturale urbaine. Le sol, les murs, deviennent comme de grandes cartes parcourues par contact physique et visuel. *1:Rome* propose une cartographie où l'échelle de la représentation correspond à celle de la réalité. Les surfaces de portions de sols et de murs de différents lieux dans la ville sont transférées sur papier par « frottage »– technique empruntée au surréaliste Max Ernst – formant des cartes à échelle réelle, qu'on peut lire en temps réel. Réelles empreintes, les cartes présentées, qui font osciller le regard entre réalité et représentation, font aussi preuve d'abstraction par l'hyperréalisme qu'elles évoquent. Les lignes s'épaississent et se décomposent ; l'échelle réelle des lieux publics extérieurs ramenés à l'intérieur explose.

1:Vicolo
The Vicolo of Santa Maria in Capella, a medieval street with unplanned spatial geometry, invites touching. The stone walls of this narrow street present display markings from the wheels of both ancient carts and contemporary vehicles. These non-parallel walls create, by means of their proximity, an urban room for the body, which can touch the surfaces both visually and physically.

1:Tempietto
The Tempietto, in the court of the monastery of San Pietro in Montorio, was designed by Donato Bramante in the early sixteenth century. This miniature circular building in a tight rectangular court creates a spatially and geometrically tactile site. The near-tangent surfaces of the cylindrical temple and the walls of the surrounding monastery court offer an intimate space for the body and render the already miniature building even more accessible.

1:Panteone
Built in AD 118, during the reign of Hadrian, the Pantheon, which sits on a geometry inscribed in stone and reflects the symmetrical structure of the human body, was conceived to instill belief in and obedience to imperial power. The floors of the interior of the Pantheon and its portico are large stone surfaces inscribed with geometric figures – circles, squares, rectangles – organized in a grid, like a large map. Each day, the circle of grey granite in front of the building's grand portal is mobbed by thousands coming to see the monument and discover its oculus.

STÉPHANE PRATTE
The Cities of Rome
Rome is spoken of as a city of palimpsests. These successive inscriptions have left traces, a stratification of the Eternal City's particular history, where the coexistence of epochs is inscribed in and lives in the city. Rome, consisting of the accumulation of material strata, but also of layers of history, continually archives and erases itself. To understand the city, one must capture and read these layers, separately and as a whole.

The Cities of Rome studies representations of the plan of the city from antiquity to the present, underlining the subjective nature of this a priori descriptive tool. Six plans of Rome, each with the same scale and orientation, are pre-

1:Vicolo
Le Vicolo di Santa Maria in Capella, rue médiévale à géométrie spatiale non planifiée, invite à toucher. Cette rue étroite présente sur ses murs de pierre des inscriptions de roues de charette et de véhicules contemporains. Les murs non-parallèles si rapprochés, créent, par leur proximité, une pièce urbaine pour le corps qui peut tâter visuellement et physiquement les surfaces.

1:Tempietto
Le Tempietto a été conçu par Bramante au début du XVI ève pour être construit dans la cour du monastère de San Pietro in Montorio. L'inscription d'un bâtiment circulaire miniature dans une cour rectangulaire aux dimensions restreintes, crée un lieu spatialement et géométriquement tactile. La presque tangence des surfaces, celle du temple cylindrique et celle des murs de la cour du monastère, offre une intimité pour les corps et rend le bâtiment déjà miniature encore plus captable par la main.

1:Panteone
Construit sous le règne d'Hadrien en 118 ap J-C, le Panthéon, qui repose sur une géométrie inscrite dans la pierre et qui incarne la structure symétrique du corps, aurait été conçu pour l'oeil afin d'induire une croyance et une obéissance au pouvoir impérial. Le plancher de l'intérieur du Panthéon et de son portique sont de grandes surfaces de pierre criblées de figures géométriques – cercles, carrés, rectangles – organisées en grille comme une grande carte. Chaque jour, le cercle de granit gris charbon, qui fait parvis devant la grande porte du bâtiment, est foulé par des milliers de corps qui viennent voir l'intérieur du monument pour y découvrir son oculus.

STÉPHANE PRATTE
Les Villes de Rome
On parle de Rome comme d'une ville palimpseste. Ces inscriptions successives ont laissé des traces, une stratification de l'histoire particulière de la Ville éternelle où la coexistence des époques s'inscrit et se vit dans la ville. Rome, constituée d'une accumulation de strates matérielles, mais aussi de couches d'histoires riches de sens, s'archive et s'efface continuellement. Comprendre la ville, c'est appréhender ces couches, séparément et dans leur ensemble.

Le projet *Les Villes de Rome* étudie les représentations en plans de la ville, de l'Antiquité à nos jours et souligne la nature subjective de cet outil a priori descriptif. L'exposition présente côte à côte, à la même échelle et dans la même orientation, six plans de Rome

sented side by side, representing great periods in the city's history. Studying these different plans reveals not only the evolution of the city, but also the correspondence between the nature of each representation and the period of its conception.

These representations – the monumental plan, the military plan, the figure-ground plan, the archaeological plan, the road map – are, consciously or not, the expression of a political design and constitute tools of both spatial and temporal navigation. The plans illustrate the values and obsessions of their era and testify to the transformation of frames of reference and paradigms. The juxtaposition of these plans is at once an interpretive tool and a metaphor for the Eternal City, a juxtaposition of cities that coexist simultaneously today – the imperial city, the symbolic city, the rational city, the public city, the historic city, the ideal city and the city of networks.

THE IMPERIAL CITY

Monumental Plan, Septimus Severus, 203

'Roma Caput Mundi' – Rome is the centre of the world. The empire has over one million subjects. The emperor Septimus Severus hastens the transformation from a republican to a dictatorial system. During his reign in the first century, a monumental marble plan, 20 metres by 15 metres, is erected in the north hall of the Temple of Peace. The plan, based on a tax registry, illustrated the monumentality and grandeur of Rome. The plan was destroyed during the fall of the Roman Empire in the fifth century, parts of it pilfered for other buildings, others burned to make lime. Only ten per cent of its fragments remain, one of the great puzzles of classical archaeology.

THE SYMBOLIC CITY

Iconographic Representation, Taddeo di Bartolo, 1414

An era of invasions: the Visigoths in 410, the Vandals in 455 and later the Lombards until Pope Leo III placed the imperial crown on the head of Charlemagne in 800. The successive sackings of Rome pushed the population of the city out to the neighbouring mountains, reducing the its numbers to only 30,000 souls. The Church dominates the city, establishing the primacy of the soul over the body. Medieval representations reflect this by illustrating the idea of Rome, its perfection, rather than its reality.

emblématiques des grandes périodes de l'Histoire telles qu'on les reconnaît aujourd'hui. Si cette segmentation myope de l'Histoire est en continuelle mouvance et se dilate avec le temps, l'étude des différents plans n'en révèle pas moins les rapports étroits qui existent entre le type de représentation et leur époque de conception.

Ces représentations – plan monumental, plan militaire, plan figure-fond, plan archéologique, plan directeur ou carte routière sont, consciemment ou non, le fruit d'un dessein politique et constituent tout autant un outil de navigation spatial que temporel. Les plans illustrent les valeurs et les obsessions de leur époque et témoignent de la transformation des cadres de référence et des paradigmes. La juxtaposition de ces plans est à la fois un outil d'interprétation et une métaphore de la Ville éternelle, une juxtaposition des villes qui coexistent aujourd'hui simultanément – la ville impériale, la ville symbolique, la ville rationnelle, la ville publique, la ville historique, la ville idéale et la ville-réseau.

LA VILLE IMPÉRIALE

Plan monumental, Septimus Severius, 203

« Roma Caput Mundi ». Rome est le centre du monde. L'empire compte un million de sujets. L'empereur Septime Sévère hâte l'évolution définitive d'un système républicain vers un système dictatorial. Au premier siècle et jusqu'à la fin de son règne, un plan de marbre monumental de 20 mètres par 15mètres est érigé et mis à jour sur le mur nord du hall du Temple de la Paix. Le plan, basé sur un relevé cadastral pour l'imposition des impôts, marque et illustre par sa monumentalité et la grandeur de Rome. Avec la désintégration de l'empire romain au Ve siècle, le plan a subi le même destin que le reste de la ville. Pendant plusieurs centaines d'années, les plaques de marbre ont été systématiquement dépouillées pour construire de nouveaux bâtiments ou simplement brûlées pour en faire de la chaux. La reconstitution de cet immense casse-tête, dont il ne reste que 10% des morceaux, est l'une des grandes énigmes de l'archéologie classique.

LA VILLE SYMBOLIQUE

Représentation iconographique, Taddeo di Bartolo, 1414

Une époque d'invasions : les Wisigoths en 410, les Vandales en 455 puis les Lombards avant que le pape Léo III ne dépose la couronne impériale sur la tête de Charlemagne en 800. Les sacs successifs de Rome repoussent la population vers les régions montagneuses avoisinantes. À Rome, la population diminue jusqu'à 30,000 âmes ; on se réfugie sur le haut des collines. L'Église domine dans toute sa majesté ; la population malmenée se replie sur la foi chrétienne qui établit la primauté de l'âme sur le corps. Les représentations du moyen-âge illustrent ainsi l'« idée » de Rome, sa perfection, plutôt que sa réalité.

THE RATIONAL CITY

Military Plan, Leonardo Bufalini, 1551

The Renaissance rediscovery of the models of antiquity – symmetry, proportion and geometry – by artists and architects like Bramante, Raphael and Michelangelo, inspire Pope Julius II to reconstruct Saint Peter's Basilica to reaffirm the power of the papacy and to give to Rome a monument worthy of the eternal glory of the Church. A coalition of Reformationists, who see this ostentatious project as evidence of Catholic decadence, march on Rome and sack the city in 1527. It is in this atmosphere of insecurity that, a decade later, Leonardo Bufalini begins work on the first plan of Rome since antiquity. The type of information that informs the plan – systems of defence, topography, circulation – reveals the military nature of Bufalini's undertaking.

THE PUBLIC CITY

Figure-Ground Plan, Giambattista Nolli, 1748

The plan of Giambattista Nolli, indisputably the finest cartographer of Rome, presages the great period of mapmaking of the eighteenth century. Nolli's plan was developed as a tool for the papal administration, but ironically it represents the laicization of urban representations. It is the first map to place north at the top of the page, adopting a scientific, abstract and external reference. The most important aspect of the plan, however, is its representation of the city as a public entity. The grey zones, essentially private buildings, define in white the spaces of public circulation – not only streets and squares, but churches and other public buildings – as accessible to all.

THE HISTORIC CITY

Archaeological Plan, Rodolfo Lanciani, 1901

As Rome becomes the capital of a united Italy in 1871, it turns to its past to establish the pompous neoclassical style considered appropriate to the new national institutions: the new Palace of Justice and the Monument to Victor Emmanuel II. At the same time, Rodolfo Lanciani, secretary of the city's Archaeological Commission, prepares the first archaeological plan of the city, *Forma Urbis Romae* at a scale of 1:1,000. Unlike the masters of the Renaissance, who, despite their love for art and Roman civilization, tore apart ancient monuments to build their own projects, Lanciani had a real interest in archaeology as a witness to historical continuity and a registry of our first efforts to rediscover and preserve ancient monuments.

LA VILLE RATIONELLE

Plan militaire, Leonardo Bufalini, 1551

En 1500, Bramante redécouvre les modèles de l'Antiquité, la symétrie, les proportions et la géométrie. Impressionné par le travail du Tempietto, c'est à lui, à Michel-Ange et à Raphaël, que le pape Jules II s'adresse pour la reconstruction de Saint-Pierre de Rome. Le pape veut rétablir le pouvoir de la papauté et donner à Rome un monument digne de la gloire éternelle de l'Église. Cette ostentatoire assimilation du beau au bien indispose les réformistes qui considèrent l'Église catholique comme décadente. En 1527, une coalition de Réformistes marchent sur Rome et saccagent la ville. C'est dans cette atmosphère d'insécurité qu'une décennie plus tard l'architecte militaire, menuisier, graveur et arpenteur Léonardo Bufalini établit le premier plan de Rome depuis l'Antiquité. La nature militaire de cet ouvrage, peut-être inconsciemment, apparaît clairement dans le type d'informations retrouvées sur la carte – les systèmes de défense, la topographie, les circulations – des aspects essentiels à la protection de la ville.

LA VILLE PUBLIQUE

Plan figure-fond, Giambatista Nolli, 1748

Les relevés scientifiques de Giambatista Nolli, indiscutablement le plus grand cartographe de Rome, présage la grande production cartographique du XVIIIe siècle. Le plan de Nolli est d'abord un outil de connaissances pour les opérations de l'administration pontificale. Ironiquement, Nolli représente dans la capitale papale la laïcisation de la représentation urbaine. Il est le premier à mettre le Nord au haut du plan, choix d'un critère de lecture abstrait et externe à la ville. Mais l'aspect le plus important du plan reste l'expression du caractère public de la ville. Les zones grises, essentiellement les constructions privées, définissent en blanc les endroits où peut circuler la population – rues, places, églises – créant un réseau d'espaces publics accessibles à tous.

LA VILLE HISTORIQUE

Plan archéologique, Rodolfo Lanciani, 1901

Lorsque Rome devient la capitale de l'Italie unifiée en 1871, elle se tourne naturellement vers son passé pour établir le style néo-classique pompeux propre aux institutions de la capitale – le palais de justice et le monument Victor Emmanuel II. Secrétaire de la commission archéologique communale, Rodolfo Lanciani, publie sous le titre *Forma Urbis Romae* à l'échelle 1:1000 le premier plan archéologique d'envergure. Contrairement aux grands maîtres de la Renaissance qui, en dépit de leur amour de l'art et de la civilisation romaine, ont massacré les monuments antiques pour la construction de leurs projets,

Ombra a Roma

Projections

THE IDEAL CITY

Official Plan, 1931

'Governor! ... My ideas are clear, my orders precise. I am certain that they will be realized. Within five years, Rome must offer to the whole world a marvellous, immense, orderly and powerful image, equal to that of the first Augustan Empire. The surroundings of the Theatre of Marcellus, of the Campidoglio and of the Pantheon must be cleared of all that emerged during the centuries of decadence.'

– from a speech by Benito Mussolini, December 31, 1925

1922. The fascists march on Rome. Mussolini has a vision: to clean out and liberate the city, and to introduce the fluidity of movement dreamt of by the Italian Futurists. Above all, he wants to enshrine the monumental character of the capital and concentrate his interventions on the urban fabric. The early part of the twentieth century is marked by a series of master plans intent on modernizing the city. The most significant is the plan from the fascist era of 1931 ; it presaged the 'decadent' accretions of the medieval and Renaissance periods, revealing the monuments of antiquity and creating great avenues suitable for Mussolini's military parades.

THE CITY OF NETWORKS

Michelin Road Map, 2000

With World War II, Rome's population increased radically due to the evacuation of southern and south-central Italy. By 1951, the city's population reached 1.6 million, and a series of large infrastructure projects was initiated, including the construction of 'l'Anello,' a major ring road that was to define the limits of urban expansion, but which was quickly breached. The city's subway system was also undertaken at this time, with all the complications of Rome's subterranean network of archaeological sites. The road map, primary navigation guide for tourists, reveals a multitude of networks within the city. For one tourist, Rome is the sum of the monuments one must visit – the statues, the churches, the fountains ; for another, it is formed of routes – streets, squares, stairs, and view corridors. The city is no longer understood spatially, but as a series of networks.

Lanciani porte un réel intérêt au sous-sol archéologique comme témoin de la continuité historique, où on enregistre les premiers efforts pour redécouvrir et préserver les monuments antiques.

LA VILLE IDÉALE

Plan directeur, 1931

« Gouverneur! (...) Mes idées sont claires, mes ordres sont précis. Je suis certain qu'ils se concrétiseront. Dans cinq ans, Rome doit offrir au monde entier une image merveilleuse, immense, ordonnée et puissante, égale à celle qu'elle offrait à l'époque du premier Empire d'Auguste. Les abords du théâtre de Marcellus, du Campidoglio et du Panthéon doivent être débarrassés de tout ce qui a surgi pendant les siècles de décadence. »

– Discours de Benito Mussolini, 31 décembre 1925

1922. Les fascistes marchent sur Rome. Mussolini a une vision : nettoyer, libérer la ville et instaurer la fluidité de mouvement rêvée par les futuristes italiens. Il veut par-dessus tout consacrer l'aspect monumental de la capitale en concentrant les interventions sur le tissu urbain de la cité. Le début du XXe siècle est marqué par une série de plans directeurs destinés à planifier la modernisation de la ville. Le plus célèbre est celui de l'époque fasciste de 1931 ; il prévoit la démolition de quartiers entiers datant du Moyen-Âge et de la Renaissance, les «éventrements », pour libérer les monuments antiques et créer des voies de circulation qui permettent les grands défilés militaires de Mussolini.

LA VILLE-RÉSEAUX

Carte routière Michelin, 2000

Avec la Deuxième Guerre mondiale, la population de Rome augmente radicalement à cause surtout de l'immigration des évacués du sud et du centre-sud. En 1951, la population de Rome atteint plus de 1,6 millions habitants. De grandes infrastructures sont mises en chantier pour répondre à cette incroyable croissance. On construit l'« Anello », une voie rapide circulaire, qui devait être la limite ultime de l'expansion urbaine, mais qui sera rapidement dépassée. On construit le métro dont l'expansion est entravée par le sous-sol archéologique de la ville. La carte routière, outil principal de navigation du touriste, révèle d'un seul coup d'oeil une multitude de réseaux dans la ville. Pour un touriste, Rome est la somme des monuments à voir – les statues, les églises, les fontaines ; pour un autre, elle est formée des points forts d'un parcours – les escaliers et les points de vues. La ville se dévoile à la pièce, sur mesure, non plus comprise spatialement mais comme une série de réseaux.

GENEVIÈVE L'HEUREUX

Ombra a Roma

Contemporary mapping translates the performance of our instruments of measure and our ability to collect and manage information: the information we find on any map is precise, diversified and abundant. Plan view, nowadays the mode of representation of maps, conveys the quantitative nature of the map, where everything is measured and measurable. Objective point of view, the plan or view of the mind, allows the eye to embrace the totality of the city, responding to the secular quest of a mode of representation that would offer a total vision of the world.

In contrast, *Ombra a Roma* proposes a qualitative and partial mapping – a map of impressions. With its point of view at street level (in *Percorsi all'Ombra*) or slightly elevated (in *Percorsi dell'Ombra*), it is the daily experience of the places and narrow streets of Rome that is mapped. Rather than a plan drawing made from measured information, the perceptual map comes from perspectival points of views, originating in photography. From photographs, the primary and dominant perception of the beholder is extracted: the interception of light by that which is built – shadows.

At first, the shadow is drawn, superimposed on the context. Then, all superfluous information is eliminated, leaving the shadow, the objective of the map. The quest to represent the reality in its totality is abandoned for a representation of a partial or simplified reality. The result is a deformation of reality as it is perceived. The shadow is never seen as it is here represented – autonomous, as an image dislocated from its origin. With the shadow simultaneously extracted and isolated from its site, we navigate between realism and abstraction. *Ombra a Roma* produces an iconic map.

GENEVIÈVE L'HEUREUX

Ombra a Roma

La cartographie contemporaine est à l'image de la performance de nos instruments de mesure et de notre capacité à recueillir et organiser l'information : la quantité d'information y est précise, de nature diverse et abondante. La vue en plan, désormais le mode de représentation cartographique par excellence, témoigne aussi de l'aspect quantitatif de la carte : tout y est mesuré. Point de vue objectif, le plan, ou vue de l'esprit, permet d'embrasser du regard la totalité de la ville, répondant ainsi à la quête séculaire d'un mode de représentation offrant une vision totale du monde.

En contraste, *Ombra a Roma* propose une cartographie qualitative et partielle, une carte de l'impression. Avec son point de vue au niveau de la rue –dans *Percorsi all'ombra*–, ou quelque peu surélevé – dans *Percorsi dell'ombra* –, c'est l'expérience au quotidien des places et rues étroites de Rome qui est cartographiée. Plutôt qu'un tracé en plan fait à partir d'informations mesurées, la carte perceptuelle est fabriquée à partir de points de vues perspectifs, issus de prises photographiques. De la photographie, ou relevé du regard, est extraite une perception primaire et dominante du visiteur : l'interception de la lumière par le bâti, ou l'*ombre*.

Dans un premier temps, l'ombre est dessinée en superposition au contexte. Puis, toute information ne contribuant pas au dessein de la carte, celui de représenter l'ombre, est éliminée. La quête de représentation d'une réalité totale se trouve abandonnée au profit de la représentation d'une réalité partielle ou simplifiée. Le résultat est une exagération, ou à tout le moins une déformation de la réalité telle qu'elle est perçue. L'ombre n'est jamais perçue, telle qu'elle y est ici représentée, autonome, image disloquée de son origine. L'ombre étant à la fois extraite et isolée du lieu, on y navigue entre réalisme et abstraction. *Ombra a Roma* produit ainsi une carte iconique.

Darling Foundry Fonderie Darling

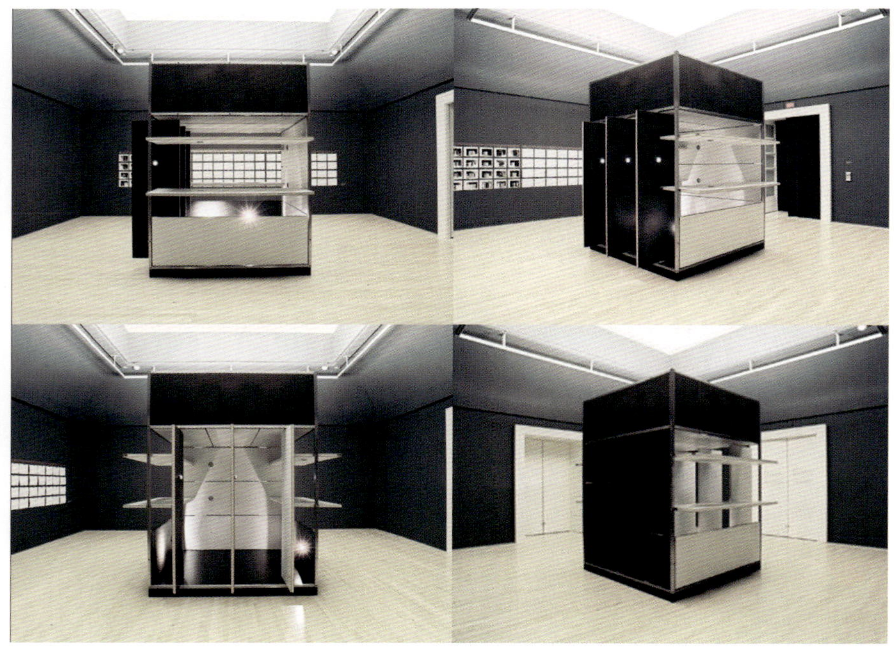

Test Chamber Chambre d'essais

Other Projects

Projections (Montreal, 1997)

This installation for Grain Silo No. 5 in the Port of Montreal formed part of *Panique au Faubourg*, an event organized by Quartier Éphémère, situated in the Faubourg des Récollets. Monolithic, frontal, silent, this industrial building, now devoid of all function, stands as an integral part of the city. Pale and withdrawn in relation to other building fronts on Rue de la Commune, the grain silo appears as a public screen. Our installation consists of images projected onto the building's concrete wall, creating a public event – a luminous spectacle in the city. The nature of the projections and the physical relationship they establish with the silos, aim to metaphorically reveal the architectural potential of this erstwhile industrial edifice.

The curtains recall the undulating form of the silo's surface; the stair images suggest, as Montreal triplexes do, the potential to inhabit the upper levels of the elevator; the caryatids evoke the monumentality of the structure; the falls place emphasis on the silo's function as a container. Perception oscillates between the projected image and the building's surface – between what appears and what is.

Darling Foundry (Visual arts centre, Montreal, 2002)

A disused foundry was refurbished to accommodate a visual arts centre with an exhibition gallery, multipurpose room, café and administrative spaces. The project required a decisive architectural intervention, but with a minimal budget that allowed only an upgrade to contemporary building standards; more than a third of the budget was allocated to structural repairs. The solution defines and establishes spaces in relation to the natural morphology of the building, framing and defining the spaces by simple planning that respects and celebrates the existing structure. The multipurpose room is generously lit with softly diffused daylight through frosted glass. The foundry's furnace, the building's principal artifact, is legible at every level, right up to the roof, where it acts as the centre's landmark.

Test Chamber, Canadian Centre for Architecture (Montreal, 2002)

This installation was presented in the context of *Laboratories*, an exhibition at the Canadian Centre for Architecture that ran from April 17 to September 15, 2002. The installation explores the sudden necessity to establish new theoretical frameworks following the events of September 11, 2001. Each selected project presents, through its implementation, its conception of the zero degree in architecture.

Autres projets

Projections (Montréal, 1997)

Ce projet était une installation pour l'élévateur à grain n°5 dans le cadre de l'événement Panique au Faubourg organisé par Quartier Éphémère dans le Faubourg des Récollets. L'élévateur à grain n°5 constitue un élément important du paysage urbain. Monolithique, frontal, muet, ce bâtiment industriel, maintenant dépourvu de fonction, constitue une partie intégrante du relief de la ville. Blanchâtre, en retrait par rapport au front de bâtiments de la rue de la Commune, l'élévateur à grain nous apparaît comme un écran public naturel. Notre installation consiste en une projection d'images sur la paroi de béton du bâtiment pour créer un événement public, un spectacle lumineux dans la ville. La nature des images projetées – des images analogiques au bâtiment – et le rapport physique qu'elles établissent avec le bâtiment visent à révéler métaphoriquement le potentiel architectural de cet ancien bâtiment industriel.

Les rideaux rappellent la forme ondulatoire de la surface des silos ; la série d'escaliers, à la manière des triplex montréalais, suggère le potentiel d'habitation de la partie haute de l'élévateur ; les caryatides marquent la monumentatlité de la structure ; les chutes mettent l'emphase sur la fonction des silos comme contenants. Entre l'image projetée et la surface du bâtiment, s'installe un mouvement d'oscillation entre ce qui apparaît et ce qui est, plaçant l'observateur dans un intervalle où il est séduit par la représentation .

Fonderie Darling (Centre de diffusion en arts visuels, Montréal, 2002)

Une fonderie désaffectée a été recyclée en centre de diffusion en arts visuels avec une galerie classique, une salle multi fonctionnelle, un café et les bureaux administratifs de l'organisme. Le projet a demandé une intervention architecturale forte avec un budget minimal qui ne permet qu'une mise aux normes - plus du tiers du budget étant alloué à la réfection structurale. De plus, la salle de diffusion propose un espace d'exposition différent de la « boîte noire » traditionnelle. La solution définit et établit les espaces en fonction de la morphologie naturelle du lieu. Cadrer et définir les espaces par des plans simples qui mettent en valeur les structures existantes. L'espace de la nouvelle salle multifonctionale est généreusement éclairée par une lumière diffusée par des verres givrés. La solution met en valeur le four de la fonderie, principal artefact, qui apparaît à chacun des niveaux jusqu'au toit où il devient le signal du centre.

Chambre d'essais (Centre Canadien d'Architecture, Montréal, 2002)

Installation réalisée dans le cadre de l'exposition *Laboratoires* présentée au CCA du 17 avril

Test Chamber is an experimental laboratory investigating the potential of crossings and transposition of interdisciplinary ideas and knowledge. Founded upon a mode of lateral thinking – analogical thought – it attempts to open onto a more intuitive comprehension of the world.

Developed in collaboration with sound and light designers, the proposed experiences seek to establish links amongst architecture and these other disciplines. *Test Chamber* is composed of a structure that, according to different configurations of the pivoting lattices/doors, can reflect spatial, acoustic and light properties. By analogy to laboratory benches, it questions three current aspects exacerbated in contemporary society: scale, border and the real. It transposes them into matter and observes the interstices that simultaneously separate and define extreme states. The mutations of the chamber operate in the passing of one extreme state to another, from opening to closing or audible to inaudible. *Test Chamber* transforms itself during the entire period of the laboratory, documenting and archiving continually within a matrix that presents the diverse movements of its experimentation.

Reford Gardens Welcome Pavilion (Grand-Métis, Quebec, 2003)
This project included the preparation of a master plan for the gardens, the first phase of which included the design of a welcome pavilion and interpretive centre, and a lookout point on the Métis River. The building directs the visitor's experience upon arrival at the site, and facilitates itinerary, circulation and comprehension of the site. The pavilion looks to establish a strong architectural image while integrating itself into the garden's natural landscape.

The master plan seeks to establish an itinerary for the visitors based upon the site's historical traces, and to change the visitors' perceptions by means of landscape and architectural interventions that progressively decrease their speed, from 90 km/h by car to a state of contemplative stillness. The Welcome Pavilion establishes a screen that guides the visitor between the parking lot and the garden's entry, constitutes the frame of a linear garden and becomes both building and lookout point. Materials are chosen to integrate the graphic, landscape and architectural interventions that enhance the visitor's experience.

au 15 septembre 2002. Elle explore la soudaine nécessité d'établir un nouveau cadre de réflexion et d'action après les événements du 11 septembre 2001. Chaque firme retenue présente, à travers son installation, sa conception du degré zéro de l'architecture.

La Chambre d'essais est un laboratoire d'expérimentation sur le potentiel de croisements et de transposition des idées et savoirs entre les disciplines. Fondée sur un mode de pensée latérale – la pensée analogique, elle tente d'ouvrir sur une compréhension plus intuitive du monde. Travaillées en collaboration avec des concepteurs en son et en lumière, les expériences proposées cherchent à établir des liens entre l'architecture et ces autres disciplines. *La Chambre d'essais* est composée d'une structure pouvant recevoir selon différentes configurations des panneaux/portes pivotants aux propriétés spatiales, acoustiques, et/ou lumineuses. Par analogie aux bancs d'essais techniques, elle questionne trois aspects aujourd'hui exacerbés de nos sociétés contemporaines : l'échelle, la frontière et le réel. Elle les transpose dans la matière et observe l'entre-deux qui à la fois sépare et en définit les états extrêmes. Des mutations de la « chambre » s'opèrent dans le passage d'un état extrême à l'autre, par exemple de l'ouvert au fermé ou de l'audible à l'inaudible. *La Chambre d'essais* se transforme sur toute la durée du laboratoire, se documente et s'archive au fur et à mesure dans une matrice qui présente les divers moments de l'expérimentation.

Pavillon d'accueil, Jardins de Métis (Grand-Métis, Québec, 2003)
Ce projet propose un plan global d'aménagement des jardins et la réalisation d'une première phase de travaux incorporant un pavillon d'accueil, une structure d'interprétation et un belvédère sur la rivière Mitis.

Le concept prend en charge l'expérience du visiteur dès l'entrée du site, clarifie les circulations et la compréhension du site, construit un bâtiment qui affirme sa présence et établit une image forte tout en s'intégrant au paysage naturel des jardins.

La solution cherche à établir un parcours pour le visiteur sur les traces historiques du site, changer les perceptions du visiteur par des interventions paysagères et architecturales en ralentissant progressivement sa vitesse – du 90 km/hre en voiture au 0 km/hre de la contemplation. Un écran guide le visiteur entre le stationnement et l'entrée aux jardins, constitue le cadre d'un jardin linéaire, devient bâtiment et belvédère. Les matériaux participent à l'expérience du visiteur. intégrant les interventions architecturales, paysagères et graphiques en utilisant la matérialité des interventions pour assurer cette fluidité.

Reford Gardens Welcome Pavilion   Pavillon d'acceuil, Jardins de Métis

Installation, *Texture City*

Details, *Texture City*

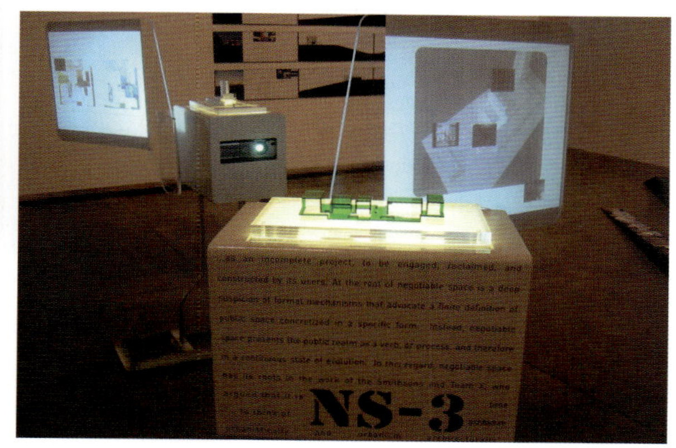

Negotiated Space

Texture City and Negotiated Space

My research work in Rome has resulted in two installations: *Texture City* is a touring exhibition that explores the city as a verb, while *Negotiated Space*, an installation that formed part of Andrew Gruft's *Substance over Spectacle* exhibition (Morris and Helen Belkin Gallery, Vancouver, 2005), explores public space as the space of engagement and contestation that can be realized at any scale of the built environment. The definition of negotiated space subsequently influenced the design of the Varscona Theatre, TAG Advertising Studios and the Ramsay Redevelopment Plan. The point of departure for the Rome work was the observation, study and interpretation of public space and how it works. Specifically, the Campo di Fiori, a continuously evolving public space, was observed and videotaped over a twenty-four-hour period.

Texture City is an interactive installation that focuses on the city as a process, as a verb. I am interested in those things that are at the intersection between people's lives and the permanence of the city. The installation was erected in four public spaces in Rome during August 2003, coinciding with four sites that I chose for proposed design interventions. Influenced by the tracing of the evolution of the morphology of public space in Rome and a recording of the navigation of the contemporary public realm, the design develops themes that discuss temporality and public engagement as fundamental qualities of the city. The result is an investment into the idea of negotiable space.

Negotiable space is defined through two conceptual ideas. The first is the reconceptualization of mono-functional and hierarchical space into an open-ended, non-prescriptive spatial matrix. To this end, finite delineations of space, including conventional dichotomies such as interior/exterior, private/public and served/service, are erased in favour of more fluid and inclusive relationships between spaces, functions and people. The second concept is the provision of anticipatory infrastructure as the primary spatial framework. In its expanded definition, anticipatory infrastructure provides the services that activate the spatial transformations necessary for different uses. As developed through my Prix de Rome research, the idea of anticipatory infrastructure is manifested in performative surfaces that loosely define space and simultaneously provide an intense layering of services that enable infinitely varying occupation. Together, the conceptual ideas present space and the public realm as an incomplete project, to be engaged, reclaimed and constructed by its users.

Texture City et Negotiated Space

Mon travail de recherche à Rome a mené à deux installations: *Texture City* est une exposition itinérante explorant la ville en tant que verbe, tandis que *Negotiated Space*, une installation faisant partie de l'exposition d'Andrew Gruft intitulée *Substance over Spectacle* (Morris and Helen Belkin Gallery, Vancouver, 2005), explore l'espace public en tant qu'espace de participation et de contestation réalisable, peu importe l'échelle de l'environnement bâti. La définition de l'espace négocié a par la suite influencé la conception du théâtre Varscona, des studios de publicité TAG et du plan de réaménagement Ramsay. Le travail de Rome avait comme point de départ l'observation, l'étude et l'interprétation de l'espace public et de son fonctionnement. Le Campo di Fiori, un espace public en constante évolution, a notamment été observé et filmé sur vidéo pendant une période de vingt-quatre heures.

Texture City est une installation interactive centrée sur la ville en tant que processus et verbe. Je m'intéresse aux réalités qui se situent au croisement de la vie des gens et du caractère permanent de la ville. L'installation a été montée dans quatre espaces publics de Rome durant le mois d'août 2003, coïncidant avec quatre sites que j'ai choisis pour des projets d'intervention architecturale. Influencée par le tracé de l'évolution de la morphologie des espaces publics de Rome et par le relevé de l'utilisation du domaine public contemporain, sa conception élabore des thèmes abordant la temporalité et la participation publique comme étant des qualités intrinsèques de la ville. Ceci donne lieu à une mise en valeur de la notion d'espace négociable.

L'espace négociable se définit par l'entremise de deux notions conceptuelles. La première est une nouvelle conceptualisation de l'espace à fonction unique et hiérarchique, donnant lieu à une matrice spatiale ouverte et non normative. Dans ce but, les représentations fermées de l'espace, incluant les dichotomies conventionelles comme intérieur et extérieur, privé et public, usager et service, sont gommées en faveur de rapports davantage fluides et inclusifs entre les espaces, les fonctions et les gens. Le deuxième concept est la présence d'une infrastructure par anticipation comme principale structure spatiale. Dans sa définition élargie, l'infrastructure par anticipation offre les services qui activent les transformations spatiales requises par différentes utilisations. Telle qu'élaborée dans le cadre de ma recherche du Prix de Rome, la notion d'infrastructure par anticipation s'exprime au moyen de surfaces performatives qui définissent librement l'espace et offrent en même temps une superposition concentrée de services permettant une occupation infiniment variée. La réunion de ces notions conceptuelles fait apparaître l'espace et le domaine public comme un projet inachevé, qui doit être

At the root of negotiable space is a deep suspicion of formal mechanisms that advocate a highly specific, fixed and finite definition of public space. In this regard, negotiable space has its roots in the work of British architects Peter and Alison Smithson and Team X, who argued that it is time 'to think of architecture urbanistically and urbanism architecturally,' and in Cedric Price's notion of 'inbuilt flexibility' in projects such as Fun Palace, Stratford East London (1961–1965).

Texture City consists of three three-dimensional units that are in part containers, receivers and projectors. The viewer navigating the installation becomes an active agent in the unfolding of the installation's ideas; his or her movement is traced through projections from the units that collapse the viewers' presence into image fragments from different public spaces in Rome. Continuous sound loops evoke the transformations evident in the occupation of the public realm over seasonal and diurnal changes.

Texture City is transported and exhibited within market crates collected from the Campo di Fiori in Rome. I would like to acknowledge the collaborative nature of this project by thanking Matthew Stanley, Mauricio Rosa, Ale Henry and Allison Morgan. As well, the project would not be possible without the generous contribution of the Alberta Association of Architects, the University of Calgary and Carbon Copy Reproductions.

Other Projects

Eau Claire Plaza (Calgary)

The Eau Claire Plaza is a unique and special space in Calgary, the only place where the downtown meets the Bow River, simultaneously connecting the urban core, the Bow River regional pathway system and Prince's Island Park. With several new residential and office towers planned for the area, and a major renovation planned for the adjacent market building, the current plaza configuration can no longer fulfill its role as a premier public space in one of North America's fastest-growing cities. Through a design process that included consultations with Andreu Arriola of Barcelona's Arriola y Fiol Arquitectes, Toronto-based artist Noel Harding and local stakeholders, the design team of Landplan and Marc Boutin Architect developed a plaza on a five-acre parcel of land, using its potential to 'bridge' the urban and the natural as the conceptual framework for the design. The capacity for this space to be an engaging, four-season amenity was of

abordé, revendiqué et construit par ses utilisateurs.

La prémisse de l'espace négociable est une forte méfiance par rapport aux mécanismes formels qui préconisent une définition hautement spécifique, fixée et fermée de l'espace public. À cet égard, le concept d'espace négociable prend sa source dans le travail des architectes britanniques Peter et Alison Smithson et de Team X, qui ont affirmé qu'il est temps « de penser à l'architecture en termes d'urbanisme, et l'urbanisme en termes d'architecture », ainsi que dans la notion, chez Cedric Price, de « flexibilité intégrée », manifestée dans des projets tels que le Fun Palace, Stratford East London (1961–1965).

Texture City comprend trois unités tridimensionnelles qui sont en partie des contenants, des récepteurs et des projecteurs. Le visiteur qui parcourt l'installation devient un agent actif dans le déploiement des idées de l'installation ; ses mouvements sont retracés grâce aux projections en provenance des unités, qui télescopent la présence du visiteur sous forme de fragments d'images en provenance de divers espaces publics dans la ville de Rome. Des boucles sonores en continu font état des transformations manifestes de l'occupation du domaine public en fonction des changements saisonniers et diurnes.

Le transport et la présentation de *Texture City* sont effectués dans des cageots de marché ramassés au Campo di Fiori à Rome. J'aimerais souligner le caractère de collaboration de ce projet en remerciant Matthew Stanley, Mauricio Rosa, Ale Henry et Allison Morgan. De plus, ce projet n'aurait pu voir le jour sans la généreuse contribution de la Alberta Association of Architects, de l'université de Calgary et de Carbon Copy Reproductions.

Autres projets

Place Eau Claire (Calgary)

La place Eau Claire est un espace unique à Calgary : il s'agit du seul lieu où le centre de la ville est en contact avec la rivière Bow, reliant simultanément le centre urbain, le réseau régional de sentiers de la rivière Bow, et le parc de Prince's Island. Étant donné la construction projetée de plusieurs nouvelles tours d'habitations et tours à bureaux dans le secteur, et les rénovations importantes prévues pour l'édifice adjacent du marché, la configuration actuelle de la place ne peut plus remplir son rôle d'espace public principal au cœur d'une des villes à la croissance la plus rapide en Amérique du Nord. Au moyen d'un processus de conception incluant des consultations avec Andreu Arriola de la firme Arriola y Fiol Arquitectes à Barcelone, l'artiste torontois Noel Harding et les investisseurs locaux, l'équipe de conception de Landplan et Marc Boutin Architect a élaboré

Eau Claire Plaza   Place Eau Claire

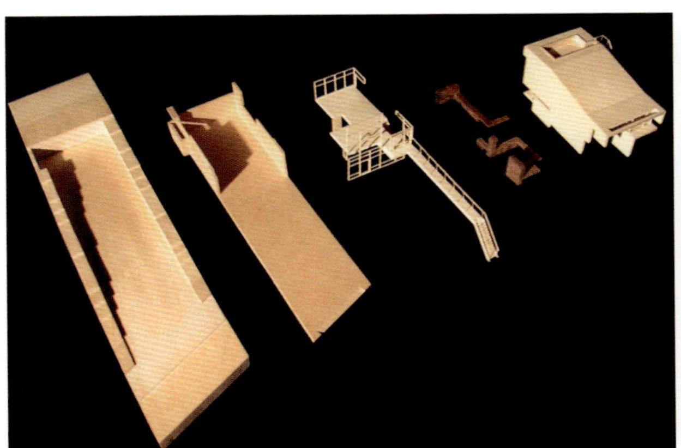

Shell House   La maison Coquille

MARC BOUTIN

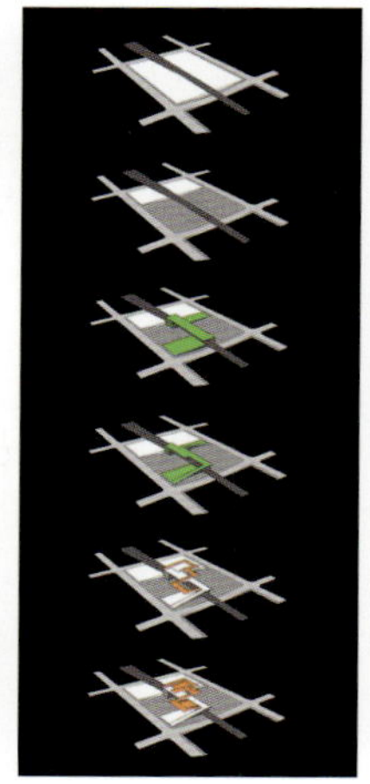

The Centre for Global Cooperation

Frame House La résidence à charpente

primary importance. A public-space infrastructure facilitates a diverse spectrum of activities throughout the year.

Shell House (Calgary)
This house is for a young childless couple that desires an open and interconnected space. The site is a small, sloped urban lot with an unmediated view of the city to the west and a less desirable industrial vista to the east. The couple enjoys entertaining and requested different social spaces, both interior and exterior. When they characterized the sensations they best liked about living in an urban setting, they described flying over a city of concrete, steel and glass. The house explores an alternative definition of space through three architectural mechanisms: the introduction of a single shell enclosing a large, open volume of space; the inhabitation of this volume with a scaffold-like distribution of occupiable spaces; and a continuous millwork/storage element/surface that weaves these different spaces together in a three-dimensional manner, creating complex spatial relationships.

The Centre for Global Cooperation, (Calgary)
The vision behind the Centre for Global Cooperation arises from a desire to create a public global forum where a diversity of world cultures can come together in an open dialogue to discuss contemporary issues. The project is situated in the urban core of Calgary, bridging two sides of downtown that are currently divided by railway tracks. The Centre for Global Cooperation is experienced as a continuous public route within which a series of 'addresses' of different programmatic elements are located. These include a theatre, cinema, continuous exhibition spaces, a teleconference centre, archives, a media centre and informal discussion spaces. A continuous garden landscape unfolds throughout the building as a public route accessible at all times of the day, alluding to the continual growth and change that the centre fosters. The entire building, both its interior and exterior spaces, are sheltered under a woven zinc canopy that reflects and engages the living sky of the foothill area. The project received a Progressive Architecture Award in fall 2006.

Frame House (Invermere, BC)
This design for a young family of five is conceived of as an object sitting within a recreational landscape. The house is not only a space for living, but also a tool by

une place située sur une parcelle de terrain de cinq acres, en utilisant comme cadre conceptuel son potentiel pour « jeter un pont » entre les éléments urbains et naturels. La capacité de cet espace à offrir un lieu invitant en toute saison était un facteur de première importance. L'infrastructure d'espace public permet une vaste gamme d'activités tout au long de l'année.

La maison coquille (Calgary)
Cette résidence a été conçue pour un jeune couple sans enfants, qui souhaitait un espace ouvert et interrelié. Le site est un petit terrain urbain en pente, avec une vue directe de la ville à l'ouest, et une vue moins attrayante donnant sur des espaces industriels à l'est. Le couple aime recevoir et a demandé des espaces de socialisation variés, autant à l'intérieur qu'à l'extérieur. Lorsqu'ils ont caractérisé leurs sensations préférées en ce qui a trait à la vie en milieu urbain, ils ont parlé de survoler une ville de béton, d'acier et de verre. La résidence est conçue en fonction d'une définition alternative de l'espace par le biais de trois mécanismes architecturaux : l'introduction d'une coquille unique entourant un vaste volume spatial ouvert ; l'habitation de ce volume au moyen d'une répartition d'espaces habitables qui s'apparente à des échafaudages ; une surface continue incluant éléments de menuiserie et de rangement, qui entrecroise ces différents espaces de façon tridimensionnelle, en créant des relations spatiales complexes.

The Centre for Global Cooperation (Calgary)
La vision qui est à l'origine du Centre for Global Cooperation est née d'un désir de créer une tribune publique mondiale où différentes cultures peuvent entamer un dialogue ouvert à propos de questions actuelles. Le projet est situé dans le centre urbain de Calgary, et relie deux côtés du centre de la ville présentement séparés par des voies ferrées. On aborde le Centre for Global Cooperation comme une voie publique continue, le long de laquelle sont situées les différentes « adresses » des éléments de son programme. Ceux-ci comprennent un théâtre, un cinéma, des espaces continus d'exposition, un centre de téléconférences, des archives, un centre médiatique et des espaces informels de discussion. Un jardin paysagé continu se déploie à travers l'édifice à la manière d'une voie publique accessible à tout moment de la journée, faisant allusion à la croissance et au changement continus encouragés par le centre. L'ensemble de l'édifice, incluant les espaces intérieurs et extérieurs, est abrité sous une marquise en zinc tressé qui reflète et répond au ciel vivant de la région des contreforts des Rocheuses. Ce projet a reçu un Progressive Architecture Award en automne 2006.

which one's senses of the natural environment are heightened. As one approaches the house, the juxtaposition of its geometry with the surrounding landscape accentuates the mountain and evergreen forest setting in which the house is located. The northwest side of the house is a controlled, opaque facade; this is also where the main entry to the house is located, effectively removing the visitor's view of the mountains immediately prior to dramatically framing this same view as one enters the house. The southeast side of the house is an operable glazed facade that opens to the mountains and to outdoor amenities. Within this frame, a carefully orchestrated 'box' contains the private spaces, a 'house within a house' that affords controlled views of the mountains and the interior spaces.

The Agency Group Studios (Calgary, 2004)

This 3,500-square-foot space accommodates an advertising agency whose working methodology is collaborative, both with clients and among different creative and production groups in the office. The design timeframe was extremely short, the budget tight and the existing conditions very irregular. To address these issues, the design was conceived as an autonomous 'insertion' into the space, minimizing the interface between new and old, thereby avoiding the typical pitfalls of renovations. Work areas are defined by an undulating amenity wall containing all building services. This performative surface defines all spaces and gives them their character so that they may be appropriated and used in myriad ways. The main spine of the undulating wall is centrally located along the length of the space so that it facilitates the movement of the public from the entry to the new 'front' staging area of the advertising studio. The interior spaces have flexible/operable surfaces that allow them to connect with other spaces and thereby be transformed to adapt to different work situations. The spectrum of complete privacy to complete publicity can be accommodated.

La résidence à charpente (Invermere, C-B)

Ce projet pour une jeune famille de cinq personnes est conçu comme un objet posé au milieu d'un paysage de loisirs. La résidence est non seulement un espace de vie, mais aussi un outil pour aviver les sensations à propos de l'environnement naturel. Lorsque l'on s'approche de la résidence, la juxtaposition de sa géométrie et du paysage environnant rehausse le cadre de montagnes et de forêt de conifères. Le côté nord-ouest de la résidence est une façade opaque et contrôlée ; c'est aussi l'emplacement de l'entrée principale, qui soustrait au visiteur la vue des montagnes pour la cadrer de façon théâtrale lorsqu'il entre dans la résidence. Le côté sud-est de la résidence est une façade vitrée opérable, ouverte en direction des montagnes et des équipements de plein air. À l'intérieur de ce cadre, une « boîte » soigneusement organisée contient les espaces privés ; c'est une « maison dans la maison » offrant des vues dirigées des montagnes et des espaces intérieurs.

The Agency Group Studios (Calgary, 2004)

Cet espace de 3,500 pieds carrés abrite une agence de publicité dont la méthodologie de travail prend la forme d'une collaboration, autant avec les clients qu'avec les divers groupes de création et de production présents dans les bureaux. Les délais de conception étaient très courts, le budget serré, et les conditions existantes très irrégulières. Afin d'aborder ces problèmes, les plans ont été conçus comme une « insertion » autonome dans l'espace, pour réduire au minimum l'interface entre le nouveau et l'ancien, évitant ainsi les pièges habituels de la rénovation. Les espaces de travail sont délimités par un mur sinueux contenant tous les services de l'édifice. Cette surface performative définit tous les espaces et leur confère un caractère qui permet de les investir et de les utiliser d'une foule de manières. L'épine dorsale du mur sinueux est située au centre de l'édifice, dans le sens de la longueur de l'espace, ce qui facilite les déplacements du public depuis l'entrée vers la nouvelle aire d'accueil du studio de publicité. Les espaces intérieurs comportent des surfaces flexibles et opérables qui les relient entre eux et permettent de les transformer pour les adapter à différentes situations de travail. Il est possible de créer toute la gamme de situations entre un caractère totalement privé et un caractère totalement public.

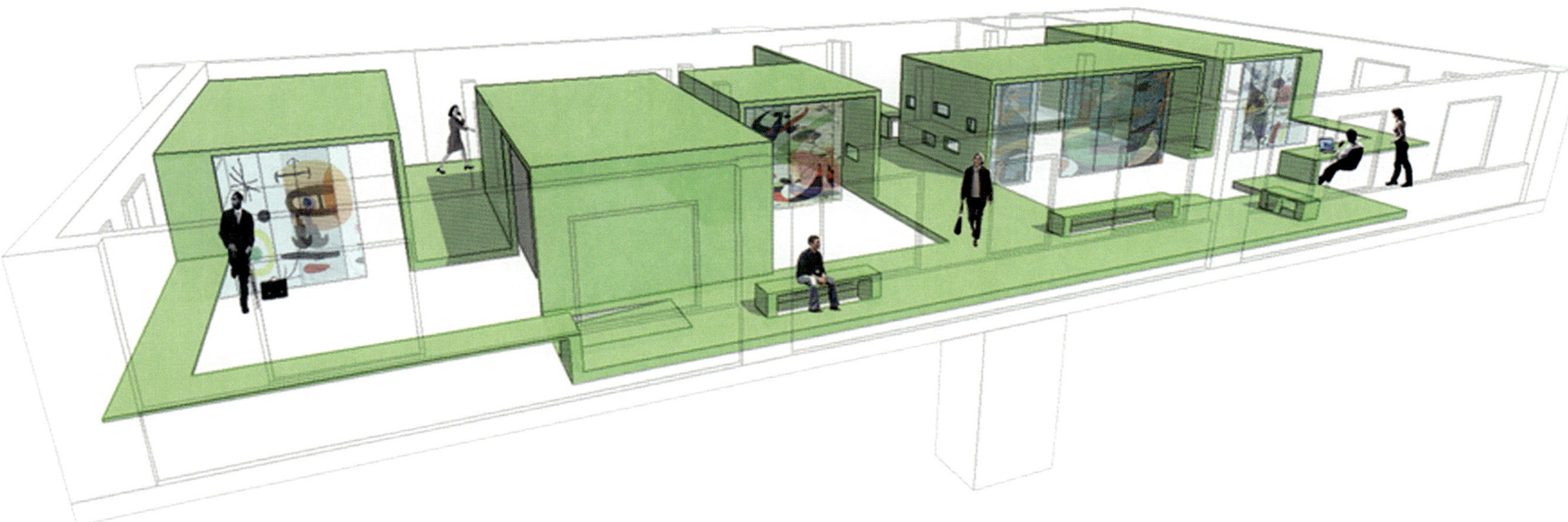

The Agency Group Studios

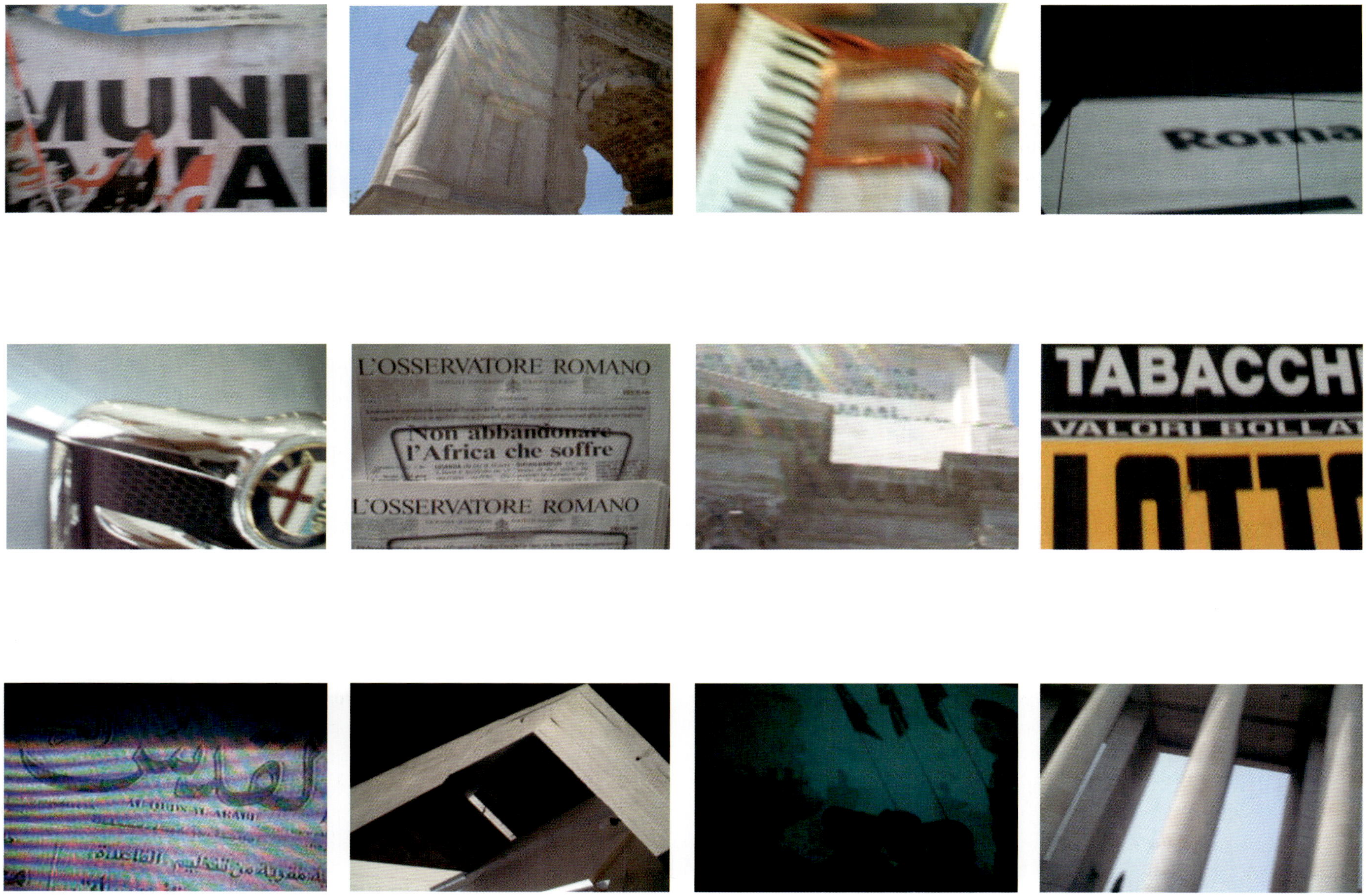

Convolute stills, *Romalux*　　Méandres, *Romalux*

Romalux

Romalux, a body of work expressed in several projects prepared in collaboration with artist Angela Silver, is in part inspired by German philosopher Walter Benjamin's *The Arcades Project*, an unfinished monumental study of nineteenth-century Paris that he worked on from 1927 until his death in 1940. At that time, the work consisted of a collection of fragments of text and quotations from diverse historical, literary and political sources, loosely organized under general themes ranging from fashion, progress and theories of knowledge to construction, Karl Marx and Victor Hugo. Similarly, *Romalux* is a collection of video fragments ranging in duration from one to thirty seconds.

Shot while moving continuously through the city from a walking pace to 150 km/h, the recorded fragments serve as raw material for manipulation and reorganization in the representation of many different Romes. Exhibited at Toronto's YYZ Gallery, *scenocity,* one of six installations based on the *Romalux* footage, is a video installation in which the viewer engages a constructed merging of cinematic and architectural space, blurring the definition between curated and spatial experience. The work is an attempt to understand the city in a nuanced, critical way, reorganizing and recalibrating the negotiation of urban space through a scenographic/cinegraphic lens. A city, in this case Rome, is explored through the notation of hundreds of fond scenographic conditions. These are recorded as filmic moments and reconstituted into a non-narrative cinematic experience. The lens/screen that is constructed in the gallery becomes the scenographic space – the merged cinematic and architectural spatial condition. As the viewer passes through this scenography, it becomes impossible to distinguish the components, the participants and whether one is audience or player.

The project explores the relation between movement and space through the making of a critical scenographic experience. The work can be separated into three clear phases: notation, assemblage and projection. The notation phase involves the documentation of the city through a recalibrated perception involving movement and visual fragmentation. The assemblage phase is the making of composed films through the deconstruction, collage and reconstitution of the notations. The projection phase is the making of a scenographic lens on and through which the films are viewed in a curated experience.

These **notations** are akin to the convolutes – fragments of an infinite number of potential fictional narratives – from Benjamin's *The Arcades Project*, using

Romalux

Romalux, un corpus d'œuvres présenté dans plusieurs projets préparés en collaboration avec l'artiste Angela Silver, s'inspire en partie de l'essai *Le livre des passages*, une étude monumentale sur Paris au XIXe siècle que son auteur, le philosophe allemand Walter Benjamin, n'a jamais achevée et à laquelle il a travaillé de 1927 à sa mort en 1940. À cette époque, son étude se composait d'une collection de fragments de textes et de citations de sources historiques, littéraires et politiques diverses, librement organisés selon des thèmes généraux couvrant aussi bien la mode, le progrès et les théories de la connaissance que la construction, Karl Marx et Victor Hugo. De manière similaire, *Romalux* se présente comme une collection de fragments de vidéos dont la durée varie entre une à trente secondes.

Tournés tout en bougeant continuellement dans la ville au rythme lent du marcheur comme à la vitesse de 150 km/hre, les fragments enregistrés servent de matériel brut pour la manipulation et la représentation de nombreuses Rome différentes. *scenocity,* qui a été présentée à la YYZ Gallery de Toronto, est l'une des six installations basées sur les séquences de *Romalux* ; le spectateur y expérimente la fusion construite de l'espace cinématique et architectural, où s'efface la limite entre l'expérience muséale et l'expérience spatiale. L'œuvre est une tentative de comprendre la ville sur un mode nuancé et critique, en réorganisant et recalibrant la négociation de l'espace urbain à travers une lentille à la fois scénographique et cinégraphique. Il s'agit d'explorer une ville – en l'occurrence Rome – par la notation de centaines de conditions scénographiques agréables. Enregistrées comme des moments filmiques, celles-ci sont reconstituées pour former une expérience cinématique non narrative. La lentille/l'écran construit dans la galerie devient l'espace scénographique – issu de la fusion de l'espace cinématique et de l'espace architectural. Lorsque le regardeur traverse cette scénographie, il devient impossible de distinguer les composantes ou les participants, ou de savoir si l'on est un auditoire ou un acteur.

Le projet explore la relation entre le mouvement et l'espace à travers l'élaboration d'une expérience scénographique critique. Le travail se divise en trois phases distinctes : la notation, l'assemblage et la projection. La phase de notation consiste à documenter la ville par une perception recalibrée impliquant le mouvement et la fragmentation visuelle. La phase d'assemblage réside dans l'élaboration de films composés au moyen de la déconstruction, du collage et de la reconstitution des notations. La phase de projection est la fabrication d'une lentille scénographique sur et à travers laquelle les films sont vus lors d'une expérience muséale.

digital film fragments instead of text. The **notations** are seen as the raw material for a potentially infinite number of fictional documentaries. While the notations are an attempt to understand the representational and accidental spaces of transition, a social, political and critical position of neutrality is impossible. The fragments become a critique not only of how cities are perceived and made, but of how we construct them in our psyche through experience. As a critical position becomes clearer, the notations become less objective and more nuanced.

Assemblage entails reconstituting the clips in a series of sequences that explore a specific aspect of a scenographic/architectural experience. The resultant compositions become short cinegraphic essays, fictions of the city. The films are defined by a notion as it relates to architecture: surface, spectacle, politics, velocity, pattern, etc., are possible characteristics through which architecture can be reconstructed, but not necessarily composed.

The **projection** phase is the making of a scenographic lens on and through which the films are viewed. An inverted scenography occurs: the surface on which the films are projected is part of the critical position of the work – a conceptualized, composed, fabricated and installed element that mediates between viewer and film, room and image. It measures and distorts the space simultaneously.

In addition to YYZ Gallery in Toronto, the work has also been exhibited at Stride Gallery in Calgary, the Arch Gallery at the University of Manitoba, the Confederation Centre Art Gallery in Charlottetown, the Banff Centre for the Arts, the Nickle Arts Gallery in Calgary and Dalhousie University in Halifax.

Other Projects

scrim (Calgary, 2002)

scrim is a series of interventions on Calgary's Plus Fifteen public walkway system, devised in collaboration with artist Angela Silver. Exhibited for two weeks in 2002 as part of Calgary's Artcity Festival, *scrim* animated a sixty-foot-long glass-clad bridge by installing a simple translucent fabric along one side of the bridge, and four theatrical lighting instruments on the other. The structure became an interactive lens: as the public walked through, the shadows became portions of the screen through which the city could be more clearly observed. From the street below, the screen became an undulating abstract composition as figures moved between light sources, shadows accelerating across the length of the bridge.

Ces notations rappellent les méandres – fragments d'un nombre infini de fictions narratives possibles – du *Livre des passages* de Benjamin, sauf que le texte est remplacé par des fragments numériques de film. Les notations apparaissent comme du matériel brut pour un nombre infini de documentaires fictifs. Si ces notations traduisent la tentative de comprendre les espaces de transition représentationnels et accidentels, une position critique sociale et politique de neutralité s'avère impossible. Les fragments deviennent une critique non seulement de la façon dont les villes sont perçues et fabriquées, mais aussi de la façon dont nous les construisons dans notre psyché à travers l'expérience. À mesure qu'une position critique se définit, les notations deviennent moins objectives et plus nuancées.

Dans l'**assemblage**, les clips sont reconstitués dans une série de séquences qui explorent un aspect spécifique de l'expérience scénographique/architecturale. Les compositions qui en résultent deviennent de brefs essais cinégraphiques et des fictions de la ville. Les films sont définis par une notion en relation avec l'architecture : surface, spectacle, politique, vélocité, réseau, etc., sont autant des caractéristiques à travers lesquelles l'architecture peut être reconstruite mais pas nécessairement composée.

La phase de **projection** est la fabrication d'une lentille scénographique sur et dans laquelle les films sont regardés. Une scénographie inversée se produit : la surface sur laquelle les films sont projetés fait partie de la position critique de l'œuvre – un élément conceptualisé, composé, fabriqué et installé qui sert de médiation entre le regardeur et le film, entre la chambre et l'image. Il mesure l'espace en même temps qu'il le déforme.

En plus de la YYZ Gallery à Toronto, le projet a été monté à la Stride Gallery à Calgary, Arch Gallery à la University of Manitoba, Confederation Centre Art Gallery à Charlottetown, Banff Centre for the Arts, Nickle Arts Gallery à Calgary et Dalhousie University à Halifax.

Autres projets

scrim (Calgary, 2002)

scrim est une série d'interventions réalisées dans le fameux passage pour piétons « Plus Fifteen » de Calgary, en collaboration avec l'artiste Angela Silver. Présenté durant deux semaines dans le cadre du Festival Artcity, *scrim* consistait à animer un pont couvert d'environ dix-huit mètres de long en installant d'un côté du pont un simple tissu translucide et de l'autre côté, quatre éclairages de scène, ce qui transformait la structure en une lentille interactive : alors que le public défilait, les ombres devenaient des portions de l'écran à travers lesquelles la ville pouvait s'observer plus clairement. Depuis la rue

Romalux installation, Stride Gallery, Calgary

scrim

futurehouse
This house for 2054 commissioned by *En Route* magazine accepts the notion that it will remain a status symbol for the owner. With the burgeoning awareness of design issues brought about by contemporary mass-market publications (*Wallpaper*, *Dwell*) and the articulation of design issues in publications like *En Route*, it is hoped that the architect/designer's skill in making poetic, beautiful, meaningful spaces and forms will become more valued and desirable. Based on the hope that in the future, status will result from an overt expression of one's environmental credentials, the house is an exercise in overt sustainability, creating an appropriate aesthetic that is driven by several issues that move it beyond a purely technical solution. It is at once serious, whimsical, poetic and critical.

Thread
This project calls into question the normal parameters of process through its intensely collaborative nature. It was conceptualized and refined through a cyclical process of collaborative and independent work between architect and artist. The artist's work is eclectic, crossing disciplines. Her investigations revolve around an interest in an intensified visceral experience, sometimes through the deconstruction and re-articulation of materials, sometimes through the layering of shadow, texture and material. This densification of surface occurs through the compression and multiplication of the minimal tactile experience into an architecture both legible and complex, clear but clearly layered. Spatial experience is intensified through an architectural investigation of the formal and material strategies employed by the artist. Surface is explored in the project by conceptualizing the building as a series of planes running east-west across the site. The planes become at various points facade elements, window surrounds, pins on which a vertical garden (vines) could take hold. Architecture and art are seen as part of the same experiment; the work has evolved as a process where an articulation of containment, as form and as a spatial animator, creates an intensified environment where the ephemeral can exist and be engaged.

en-dessous, l'écran se commuait en une composition abstraite ondulante sur laquelle les figures évoluaient entre les sources de lumière, le mouvement des ombres s'accélérant tout au long de la traversée du pont.

maison du futur
Cette maison pour 2054 a été commanditée par le magazine *En Route* dans l'idée qu'elle reste un symbole de statut pour son propriétaire. Avec la conscience accrue des enjeux de design qui transparaît dans les revues à grand tirage contemporaines (*Wallpaper* et *Dwell*) et l'articulation de ces enjeux dans un magazine comme *En Route*, il est à espérer que l'habileté des architectes/designers à créer de belles formes et des espaces poétiques et significatifs saura se faire de plus en plus apprécier. Fondée sur l'espoir que, dans le futur, le statut résultera de l'expression ouverte des convictions environnementales de chacun, la maison est un exercice explicite autour de la durabilité, suscitant une esthétique appropriée, guidée par des enjeux qui l'entraînent au-delà d'une solution purement technique. Elle est à la fois sérieuse, fantaisiste, poétique et critique.

Thread
Ce projet remet en question les paramètres habituels du processus par sa nature fortement participative. Sa conceptualisation et sa mise au point résultent d'un processus cyclique de travail indépendant et coopératif entre l'architecte et l'artiste. Le travail de l'artiste est éclectique et interdisciplinaire. Ses investigations s'articulent autour d'un intérêt pour une expérience viscérale et intense, parfois à l'aide de la déconstruction et la réarticulation de matériaux, parfois au moyen de la sédimentation de l'ombre, de la texture et du matériel. Cette densification de la surface se produit par la compression et la multiplication de l'expérience tactile minimale en une architecture à la fois lisible et complexe, à la sédimentation claire. L'expérience spatiale est intensifiée par l'investigation architecturale des stratégies formelles et matérielles utilisées par l'artiste. Le projet explore la surface en conceptualisant le bâtiment sous forme d'une série de plans parcourant le site d'est en ouest. En divers endroits, les plans deviennent des éléments de façade, des encadrements de fenêtre, des points d'attache pour un jardin suspendu (de vignes). L'architecture et l'art sont vus comme faisant partie de la même expérience ; l'œuvre a évolué comme un processus où une articulation de la retenue, comme forme et comme animateur spatial, crée un environnement puissant où l'éphémère peut exister dans toute sa force.

futurehouse maison du futur

Thread

1987 John Shnier

After graduating from the University of Waterloo School of Architecture in 1980, John Shnier worked for several years in the Toronto office of Barton Myers before becoming principal, with partner Martin Kohn, of Kohn Shnier Architects. In addition to numerous private houses, some of the firm's more notable projects include the competition-winning Erindale Student Centre for the University of Toronto at Mississauga, the Umbra World Headquarters, and the Shore + Moffat Library and Eric Arthur Gallery at the University of Toronto's Faculty of Architecture, Landscape and Design. Kohn Shnier Architects have won several awards and mentions in Canada and have been nominated for both the International Chrysler Design Award and the New York Architectural League Emerging Practices Award. The firm's work has been widely exhibited, including at the Netherlands Architecture Institute and the Museum of Modern Art in New York. In addition to being published in numerous architecture journals and international compendia of contemporary architecture. Shnier has lectured widely, is a frequent guest critic at various schools of architecture and leads studios at the Faculty of Architecture, Landscape and Design at the University of Toronto.

1988 Jacques Rousseau

Jacques Rousseau received his professional degree from the École d'architecture at the Université de Montréal in 1976. He is a registered architect with the Ordre des architectes du Québec (OAQ) whose professional practice has concentrated on architectural research and creation. His projects have permitted him to question and explore contemporary architectural thought and practice in Quebec. Rousseau has been a professor since 1982, teaching in the Design Department of the Université du Québec à Montréal, the Carleton University School of Architecture, the Graduate School of Design at Harvard University, the McGill University School of Architecture and the École d'architecture at the Université de Montréal, and he has served as director of the Dalhousie University School of Architecture. His teaching focuses on the integration of various levels of complexity and guides students toward the development of a civic and convivial architecture rich in ideas and materiality. Rousseau's involvement in design competitions has been recognized with several first prizes and mentions. Many of his built projects have received awards in the annual OAQ Prix d'Excellence program, and the Maison Coloniale received the Governor General's Medal for Architecture. His projects have been widely published and exhibited in Quebec, Canada and abroad.

1987 John Shnier

Après avoir reçu un diplôme de l'école d'architecture de la University of Waterloo en 1980, John Shnier a travaillé pendant plusieurs années dans le cabinet torontois de Barton Myers avant de devenir directeur non associé, avec Martin Kohn, de Kohn Shnier Architects. Outre de nombreux projets de résidences privées, mentionnons quelques-unes des réalisations les plus notables du cabinet : l'Erindale Student Centre pour la University of Toronto at Mississauga (projet primé), le siège social international d'Umbra World et la Shore + Moffat Library, ainsi que l'Eric Arthur Gallery à la faculté d'architecture, du paysage et du design de la University of Toronto. Kohn Shnier Architects s'est mérité de nombreux prix et mentions au Canada et a été mis en nomination pour un International Chrysler Design Award de même qu'un New York Architectural League Emerging Practices Award. Le travail du cabinet a fait l'objet de nombreuses expositions, notamment au Netherlands Architecture Institute et au Museum of Modern Art de New York. En plus d'avoir publié des textes dans plusieurs revues d'architecture et abrégés internationaux d'architecture contemporaine, Shnier a donné nombre de nombreuses conférences. Il est souvent critique invité à différentes écoles d'architecture et donne des ateliers à la faculté d'architecture, de paysage et de design à la University of Toronto.

1988 Jacques Rousseau

Jacques Rousseau a reçu son diplôme de l'École d'architecture de l'Université de Montréal en 1976. Membre de l'Ordre des architectes du Québec, sa pratique professionnelle s'est concentrée sur la recherche et la création architecturale. Ses projets lui ont permis de questionner et d'explorer la pensée et la pratique contemporaines de l'architecture au Québec. Professeur depuis 1982, Rousseau a enseigné au département de design de l'Université du Québec à Montréal, à l'école d'architecture de l'Université Carleton, à la Graduate School of Design de la Harvard University, à l'école d'architecture de l'Université McGill, à l'école d'architecture de l'Université de Montréal et a assumé la direction de l'école d'architecture de la Dalhousie University. Son enseignement privilégie la réflexion et l'action intégrant plusieurs niveaux de complexité et guide les étudiants vers une architecture civique et conviviale alliant idée et matérialité. Son engagement sur la scène des concours d'architecture a été reconnu par l'attribution de plusieurs premiers prix et mentions. Plusieurs de ses réalisations ont été primées lors de la tenue annuelle des Prix d'excellence de l'Ordre des architectes du Québec et sa Maison Coloniale a reçu le Prix d'architecture du Gouverneur général du Canada. Ses projets et réalisations ont été largement publiés, commentés et exposés au Québec, au Canada et à l'étranger.

1990 Sophie Charlebois

Sophie Charlebois is a graduate of the École d'architecture at the Université de Montréal. After internships with Mercier Boyer Mercier architectes and Luc Laporte architecte, she co-founded Kaos, an experimental architectural collaborative. Upon her return from Rome, she established Sophie Charlebois architecte, and between 1993 and 1996 was a partner in Charlebois Malo Péloquin, with whom she designed the Maison de l'Arbre, the winning entry in an invitational competition for the Montreal Botanical Garden. She returned to practice as Sophie Charlebois architecte from 1996 until 2003, when she joined the City of Montreal as the architect for the district of Rosemont/Petite-Patrie. Throughout her career she has pursued projects that encompass the visual arts through collaborations with various artists, and has contributed several installations to the Canadian Centre for Architecture. Charlebois has been awarded numerous grants from the Canada Council for the Arts and the Conseil des Arts et lettres du Québec, and has received awards for her built work, including a Grand Prix du jury in the Concours Commerce Design Montreal for the Librairie Gallimard. She has served on numerous competition and academic juries, and has taught architecture and urban design studios at the École d'architecture at the Université de Montréal.

1991 Dereck Revington

Dereck Revington studied architecture at the Architectural Association, London, and graduated with the design prize in 1975. He immigrated to Canada in the late seventies, joined the faculty of the School of Architecture at the University of Waterloo in 1992 and now lives and has his studio in Toronto. Throughout his career, he has collaborated with artists, choreographers, composers and engineers. This cross-disciplinary focus informs his practice as well as his academic and design research. Over the last decade, his works have been installed and exhibited in Rome, Madrid, Lisbon, New York and Toronto and have been published internationally. Awards include a *Canadian Architect* Award of Excellence and the CISC Steel Design Award for *The Luminous Veil*, Toronto (1999, 2003); two Dora Mavor Moore Awards (outstanding stage design and lighting design) for the electro-acoustic opera *The Girl with No Door on Her Mouth* (2002); and finalist in the international design competition for *Downsview Park*, with Bernard Tschumi Architects and Sterling Finlayson Architects (2000). The large three-piece bronze sculpture *Skin of fLight*, commissioned in 2004, was installed at Toronto's Lester B. Pearson International Airport in July 2006.

1990 Sophie Charlebois

Sophie Charlebois est diplômée de l'École d'architecture de l'Université de Montréal. Après des stages chez Mercier Boyer Mercier architectes et Luc Laporte architecte, elle est cofondatrice de KAOS, un collectif d'architecture expérimentale. À son retour de Rome, elle a fondé Sophie Charlebois architecte et, de 1993 à 1996, elle a été partenaire chez Charlebois Malo Péloquin, avec qui elle a conçu la Maison de l'Arbre, le candidat gagnant d'un concours sur invitation lancé par le Jardin botanique de Montréal. Elle a repris sa pratique sous le nom de Sophie Charlebois architecte de 1996 à 2003, puis s'est joint à la Ville de Montréal comme architecte de l'arrondissement Rosemont/Petite-Patrie. Durant toute sa carrière, elle a entrepris des projets qui englobent les arts visuels en faisant appel à différents artistes, et a présenté plusieurs installations au Centre Canadien d'Architecture. Charlebois a reçu plusieurs bourses du Conseil des Arts du Canada et du Conseil des arts et des lettres du Québec, et s'est mérité de nombreux prix pour son œuvre bâti, dont un Grand Prix du jury lors du Concours Commerce Design Montréal pour la Librairie Gallimard. Elle a été membre de plusieurs jurys académiques et de concours d'architecture, et a enseigné l'architecture et donné des ateliers en design urbain à l'École d'architecture de l'Université de Montréal.

1991 Dereck Revington

Dereck Revington a étudié l'architecture à l'Architectural Association, à Londres, où il a obtenu son diplôme, avec le prix du design, en 1975. Il a immigré au Canada à la fin des années 1970, s'est joint à la faculté de l'École d'architecture de la University of Waterloo en 1992 et vit maintenant à Toronto où il a son studio. Pendant toute sa carrière, il a collaboré avec des artistes, des chorégraphes, des compositeurs et des ingénieurs. Cet intérêt interdisciplinaire alimente sa pratique, de même que sa recherche académique et architecturale. Au cours des dix dernières années, son travail a été présenté à Rome, Madrid, Lisbonne, New York et Toronto, et a fait l'objet de publications à travers le monde. Parmi les prix reçus, mentionnons un Prix d'excellence de *Canadian Architect* et un CISC Steel Design Award pour *The Luminous Veil*, Toronto (1999, 2003) ; deux Prix Dora Mavor Moore (conceptions de décors et d'éclairages exceptionnelle) pour l'opéra électroacoustique *The Girl with No Door on Her Mouth* (2002) ; et il était finaliste au concours international de design pour *Downsview Park*, en compagnie de Bernard Tschumi Architects et de Sterling Finlayson Architects (2000). L'imposante sculpture triptyque en bronze *Skin of fLight*, une commande de 2004, a été installée à l'aéroport international Lester B. Pearson à Toronto en juillet 2006.

1992 John McMinn

John McMinn is a graduate of McGill University and the Architectural Association, London. He spent the early part of his career working in London and Paris in the offices of Ove Arup and Peter Rice, where he worked on the TGV Railway Station for Lille, France, and was principal designer for additions and alterations to the Rice residence, London. He has taught at several schools of architecture, including the AA in London, Carleton University in Ottawa, the University of Toronto and, since 1999, the University of Waterloo, where he is currently Associate Professor. In addition to teaching, he maintains an active design practice and has contributed numerous critical articles to architectural journals. McMinn has been involved in several publication and curatorial projects, acting as primary editorial and design consultant for *An Engineer Imagines* by Peter Rice (Artemis, 1994) and co-curator of *Exploring Materials: The Work of Peter Rice*, the RIBA Royal Gold Medal exhibition and catalogue (1992). Recent publications include the book and exhibition *Yolles: A Canadian Engineering Legacy* (Douglas and McIntyre, 2002), co-authored with Beth Kapusta and *41° to 66°: Regional Responses to Sustainable Architecture in Canada* (Cambridge Galleries, 2005), co-curated and co-authored with Marco Polo. He is currently collaborating with David Dernie on *The Material Imagination*, to be published by John Wiley.

1993 Hal Ingberg

Hal Ingberg received a B. Arch. from McGill University in 1985 and an M. Arch. from the Southern California Institute of Architecture in 1987. He has worked with a variety of Montreal practices including Peter Rose, Dan Hanganu and Saia et Barbarese, and worked in London as a consulting architect with Harper Mackay Architects, Robert Dye Architect, Studio E Architects, Jeremy Dixon, Edward Jones and Edward Cullinan. In 1991 he was awarded the Canada Council's Barcelona Residency; his research there focused on the Catalan architect Josep Maria Jujol. Ingberg has exhibited and lectured widely, and has published in many international journals. He has taught at the Université du Québec à Montréal, and since 1999 has been an invited guest professor at the École d'architecture at the Université de Montréal. He has also served as guest critic at schools of architecture in Canada and abroad, including the Architectural Association, Cambridge University, the Bartlett (University College London) and the Rome Programs of Carleton University, Iowa State University, the Pratt Institute and the University of Waterloo. In his own practice, established in 1989, he has

1992 John McMinn

John McMinn est diplômé de l'Université McGill et de l'Architectural Association de Londres. Il a entamé sa carrière à Londres et à Paris dans les cabinets d'Ove Arup et Peter Rice, où il a participé au projet de la gare TGV de Lille, en France, et il a été le principal architecte pour les ajouts et modifications à la résidence Rice à Londres. Il a enseigné dans plusieurs écoles d'architecture, dont l'AA à Londres, l'Université Carleton à Ottawa, la University of Toronto et, depuis 1999, la University of Waterloo, où il est présentement maître de conférences. En plus de l'enseignement, il poursuit une pratique en architecture et a publié de nombreux textes critiques dans des revues d'architecture. McMinn a participé à plusieurs projets de publication et de commissariat, à titre de principal consultant en édition et en design pour *An Engineer Imagines* de Peter Rice (Artemis, 1994) et co-commissaire d'*Exploring Materials: The Work of Peter Rice*, l'exposition et le catalogue du RIBA Royal Gold Medal (1992). Parmi ses publications récentes, mentionnons l'ouvrage accompagnant l'exposition *Yolles: A Canadian Engineering Legacy* (Douglas and McIntyre, 2002), dont il est le coauteur avec Beth Kapusta, et *41° to 66°: Regional Responses to Sustainable Architecture in Canada* (Cambridge Galleries, 2005), dont il est co-commissaire et coauteur avec Marco Polo. Il collabore actuellement avec David Dernie à *The Material Imagination*, à paraître chez John Wiley.

1993 Hal Ingberg

Hal Ingberg détient un baccalauréat en architecture de l'Université McGill (1985) et une maîtrise en architecture de la Southern California Institute of Architecture (1987). Il a travaillé avec différents cabinets montréalais dont Peter Rose, Dan Hanganu et Saia et Barbarese, de même qu'à Londres à titre d'architecte consultant auprès de Harper Mackay Architects, Robert Dye Architect, Studio E Architects, Jeremy Dixon, Edward Jones et Edward Cullinan. En 1991, il obtenait la résidence à Barcelone du Conseil des Arts du Canada, où il s'est concacré à une recherche sur l'architecte catalan Josep Maria Jujol. Ingberg compte à son actif plusieurs expositions et conférences, et il a publié dans de nombreuses revues internationales. Il a enseigné à l'Université du Québec à Montréal et, depuis 1999, il est professeur invité à l'École d'architecture de l'Université de Montréal. Il a également agi comme critique invité dans des écoles d'architecture au Canada et à l'étranger, dont l'Architectural Association, la Cambridge University, Bartlett (University College London) et les programmes de Rome de l'Université Carleton, l'Iowa State University, le Pratt Institute et la University of Waterloo. Dans sa pratique, fondée en 1989, il a collaboré avec Tétrault, Dubuc, Saia et associés architectes à l'agrandissement du Palais des congrès de Montréal (2003), a participé à de nombreux concours

collaborated with Tétrault, Dubuc, Saia et associés architectes on the alterations to the Palais des Congrès in Montréal (2003), participated in numerous design competitions and completed several architectural and public art installations exploring issues of light, colour and materiality.

1994 Anthony Robins

Anthony Robins studied at Oxford University, where he earned a B.A. Honours in Architecture and a Graduate Diploma in Architecture. He relocated to Vancouver in 1979, where he collaborated on several award-winning projects with E. H. Cavanagh and Cornerstone Architects before establishing A. A. Robins Architect in 1986. Returning to Vancouver from Rome in 1995, he completed several restaurant buildings and interiors, including twelve locations for Asakuma Restaurants in Nagoya and Tokyo, Japan, and Dalien, China. Becoming disillusioned with the constraints of practice, he closed his office to pursue a career in screenwriting, and over four years he wrote and optioned three screenplays and published several short stories. Robins has since re-established his architectural practice, recently completing the Restaurant and Lifeguard Facilities on Kitsilano Beach in Vancouver, which received the Lieutenant Governor's Special Jury Prize. His entry to the Denver Art Museum competition, prepared in collaboration with Morphosis, placed second, and his work has appeared in numerous publications and exhibitions. From 1981 to 1994, he led design studios at the University of British Columbia School of Architecture, where he continues to act as guest critic. His goal is to jointly write screenplays and design houses from his laptop.

1995 Philip Beesley

Philip Beesley received a Bachelor of Fine Art from Queen's University and completed his professional degree in architecture at the University of Toronto, receiving the Lieutenant Governor's Medal for Architecture. He worked for several years in the office of Diamond and Schmitt Architects Inc., where he worked on the Governor General's Medal–winning York University Student Centre and the provincial Legislature at Queen's Park. In his own practice, Philip Beesley Architect, his dual educational background underpins his career as an experimental architect and sculptor focusing on public buildings, textile lattices in architecture, stage and exhibition design. Recent projects include a building for the Niagara Credit Union in Virgil, Ontario, which received an Award of Excellence from the Ontario Association of Architects, and the new Gallery of Korean Art for the

d'architecture et réalisé plusieurs installations architecturales et en art public où il a exploré la lumière, la couleur et la matérialité.

1994 Anthony Robins

Anthony Robins a étudié à Oxford University où il a obtenu une licence avec mention et un diplôme de troisième cycle en architecture. Il s'est installé à Vancouver en 1979, où il a collaboré à divers projets primés avec E. H. Cavanagh and Cornerstone Architects avant de fonder A. A. Robins Architect en 1986. De retour à Vancouver après son séjour à Rome en 1995, il a réalisé plusieurs restaurants et intérieurs, dont douze restaurants Asakuma à Nagoya et à Tokyo, au Japon, et à Dalian, en Chine. Désillusionné par les contraintes de la pratique, il a fermé son bureau pour poursuivre une carrière de scénariste et, sur une période de quatre ans, il a écrit et vendu avec option trois scénarios et publié plusieurs novelles. Robins a depuis repris sa pratique architecturale, réalisant récemment le restaurant et les installations pour maîtres-nageurs de la plage de Kitsilano à Vancouver, ce qui lui méritait un prix spécial du jury du Lieutenant-gouverneur. Le projet qu'il a soumis, en collaboration avec Morphosis, au concours pour le Denver Art Museum, a terminé en deuxième position ; son travail a été présenté dans de nombreuses publications et expositions. De 1981 à 1994, il a donné des ateliers en design à l'école d'architecture de la University of British Columbia, où il continue d'agir à titre de critique invité. Son objectif est d'écrire des scénarios et de concevoir des maisons à partir de son ordinateur portable.

1995 Philip Beesley

Philip Beesley détient un baccalauréat en beaux-arts de Queen's University et un diplôme en architecture de la University of Toronto, et il est lauréat du Prix en architecture du Lieutenant-gouverneur. Il a travaillé pendant plusieurs années dans le cabinet de Diamond and Schmitt Architects Inc., où il a participé au projet du York University Student Centre, lequel recevait un Prix du Gouverneur général, et à celui de l'assemblé législative provinciale à Queen's Park. Dans sa propre pratique, soit Philip Beesley Architect, sa double formation académique sous-tend sa carrière d'architecte expérimental et de sculpteur, dans laquelle il s'intéresse aux bâtiments publics, aux treillis de textile en architecture, à la conception de décors et d'expositions. Parmi ses plus récents projets, mentionnons le Niagara Credit Union à Virgil, en Ontario, qui a reçu le prix d'excellence de l'Ontario Association of Architects, et la nouvelle galerie d'art coréen du Royal Ontario Museum. En plus d'avoir une pratique active, Philip Beesley est maître de conférences à l'École d'architecture de la University of Waterloo, où il est également

Royal Ontario Museum. In addition to maintaining a busy practice, Philip Beesley is Associate Professor at the School of Architecture at the University of Waterloo, where he is also co-director of the university's Integrated Centre for Visualization, Design and Manufacturing, a high-performance computer centre. He has consulted widely for arts organizations and institutions, and has lectured and written extensively on his own work as well as in the role of critic, earning the 1998 Award of Merit for Critical Writing from the Surface Design Association.

1996 Philippe Lupien

Philippe Lupien has degrees in environmental design from the Université du Québec à Montréal (UQAM) and in architecture from the Université Laval in Québec. He spent the early part of his career working in the office of Jacques Rousseau and was a member of atelier KAOS, where he contributed to a number of prominent competitions. He also formed part of the design team for the Governor General's Award–winning Boulevard de Drummondville Finance Centre. He has served on the editorial board of *ARQ* magazine and has written and published widely on the history of modern architecture. Since 1995 he has been a principal of Schème Consultants, a multidisciplinary design office that, in collaboration with Jacques Plante architecte and Jodoin Lamarre, Pratte et associés architectes, prepared the winning entry to the 2002 TOHU Chapiteaux des Arts competition, which was recently completed. Since 2003, Lupien has hosted a bi-weekly television program on architectural heritage for ARTV. He has served on numerous professional design juries, most notably the heritage agency Sauvons Montréal's Prix orange and citron program, which he juried in 2000, 2001 and 2005. In 2006 he joined the faculty of UQAM as a professor of design, architecture and urban design.

1997 Pierre Thibault

Pierre Thibault studied architecture at the Université Laval in Quebec. Established in 1988, Thibault's practice has earned citations and awards in Quebec, Canada, the United States and Europe, partly the result of his ongoing research into the inherent dialogue between architecture and the environment. The firm's landscape designs, among them Jardin Territoire, the park of the Mitis River, and Winter Gardens, are powerful reflections on the 'soul' of place, and on natural cycles and their contribution to culture. The work of Pierre Thibault architecte has received numerous awards, including the AR+D Award for Emerging

codirecteur du Integrated Centre for Visualization, Design and Manufacturing, un centre informatique à haute performance. Il a été consultant auprès d'organismes et d'institutions artistiques à de nombreuses reprises, a donné maintes conférences et rédigé plusieurs textes sur son propre travail, de même qu'à titre de critique, se méritant en 1998 l'Award of Merit for Critical Writing de la Surface Design Association.

1996 Philippe Lupien

Philippe Lupien détient un diplôme en design de l'aménagement de l'Université du Québec à Montréal (UQÀM) et un diplôme en architecture de l'Université Laval à Québec. Il a entamé sa carrière en travaillant dans le bureau de Jacques Rousseau et a été membre de l'atelier KAOS, où il a participé à de nombreux concours importants. Il faisait également partie de l'équipe de design du Centre financier Boulevard de la Caisse populaire Desjardins à Drummondville, qui a remporté un Prix du Gouverneur général. Il a été membre du comité de rédaction de la revue *ARQ*, et ses écrits sur l'histoire de l'architecture moderne ont été largement diffusés. Depuis 1995, il est directeur non associé chez Schème Consultants, un bureau de design multidisciplinaire qui, en collaboration avec Jacques Plante architecte et Jodoin Lamarre, Pratte et associés architectes, ont préparé le projet qui a remporté le concours, en 2002, pour la TOHU, la Cité des arts du cirque, récemment achevée. Depuis 2003, Lupien est l'hôte d'une émission consacrée au patrimoine architectural présentée deux fois par semaine sur les ondes d'ARTV. Il a fait partie de nombreux jurys de design professionnel, notamment dans le cadre des programmes orange et citron de l'organisme Sauvons Montréal, en 2000, 2001 et 2005. En 2006, il s'est joint à l'UQÀM, à titre de professeur de design, d'architecture et de design urbain.

1997 Pierre Thibault

Pierre Thibault a étudié l'architecture à l'Université Laval à Québec. Fondée en 1988, la pratique de Thibault s'est mérité des mentions et des prix au Québec, au Canada, aux États-Unis et en Europe, en partie pour sa recherche sur le dialogue inhérent entre architecture et environnement. Les aménagements paysagers réalisés par son cabinet, entre autres le Jardin Territoire, le Parc de la rivière Mitis et les Jardins d'hiver, constituent des réflexions sensibles sur l'« âme » d'un site, sur les cycles naturels et leur contribution à la culture. Le travail de Pierre Thibault s'est mérité de nombreux prix, dont l'AR+D Award for Emerging Architecture, de nombreux Prix d'excellence de l'Ordre des architectes du Québec, trois Prix d'excellence de *Canadian Architect*, un prix de *Progressive Architecture* et un Prix en architecture du Gouverneur général. Le travail de Thibault

Architecture, several Prix d'Excellence de l'Ordre des Architectes du Québec, three *Canadian Architect* Awards of Excellence, a *Progressive Architecture* Award and a Governor General's Medal for Architecture. Thibault's work has been widely exhibited and published, and he has delivered lectures and seminars worldwide, including at the Architectural League of New York, the Royal Institute of British Architects, the Taiwan Museum of Art, the Pavillon de l'Arsenal, Paris, and the Massachusetts Institute of Technology. He has taught at the Université Laval and at the Université du Québec à Montréal, as well as the MIT School of Architecture and Planning, the École d'architecture de Nancy, France, and the École des Hautes Études Appliqués, Geneva, Switzerland.

1998 Atelier Big City

Atelier Big City (Anne Cormier, Randy Cohen, Howard Davies) is known for its innovative and often gregarious approach to architectural design. Two centres of interpretation built in eastern Quebec at Pabos Mills and Trois-Pistoles, as well as a housing project (U2) in Montreal, demonstrate the group's desire to build provocatively yet also deal sensitively with issues related to site organization, construction, program and budget. The work of Big City, both built and unbuilt, seeks to extend the boundaries of what it might be possible to imagine in the architectural project, converting restrictions and limitations into work that celebrates the latent potential and optimism of everyday life. The work of Atelier Big City has explored the potential for the creation of spaces in which the various themes of movement, structure, function, materiality and form are dynamically employed. Atelier Big City has received several awards and honours, including a Governor General's Medal for Architecture in 2006 for their innovative urban housing project U2. Work by Atelier Big City has been exhibited and presented through lectures in North America and in Europe. Committed educators at the university level, Anne Cormier teaches at the Université de Montréal, Randy Cohen at the Université du Québec à Montréal and Howard Davies at both McGill University and Concordia University.

1999 Peter Yeadon

Peter Yeadon holds a Diploma in Engineering and a Master of Architecture from Dalhousie University in Halifax, and also studied at the Universität der Künste, Berlin. He worked with Kühnel Architekten and Nabach + Nabach Architekten in Berlin, with Associated Architects in London and with Lett/Smith Architects in

a fait l'objet de nombreuses expositions et publications, et il a donné des conférences et des séminaires à travers le monde, dont l'Architectural League à New York, le Royal Institute of British Architects, le Taiwan Museum of Art, le Pavillon de l'Arsenal à Paris et le Massachusetts Institute of Technology. Il a enseigné à l'Université Laval et à l'Université du Québec à Montréal, de même qu'à la MIT School of Architecture and Planning, à l'École d'architecture de Nancy, en France, et à l'École des Hautes Études Appliquées à Genève, en Suisse.

1998 Atelier Big City

L'Atelier Big City (Randy Cohen, Anne Cormier et Howard Davies) est connu pour son approche novatrice et souvent grégaire du design architectural. Deux centres d'interprétation construits dans l'est du Québec, à Pabos Mills et à Trois-Pistoles, de même qu'un projet résidentiel (U2) à Montréal, démontrent la volonté du collectif de construire de manière provocante tout en abordant avec sensibilité les questions liées à l'organisation du site, à la construction, au projet et au budget. Le travail de l'Atelier Big City, à la fois bâti et non bâti, vise à aller au delà de ce qu'on peut imaginer dans un projet architectural, en transformant les restrictions et les limites en une célébration du potentiel et de l'optimisme du quotidien. L'Atelier Big City explore la possibilité de créer des espaces où les thèmes du mouvement, de la structure, de la fonction, de la matérialité et de la forme sont utilisés de manière dynamique. Le collectif s'est mérité de nombreux prix et honneurs, dont un Prix en architecture du Gouverneur général en 2006 pour le projet résidentiel urbain et novateur du nom de U2. Le travail de l'Atelier Big City a été exposé et présenté dans des conférences en Amérique du Nord et en Europe. Pédagogues engagés au niveau universitaire, Anne Cormier enseigne à l'Université de Montréal, Randy Cohen à l'Université du Québec à Montréal et Howard Davies à l'Université McGill ainsi qu'à l'Université Concordia.

1999 Peter Yeadon

Peter Yeadon détient un diplôme en ingénierie et une maîtrise en architecture de l'Université Dalhousie à Halifax, et il a également étudié à l'Universität der Künste à Berlin. Il a travaillé avec Kühnel Architekten et Nabach + Nabach Architekten à Berlin, avec Associated Architects à Londres et avec Lett/Smith Architects à Toronto. Récemment, il collaborait à des projets avec Martina Decker de Munich. Reconnu pour ses travaux novateurs, Yeadon maintient une pratique basée sur la recherche à New York. Il a enseigné à l'Université de Dalhousie, à la University of Toronto et à Cornell University, et est présentement maître assistant à la Rhode Island School of Design, où il donne un atelier

Toronto, and most recently has collaborated on projects with Martina Decker of Munich. Yeadon maintains a research-based architecture practice in New York City that is known for its innovative works. He has taught at Dalhousie University, the University of Toronto and Cornell University, and is currently an Assistant Professor at the Rhode Island School of Design, where he teaches an advanced design studio titled Future Studio, which examines the architectural potential of new technologies from nanotechnology, biotechnology, space exploration and the military. His work has been exhibited and published internationally, and he has lectured widely on his work in New York, London, Budapest, Istanbul and elsewhere.

2000 George Yu and Jason King

George Yu holds a Bachelor of Arts degree in urban geography from the University of British Columbia and a Master of Architecture from the University of California, Los Angeles. He has taught at UBC, the University of Texas at Austin and the Southern California Institute of Architecture. Jason King studied architecture at the University of Toronto and Harvard University, where he completed a Master of Architecture degree in 1996. He has worked in a variety of Canadian and international offices, including ROTOndi Architects in Los Angeles, Buro Libeskind in Berlin, West 8 Landscape Architects in Rotterdam and Tod Williams Billie Tsien Architects in New York, and has taught at UBC, the University of Kentucky and the University of Texas at Austin, among others. Yu and King operated Design Office in Vancouver and Los Angeles, concentrating on contemporary commercial environments. Specializing in the integration of urban design, architecture and technology issues, the practice developed innovative solutions for problems normally considered beyond the purview of architecture. Yu is currently principal of George Yu Architects in Los Angeles, and King is principal of New York–based Jason King Associates. Both practices continue to specialize in innovative retail and office environments.

2001 Atelier in situ

Atelier in situ (Annie Lebel, Stéphane Pratte and, until 2003, Geneviève L'Heureux) has worked since 1995 to define an architectural practice that widens the traditional limits of intervention by integrating a cross-disciplinary approach. Installations and traditional projects raise questions concerning changeable perceptions in time and in space, and the use of architecture as a medium for analysis

de design avancé intitulé « Future Studio », dans lequel il examine le potentiel architectural des nouvelles technologies, allant de la nanotechnologie et la biotechnologie à l'exploration spatiale et à l'armée. Son travail a été exposé et publié internationalement, et il a donné de nombreuses conférences à New York, Londres, Budapest, Istanbul et ailleurs.

2000 George Yu and Jason King

George Yu détient une licence en géographie urbaine de la University of British Columbia et une maîtrise en architecture de la University of California at Los Angeles. Il a enseigné à la UBC, à la University of Texas at Austin et à la Southern California Institute of Architecture. Jason King a étudié l'architecture à la University of Toronto et à la Harvard University, où il a terminé une maîtrise en architecture en 1996. Il a travaillé dans plusieurs cabinets canadiens et internationaux, dont ROTOndi Architects à Los Angeles, Buro Libeskind à Berlin, West 8 Landscape Architects à Rotterdam et Tod Williams Billie Tsien Architects à New York, et il a enseigné, entre autres, à la UBC, à la University of Kentucky et à la University of Texas at Austin. Yu et King ont dirigé Design Office à Vancouver et à Los Angeles, s'intéressant en particulier aux environnements commerciaux contemporains. Se spécialisant dans l'intégration du design urbain, de l'architecture et de la technologie, leur pratique a élaboré des solutions novatrices pour répondre à des problèmes normalement considérés comme débordant le champ de compétence de l'architecture. Yu est présentement directeur non associé de George Yu Architects à Los Angeles, et King est directeur non associé de Jason King Associates, basé à New York. Les deux pratiques continuent à se spécialiser et à innover dans les environnements de vente au détail et les bureaux.

2001 Atelier in situ

L'Atelier in situ (Annie Lebel, Stéphane Pratte et, jusqu'à 2003, Geneviève L'Heureux) travaille depuis 1995 à définir une pratique architecturale qui élargit les limites traditionnelles de l'intervention en intégrant une approche trans-disciplinaire. Leurs installations et projets traditionnels soulèvent des questions concernant les perceptions modifiables dans le temps et l'espace, et l'utilisation de l'architecture comme moyen d'analyse et de critique. Le catalyseur principal de leur processus de création est la notion d'un site transformé par la temporalité de l'expérience spatiale. Depuis 1999, l'Atelier in situ a été invité par différents musées à concevoir des expositions (le Musée d'art contemporain et le Musée McCord, à Montréal ; le Musée national des beaux-arts du Québec et le Musée de la civilisation, à Québec) et il s'est forgé une expertise et une

and criticism. The primary catalyst in their creative process is the common notion of site transformed by the understanding of the temporality of the spatial experience. Since 1999, Atelier in situ has been invited by different museums to design exhibitions (Musée d'art contemporain and McCord Museum, Montreal; Musée du Québec and the Musée de la civilisation, Quebec City) and has developed an expertise and approach based on the idea of a close relationship between content and container. Lebel and Pratte remain principals of Atlier in situ; L'Heureux now teaches at the California College for the Arts in San Francisco.

2002 Marc Boutin

Marc Boutin holds a Bachelor of Environmental Science degree from the University of Manitoba, a Bachelor of Architecture from the University of British Columbia and an M.A. in Architectural History from the University of Calgary, where he is currently director of the Program in Architecture. Prior to establishing his own practice, he worked in the offices of Peter Cardew Architect and Roger Hughes Architects, and between 1994 and 1996 he continued his studies and professional work in Barcelona, investigating issues related to public space. Much of his research is concerned with Modern Canadian architecture, and he has curated or contributed to a number of exhibitions and publications dealing with work of this period. In addition to teaching, he operates a practice, Marc Boutin Architect, whose work ranges from private houses to exhibition design to public art installations to large-scale urban design interventions and which seeks to synthesize and integrate these various scales and approaches to design. The firm's work has earned numerous awards, including *Canadian Architect,* Prairie Design and Progressive Architecture awards, and has won three national design competitions and one international competition. Boutin's work has been exhibited widely in Canada and abroad.

2003 Andrew King

Andrew King is a graduate of the Dalhousie University School of Architecture and studied Theatre Arts at Acadia University. His architectural practice, aka/andrewkingstudio has been published internationally and has received numerous design awards, including a *Canadian Architect* Award of Excellence, and currently has project work underway across Canada. King is engaged in a parallel critical art practice, working in collaboration with artist Angela Silver. Recent exhibitions and installations in Canada and Europe straddle the traditional disci-

conception basées sur l'idée d'une relation intime entre contenu et contenant. Lebel et Pratte demeurent directeurs non associés d'Atelier in situ ; L'Heureux enseigne maintenant au California College for the Arts à San Francisco.

2002 Marc Boutin

Marc Boutin détient un baccalauréat en science environnementale de la University of Manitoba, un baccalauréat en architecture de la University of British Columbia et une maîtrise en histoire de l'architecture de la University of Calgary, où il est présentement directeur du programme d'architecture. Avant de fonder sa propre pratique, il a travaillé dans les cabinets de Peter Cardew Architect et de Roger Hughes Architects et, entre 1994 et 1996, il a poursuivi ses études et son travail professionnel à Barcelone, explorant des questions liées à l'espace public. Une grande partie de sa recherche porte sur l'architecture moderne au Canada, et il a travaillé, à titre de commissaire ou autre, à de nombreuses expositions et publications consacrées à cette période. En plus d'enseigner, il dirige une pratique, Marc Boutin Architect, dont le champ d'intérêt va des résidences privées à la conception d'expositions, aux installations d'art public et aux interventions en design urbain à grande échelle, et qui vise à synthétiser et à intégrer diverses échelles et conceptions du design. Le cabinet s'est mérité de nombreuses récompenses pour son travail, dont des prix de *Canadian Architect,* de Prairie Design et de Progressive Architecture, et il a remporté trois concours nationaux d'architecture et un concours international. Son travail a fait l'objet de nombreuses expositions au Canada et à l'étranger.

2003 Andrew King

Andrew King est diplômé de l'école d'architecture de Dalhousie University et il a étudié le théâtre à Acadia University. Sa compagnie d'architecture, aka/andrewkingstudio, a été publiée mondialement et a reçue le Canadian Architect Award of Excellence, ainsi que plusieurs prix de design. Sa compagnie a plusieurs projets en cours à travers le Canada. King a aussi avec une pratique d'art critique en collaboration avec l'artiste Angela Silver. Ses expositions et installations récentes chevauchent les divisions disciplinaires entre l'art et l'architecture – quelques unes d'entre elles ont été publiées dans la revue Canadian Art, ainsi que dans plusieurs autres publications. King a travaillé au Canada et à l'étranger, en particulier avec Zaha Hadid à Londres, avec Tim Heide à Berlin et avec Brian MacKay-Lyons à Halifax. Il a été professeur associé à la Royal Academy of Art à Copenhagen et a enseigné l'art et le design à la University of Calgary, à la Carleton University, à Dalhousie University et au Banff Centre for the Arts. Il a donné des

plinary divisions between art and architecture and have been published in several critical journals, including *Canadian Art*. King has worked across Canada and abroad, most notably with Zaha Hadid in London, Tim Heide in Berlin and Brian MacKay-Lyons in Halifax. He has been a visiting professor at the Royal Academy of Art in Copenhagen and has had various art and design appointments at the University of Calgary, Carleton University, Dalhousie University and the Banff Centre for the Arts. He has lectured on his work at Tate Britain in London, the University of La Sapienza in Rome, New York University in Florence, the Design Exchange in Toronto and the Walter Philips Gallery in Banff. He is a co-editor of *Building/Art*, a book on contemporary urban issues (University of Calgary Press, 2004) and editor of a critical analysis of modernism in Canada (University of Calgary Press, 2007).

conférences sur son travail à la Tate Britain à Londres, à la University ofLa Sapienza à Rome, à la New York University à Florence, au Design Exchange à Toronto et à la Walter Philips Gallery à Banff. Il a également été co-directeur de *Building/Art*, un ouvrage sur les enjeux urbains contemporains (University of Calgary Press, 2004), et directeur d'une analyse critique sur le modernisme au Canada (University of Calgary Press, 2007).

The Prix de Rome: Winners and Juries

Le Prix de Rome : Lauréats et jurys

Year/Année	Winner/Lauréat	Jury
1987	John Shnier, Toronto	Barton Myers Mario Saia Adèle Santos Douglas Shadbolt
1988	Jacques Rousseau, Montréal	Deborah Berke Dan Hanganu Richard Henriquez Larry Richards
1989	Prize not awarded Pas de prix decerné	Nan Griffiths Yves Lion Peter Rose Eb Zeidler
1990	Sophie Charlebois, Montréal	George Baird Joost Bakker Irena Latek Susan Torre Fred Valentine
1991	Dereck Revington, Toronto	Michael Kirkland Michael McMordie Patricia Patkau Franco Purini Jean-Louis Robillard
1992	John McMinn, Toronto/Victoria	Shirley Blumberg Andrew Gruft Stephen Parcell Gilles Saucier

Year/Année	Winner/Lauréat	Jury
1993	Hal Ingberg, Montréal	Catherine Alkenbrack Benjamin Gianni Brian MacKay-Lyons Jacques Rousseau Brigitte Shim
1994	Anthony Robins, Vancouver	Sanford Hirschen Marie-Paule MacDonald Mario Saia Virginia Wright
1995	Philip Beesley, Toronto	Sarah Bonnemaison Barry Johns Bruce Kuwabara Louis-Paul Lemieux
1996	Philippe Lupien, Montréal	Doug Carlyle M.-D. Faucher Marie-Odile Marceau Barry Sampson
1997	Pierre Thibault, Québec	George Adamczyk Eva Matsuzaki Frank Palermo Dereck Revington Stephanie White
1998	Atelier Big City, Montréal Randy Cohen Anne Cormier Howard Davies	Jill Bambury Peter Cardew Nan Griffiths Odile Hénault Jeremy Sturgess

Year/Année	Winner/Lauréat	Jury
1999	Peter Yeadon, Toronto	Ruth Cawker Jean-Pierre Le Tourneux Christine Macy Abraham Rogatnick Fred Valentine
2000	DesignOffice, Vancouver/Los Angeles Jason King George Yu	Essy Baniassad Gerald Forseth Robert Kleyn Kim Storey Eva Vecsei
2001	Atelier in situ, Montréal Geneviève L'Heureux Annie Lebel Stéphane Pratte	Peter Busby Benoit Dupuis Etienne Gaboury Jack Kobayashi Brigitte Shim
2002	Marc Boutin, Calgary	Sarah Bonnemaison Randy Cohen Beth Kapusta An Te Liu Marie-Odile Marceau
2003	Andrew King, Calgary	Dorothy Barkley John Brown Ted Cavanagh Marie-Claude Hamelin John Shnier

Acknowledgements

Thanks to the Canada Council for the Arts for funding the research for this book through the Assistance to Practitioners, Critics and Curators of Architecture program and for supporting the publication with an Assistance for the Promotion of Architecture grant. Thanks also to Ryerson University for additional support for publication.

In addition to the various funding agencies and institutions that supported this project, the following individuals made valuable contributions to this book:

The people at Coach House Books, without whose support of the project this book would not exist: Stan Bevington, publisher and designer, whose talents are clearly evident in this publication; Alana Wilcox, editor, for her patient support in the face of constantly sliding deadlines; Christina Palassio, managing editor, and Evan Munday, publicist, for taking on the daunting task of promoting an architectural title in Canada.

Gary Michael Dault and Daniel M. Millette for their insightful texts on the Prix de Rome, and Eric Haldenby for sharing his long experience of and passion for Rome in the foreword.

Editor Stuart Ross, for his sharp and quick – in every sense of the word – virtual pencil.

Denis Lessard, Nyla Matuk, Colette Tougas and Marine van Hoof for their translations of the text.

Anne-Marie Sigouin, Collections Reference Assistant, and Nathalie Roy, Reproduction and Copyright Officer, of the Canadian Centre for Architecture, Montreal, for their assistance in locating and procuring images for publication.

Brigitte Desrochers, Architecture Officer at the Canada Council for the Arts, who provided moral support as well as access to seventeen years' worth of Prix de Rome files.

Above all, special thanks to all the laureates whose work is the reason for this publication, to the photographers whose images help tell their stories,and to all those individuals in the laureates' offices who helped assemble and organize the enormous quantity of material that appears in this book.

Finally, my heartfelt thanks to Jennifer and Nuala, who bore the brunt of the late nights and lost weekends that this project inevitably entailed.

Marco Polo

Remerciements

Je remercie le Conseil des Arts du Canada d'avoir subventionné la recherche requise pour le présent ouvrage par son programme d'Aide aux praticiens, aux critiques et aux conservateurs d'architecture, et d'avoir soutenu la publication comme telle par une subvention d'Aide à la présentation de l'architecture. Je suis également redevable à la Ryerson University pour le soutien supplémentaire qu'elle a apporté à l'ouvrage.

En plus des agences et institutions qui ont apporté à ce projet leur soutien financier, j'aimerais exprimer ma gratitude aux personnes suivantes :

Les gens de Coach House Books, sans l'appui desquels cet ouvrage n'existerait pas : Stan Bevington, éditeur et designer, dont les talents sont clairement mis en évidence dans le présent ouvrage ; Alana Wilcox, rédactrice, qui a fait preuve d'une grande patience devant un échéancier constamment mis à jour ; Christina Palassio, directrice de rédaction, et Evan Munday, publicitaire, qui ont assumé la lourde tâche de promouvoir un livre traitant d'architecture au Canada.

Gary Michael Dault et Daniel Millette pour leurs textes éclairants sur le Prix de Rome, et Eric Haldenby pour avoir partagé sa longue expérience de Rome et sa passion pour cette ville dans sa préface.

Stuart Ross, réviseur, pour son crayon virtuel, tout aussi aiguisé que vif.

Denis Lessard, Nyla Matuk, Colette Tougas et Marine van Hoof pour leurs excellentes traductions.

Anne-Marie Sigouin, adjoint, Référence aux collections, et Nathalie Roy, responsable, Reproductions et droits d'auteur, du Centre Canadien d'Architecture à Montréal, pour l'aide qu'elles ont apportée à la recherche et à l'obtention des images reproduites ici.

Brigitte Desrochers, agent d'architecture au Conseil des Arts du Canada, qui nous a donné un soutien moral de même qu'un accès aux dossiers documentant les dix-sept années du Prix de Rome.

Je remercie avant tout les lauréats dont le travail est la raison d'être de la présente publication, les photographes dont les images contribuent à raconter leurs récits et toutes ces personnes dans les cabinets des lauréats qui ont aidé à réunir et à organiser l'énorme quantité de documents qui sont reproduits en ces pages.

Finalement, mes mercis les plus sincères à Jennifer et Nuala, qui ont porté le poids des nuits blanches et les weekends perdus que ce projet ont engendrés.

Marco Polo

Photo Credits

Cover/la couverture: from/de *Romalux*, Andrew King/Angela Silver

Rome, Interrupted/Rome, interrompue (Marco Polo)
Rome apartment/appartement à Rome: Toni Garbasso

1987, John Shnier
Rome: John Shnier
Croft House: Michael Awad
Lake House, Clear Lake House, Umbra (details): Kohn Shnier Architects
Umbra (panorama), Student Centre: Richard Seck
U2 rendering/interprétation: Bruce Darrel

1988, Jacques Rousseau
Rome: Fonds Jacques Rousseau, Collection Centre Canadien d'Architecture/ Canadian Centre for Architecture, Montréal, © Jacques Rousseau
Maison Coloniale, Bar Business: Fonds Jacques Rousseau, Collection Centre Canadien d'Architecture/Canadian Centre for Architecture, Montréal, © Paul Labelle

1990, Sophie Charlebois
Rome drawings/dessins de Rome: Sophie Charlebois
Librairie Gallimard: Charles Terral
Maison de l'Arbre: Yves Lacombe, Sophie Charlebois

1991, Dereck Revington
Panorama, Luminous Veil: Peter Sellar
All others/tous autres: Dereck Revington

1992, John McMinn
An Architecture Sewn: John McMinn, Lily Chi
Moore Lake Residence twilight, kitchen views (crépuscule, cuisine): Steven Evans
All others/tous autres: John McMinn

1993, Hal Ingberg
Artificial Light/Lumière Artificielle: Michel Legendre/Collection Centre Canadien d'Architecture/Canadian Centre for Architecture, Montréal
Coloured Reflections: Robert Baronet
All others/tous autres: Hal Ingberg

1994, Anthony Robins
All/tous: Alan Kaplanas Photography

1995, Philip Beesley
Palatine excavation: Nicola Terrenato
French River Visitor Centre line drawing: Baird Sampson Neuert Architects
All others/tous autres: Philip Beesley

1996, Philippe Lupien
UQAM exhibition of *Persistences*/exposition à UQAM de *Persistances*: Michel Brunelle
TOHU: Alain Laforest, Simon Ménard
CHM Expo, Atwater: Philippe Lupien
Argent sacré! Sacré argent!: Idra Labrie
Montreal Botanical Garden renderings/interprétations du Jardin Botanique de Montréal: Claudia Delisle/Schème

1997, Pierre Thibault
La villa du Lac du Castor: Alain Laforest
All others/tous autres: Pierre Thibault architecte

1998, Atelier Big City
Head in the Clouds/La tête dans les nuages: Louise Tanguay
Unity 2 exteriors/extérieurs de l'Unity 2: Alain Laforest
Unity 2 interior/intérieurs de l'Unity 2 Pierre Halmai
All others/tous autres: Atelier Big City

1999, Peter Yeadon
Rome: Peter Yeadon
Exhale: Peter Yeadon/Martina Decker
Signals: Rich Mackett

2000, George Yu/Jason King

George Yu, Rome: George Yu
Shop Lift drawing/dessin and photomontage: George Yu
Shop Lift model installation/installation de la maquette: Elliot Kaufman
Jason King, all/tous: Jason King
Design Office: George Yu, Jason King

2001, Atelier In Situ

Rome photos of/de Annie Lebel: Annie Lebel
Rome exhibit/exposition: Alain Laforest
Projections: Jean-François Lenoir, Jacques L'Heureux
Reford Gardens Welcome Pavilion/Pavillon d'acceuil: Alain Laforest
Test Chamber/Chambre d'essais: Alain Laforest
Darling Foundry/Fonderie Darling: Marie-Christine Abel

2002, Marc Boutin

All/tous: Marc Boutin Architect

2003, Andrew King

Romalux: Andrew King/Angela Silver
Romalux Stride installation: M. N. Hutchinson
scrim: Angela Silver, Jared Sitch
Thread model/maquette: Wayne Goddard
futurehouse: Dustin Couzens

Translation Credits

Marco Polo, French to English/français à l'anglais

Atelier in situ (Rome), Sophie Charlebois (Other), Philippe Lupien (Other, except TOHU)

Nyla Matuk, French to English/français à l'anglais

Sophie Charlebois (Rome), Philippe Lupien (Rom)e, Pierre Thibault (Rome)

Denis Lessard, English to French/anglais au français

Anthony Robins, Atelier Big City, Marc Boutin

Colette Tougas, English to French/anglais au français

Eric Haldenby, Daniel M. Millette, Gary Michael Dault, Hal Ingberg, John Shnier, Pierre Thibault (Other), Peter Yeadon, Bios, Acknowledgements

Marine van Hoof, English to French/anglais au français

Marco Polo, Jacques Rousseau, Dereck Revington, John McMinn, Philip Beesley, George Yu/Jason King, Andrew King

Edited by Marco Polo Sous la direction de Marco Polo
Copy edited by Stuart Ross Révision par Stuart Ross
Designed and typeset by Stan Bevington Mise en pages par Stan Bevington

A note on the typeface

Slate was designed by Rod McDonald, an award-winning typeface designer and lettering artist. The Slate family of typefaces blends features of McDonald's earlier sans serifs into a humanistic sans with a great degree of legibility. McDonald drew on the knowledge he gained from a typeface legibility and readability research project conducted by the Canadian National Institute for the Blind (CNIB) and his experience designing a sans serif typeface for *Toronto Life* to create a typeface with an exceptionally pure design. McDonald also worked with the Microsoft Typography Team to learn more about ClearType technology, which was developed by Microsoft to improve the readability of on-screen text. The result is Slate, a beautifully designed typeface that functions as well on the screen as it does on the page. The Prix de Rome marks the first time the typeface has been used in a book – it has previously been employed in brochures and magazines by Gaspereau Press, *Chatelaine* and *Quill and Quire*.

Une note sur la fonte

Slate a été conçue par Rod McDonald, un artiste de lettrage avec plusieurs prix de design à son nom. La famille de fontes Slate fusionne des aspects d'autres sans sérifs de McDonald pour créer un sans sérif humanistique avec un grand degré de lisibilité. McDonald a puisé de connaissances acquises durant un projet de recherche de lisibilité de fontes organisé par l'Institut national canadien pour les aveugles (INCA), et s'est aussi inspiré de son expérience en dessin de fontes pour la revue Toronto Life pour créer une fonte avec un design exceptionellement pur. McDonald a aussi travaillé avec la Microsoft Typography Team pour en apprendre d'avantage sur la technologie ClearType, developpée par Microsoft pour améliorer la lisibilité de textes sur l'écran. Slate en est le résultat, une fonte qui fonctionne aussi bien sur l'écran que sur la page. Le Prix de Rome marque la première fois que cette fonte est utilisée dans un livre, ayant été employée auparavant dans une brochure par Gaspereau Press et dans les revues *Chatelaine* et *Quill and Quire*.

Coach House Books
401 Huron Street on bpNichol Lane
Toronto, Ontario M5S 2G5 Canada

416 979 2217 1 800 367 6360
mail@chbooks.com www.chbooks.com